싫었던 코딩이 좋아졌다

싫었던 코딩이 좋아졌다
2023년 4월 1일 1판 1쇄 발행

지은이   최선경
펴낸이   김지홍
펴낸곳   주식회사 아르카디아
출판사 신고번호   제 2022-000038 호
대표 전화   031-5186-6302
웹 사이트   http://www.arcadiabook.co.kr

ISBN   979-11-982289-0-1(13000)
가격   32,000원

· 이 책에 실린 모든 내용의 저작권은 주식회사 아르카디아에게 있습니다.
· 사용자의 컴퓨터 운영 체제, 학습 시점에 따라 책의 내용과 일부 다른 점이 있을 수 있습니다.
· 학습에 필요한 모든 자료는 http://www.arcadiabook.co.kr/book2.html에서 다운로드할 수 있습니다.
· 책 내용과 관련된 의견이나 잘못된 내용에 대한 수정 정보는 아래 이메일로 연락해 주시기 바랍니다.
  arcadiabook@upside.co.kr

싫었던 코딩이 좋아졌다

최선경 지음

**HTML+CSS 기초 다지기!
코딩 포기자도 7일만에 반응형 웹 사이트 완성!**

이 책은 윈도우 운영체제를 바탕으로 작성되었습니다.

ARCADIA

머리말

코딩을 네 번 배웠고, 세 번은 포기했습니다.
네 번째 시도에서는 '이 정도면 할 수 있겠다'라는 작은 불씨 하나로
포기하지 않고 마스터할 수 있었습니다.
새로운 분야에 도전할 때 가장 필요한 것은
지식이 아니라 자신감입니다.

초보자가 코딩을 배우는 가장 좋은 방법은
꼭 필요한 코드만 습득한 후에
실전을 통해서 작은 결과물이라도 만들어 보는 것입니다.

코딩은 충분히 재미있습니다.
어려운 교재의 선택과 학습 방법으로 인해
충분히 잠재 능력을 갖춘 코딩 입문자들이
흥미를 잃고 중도에 포기하는 것이 안타까웠습니다.

시행착오를 통해서 습득한 노하우를 이 책에 담았습니다.
입문자들이 코딩의 첫 길목에서 길을 잃지 않고
마지막 페이지까지 나아갈 수 있는 가이드가 되었으면 합니다.

목차

· css 서론　　　　　8
· html 서론　　　　218

1　빈 화면 만들기　　　　24
2　글자 쓰기　　　　32
3　글자 크기 바꾸기　　　　42
4　글자 폰트 바꾸기(1)　　　　52
5　글자 폰트 바꾸기(2)　　　　68
6　글자 두께 바꾸기　　　　88
7　행간 조정하기　　　　112
8　글자색 바꾸기　　　　120
9　배경색 바꾸기　　　　132
10　선 만들기　　　　148
11　가로, 세로 길이 바꾸기　　　　160
12　여백 만들기(1)　　　　170
13　여백 만들기(2)　　　　180
14　CSS 문법　　　　192
15　제목과 문단 만들기　　　　226

16	목록 만들기	238
17	링크 만들기	254
18	사진 넣기	264
19	표 만들기	282
20	설문 양식 만들기	308
21	구역 만들기	332
22	HTML 문법	348
23	배치하기(1)	378
24	배치하기(2)	392
25	배치하기(3)	416
26	반응형 웹 만들기(1)_소스 코드 에디터 설치	440
27	반응형 웹 만들기(2)_HTML	452
28	반응형 웹 만들기(3)_CSS	480
29	반응형 웹 만들기(4)_미디어 쿼리	524
30	반응형 웹 만들기(5)_외부공유	554

'1번' 종이에 있는 사각형을
'2번' 종이에 똑같이 그려보겠습니다.

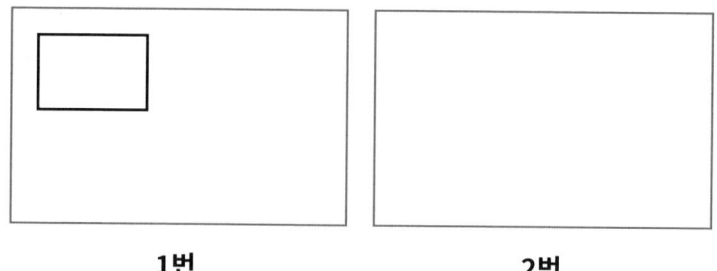

1번   2번

필요한 도구는
'연필과 자'입니다.

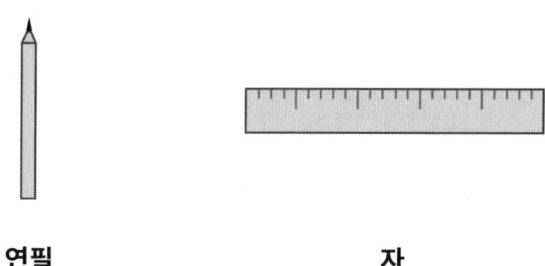

연필   **자**

1

2

3

4

10

5

6

7

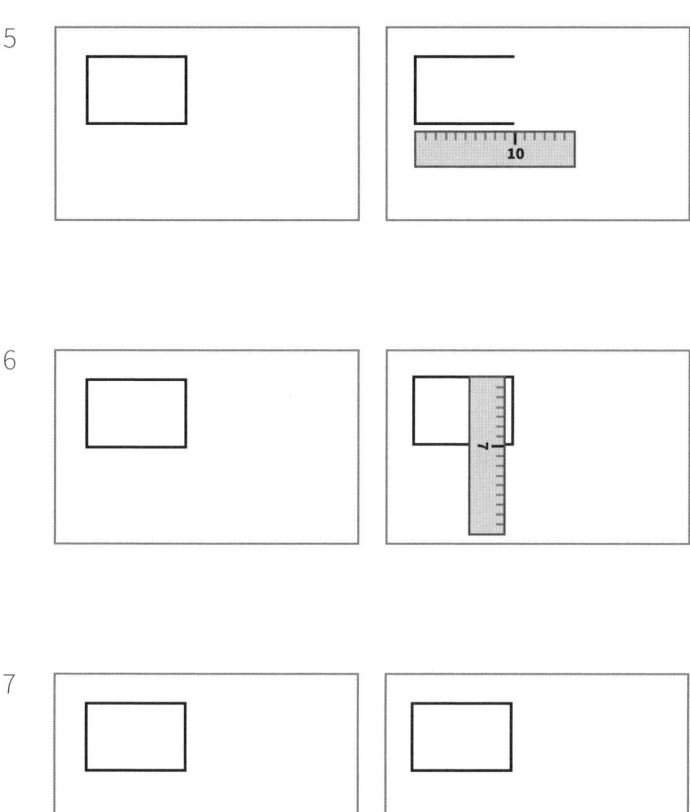

이번에는 '1번' 종이에 있는 사각형을
'2번' 인터넷 창에 똑같이 그려보겠습니다.

1번

2번

필요한 도구는
'메모장과 코드(Code)'입니다.

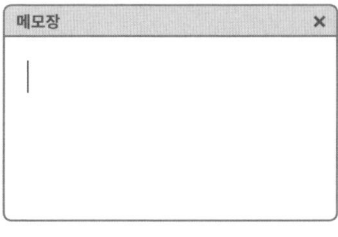

```
width:120px; height:70
px; border:3px solid bl
ack; background:grey; f
ont-size:large; color:r
ed; font-weight:bold; l
ine-height:5; float:l…
```

        메모장   **코드(Code)**

※ 인터넷 창에 사각형을 그리는 과정은 실제 단계 중 일부를 생략하였습니다.

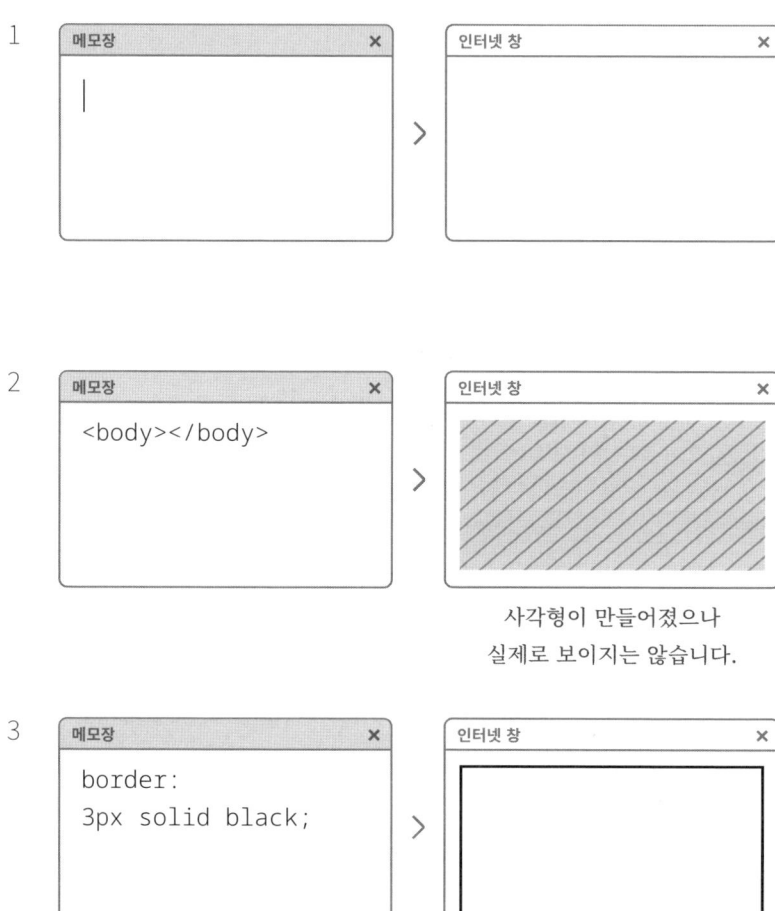

사각형이 만들어졌으나
실제로 보이지는 않습니다.

4

메모장	×
`width:120px;`	

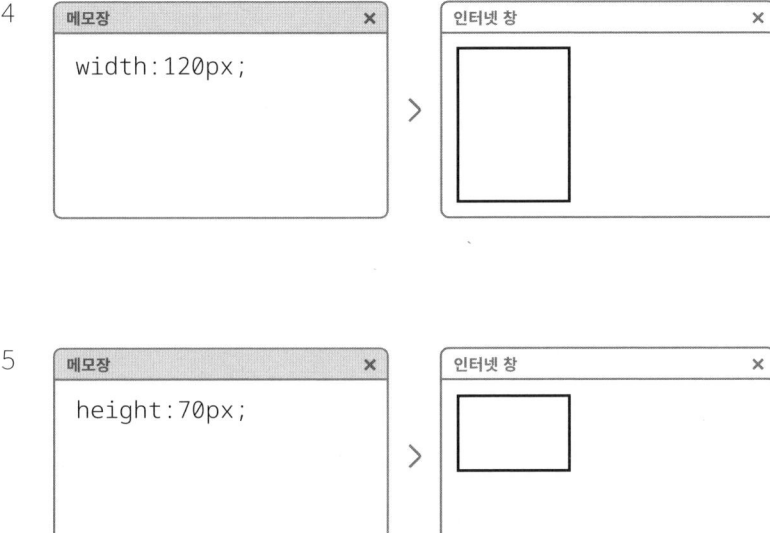

5

메모장	×
`height:70px;`	

'**연필**'을 사용해서 흰 종이에 그림을 그리듯
'**특정 코드**'를 사용하면
인터넷 창에 무언가를 그릴 수 있습니다.

앞에서 말한 특정 코드의 이름은 HTML과 CSS입니다.
사각형을 만들 때 사용한 코드는 'HTML'이고
사각형의 스타일(테두리, 가로와 세로 길이)을 바꿀 때
사용한 코드는 'CSS'입니다.

· HTML (HyperText Markup Language)
웹 페이지를 작성할 때 사용하는 프로그래밍 언어입니다.
· CSS (Cascading Style Sheets)
HTML로 작성한 웹 페이지를 웹 브라우저에 표현하는 법을 제공하는
스타일 시트 언어입니다.

목차 [1~14]에서는 CSS를
[15~22]에서는 HTML을 공부합니다.
그 후 [23~30]에서는
CSS 심화 학습 및 그동안 배운 내용을 바탕으로
반응형 웹 사이트를 만들어 볼 예정입니다.

웹 사이트를 만들 때 HTML→CSS 순으로 코드를 입력하기 때문에
해당 순서대로 학습하는 것이 보통입니다.
다만, 책에서는 독자가 입문자임을 고려하여
초보자가 상대적으로 친숙하게 느낄 수 있는 CSS를 먼저 다룹니다.

가장 먼저 다루게 될 'CSS 코드'는
사각형의 스타일을 바꾸는 것 외에도
다음과 같은 일들을 가능하게 합니다.

1
인터넷 창에 쓴
글자의 크기를
다르게 할 수 있습니다.

인터넷 창
Snow
Snow

2
글자의 폰트를
바꿀 수 있습니다.

인터넷 창
Snow
Snow

3
글자의 두께를
바꿀 수 있습니다.

인터넷 창
Snow
Snow

4
글자와 글자 사이에
간격을 둘 수 있습니다.

인터넷 창
Snow

Snow

5
글자색과 배경색을
바꿀 수 있습니다.

인터넷 창
Snow

Snow

6
테두리 선을
그릴 수 있습니다.

인터넷 창
Snow

Snow

책에서는
웹 사이트를 만들기 위해 꼭 필요한 CSS 코드만
최소한으로 선별하였습니다.
지금부터 시작합니다.

1
빈 화면 만들기

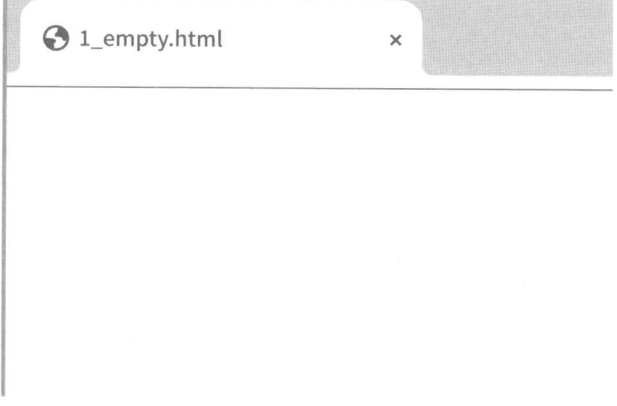

대부분의 웹 사이트는 글(Text)과 이미지(Image)로 구성되어 있습니다.
처음부터 이렇게 완성된 모습은 아니었고
원래는 아무것도 없는 화면이었습니다.

빈 화면을 만드는 일은
'웹 사이트 만들기'의 시작입니다.

[예제 1] 빈 화면 만들기

1
바탕 화면에 **예제** 폴더를 만듭니다.
앞으로 새롭게 만드는 파일은
모두 **예제** 폴더에 저장할 예정입니다.
폴더 생성 위치와 폴더명은
자신이 원하는 대로 하면 됩니다.

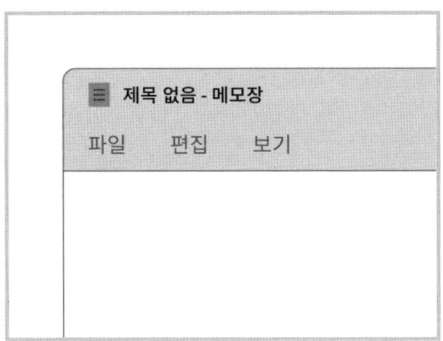

2
[메모장]을 엽니다.

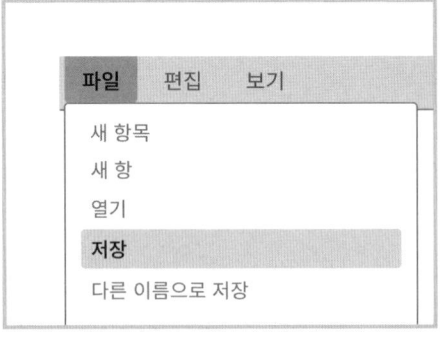

3
상단 메뉴 모음에서
[파일]>[저장]을 클릭합니다.

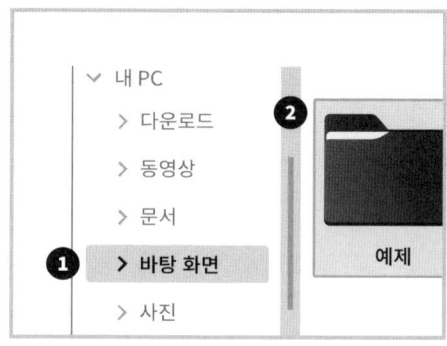

4
저장 위치를
예제 폴더로 지정하기 위해
'**바탕 화면(❶)**'을 선택한 후
'**예제(❷)**' 폴더를 클릭(또는 더블 클릭)합니다.
컴퓨터 설정 환경에 따라
클릭 횟수가 다를 수 있습니다.

5
그러면 상단에
저장 위치**(내 PC > 바탕 화면 > 예제)**
가 표시됩니다.

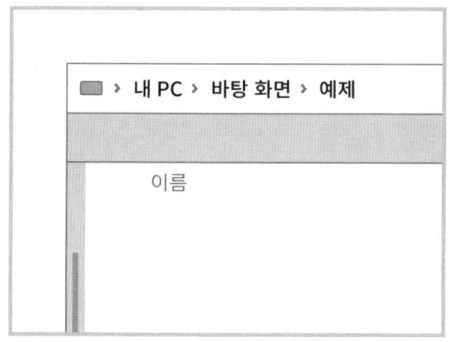

6
[파일 이름(N)] 입력 칸에
1_empty.html을 입력합니다.
1_empty 대신 **new, test** 등의
다른 파일명을 입력해도 됩니다.
다만, 파일명 끝에는
반드시 **.html**을 입력해야 합니다.

7
[파일 형식(T)]은
모든 파일을 선택합니다.

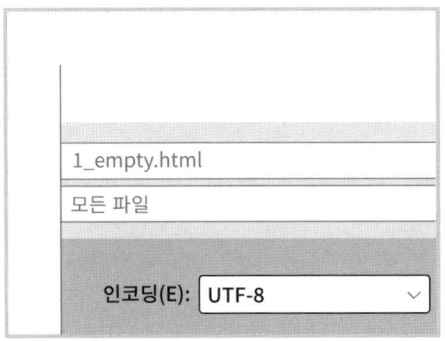

8
[인코딩(E)]은
UTF-8을 선택합니다.

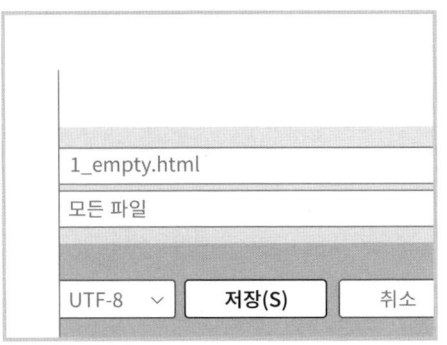

9
[저장(S)] 버튼을 클릭합니다.

10
바탕 화면의 **예제** 폴더에 저장된
1_empty.html 파일을
클릭(또는 더블 클릭)합니다.

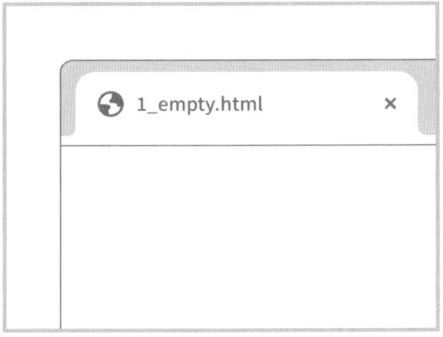

11
기본으로 설정해 둔
[웹 브라우저(크롬, 엣지 등)]가
빈 화면으로 열립니다.
　6　에서 입력한 파일 이름은
웹 브라우저의 최상단 탭에
다음과 같은 형식으로 표시됩니다.
파일 이름 + .html

책에서는 [구글 크롬(Google Chrome)]을 기준으로 설명할 예정이므로
여러분의 기본 웹 브라우저도 [구글 크롬]으로 하기를 권장합니다.
앞으로는 [구글 크롬]을 [크롬]으로 줄여서 부르겠습니다.

한 줄 요약

메모장

메모장을 사용하면 웹 브라우저에 빈 화면을 만들 수 있다.

메모장
저장 위치 지정
.html
모든 파일
UTF-8
저장

빈 화면

2
글자 쓰기

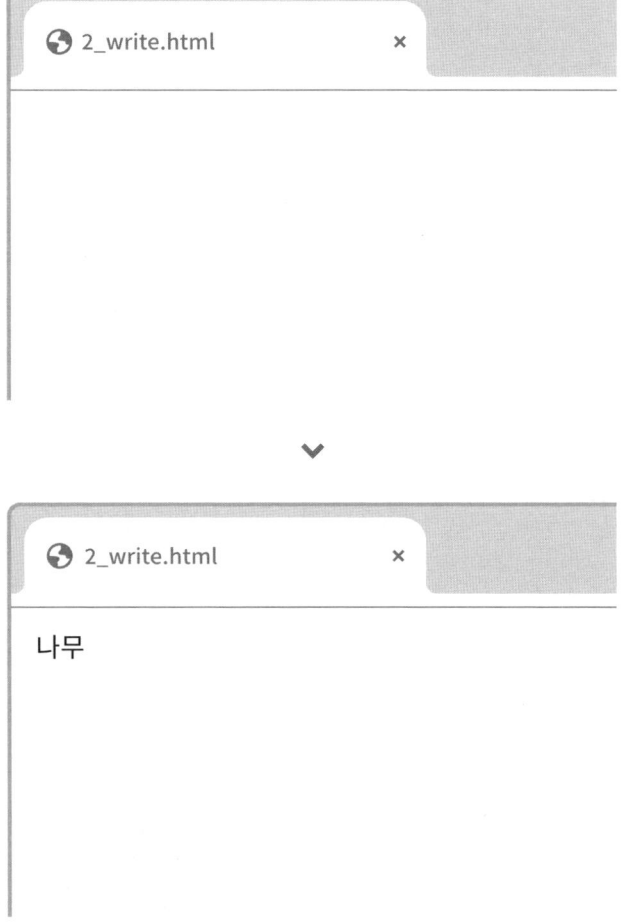

웹 사이트의 주목적은 정보 전달입니다.

이번 목차에서는

정보 전달 수단 중 하나인 **'글자'**를 웹 브라우저에 써보도록 하겠습니다.

[예제 2-1] 웹 브라우저에 글자 쓰기

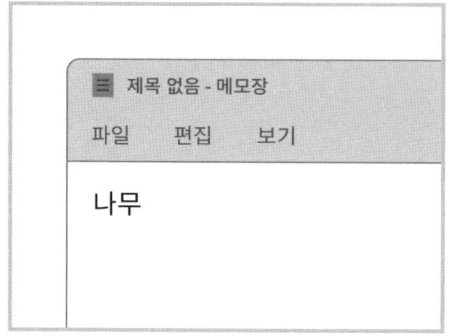

1
[메모장]을 새로 열어
나무를 입력합니다.

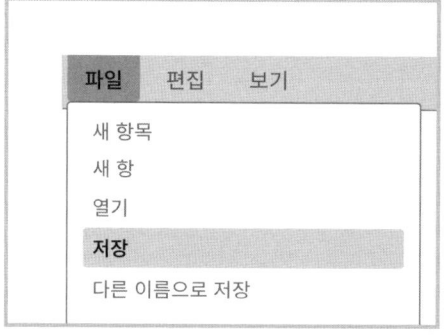

2
상단 메뉴 모음에서
[파일]>[저장]을 클릭합니다.

3
저장 위치는
바탕 화면의 **예제** 폴더로 합니다.

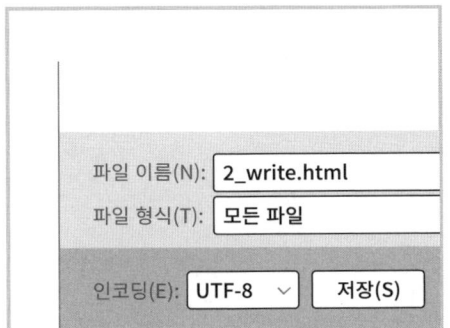

4
지난 목차에서 학습한 방법과 같이
[파일 이름(N)] 입력→**[파일 형식(T)]** 선택→**[인코딩(E)]** 선택 후
[저장(S)] 버튼을 클릭합니다.

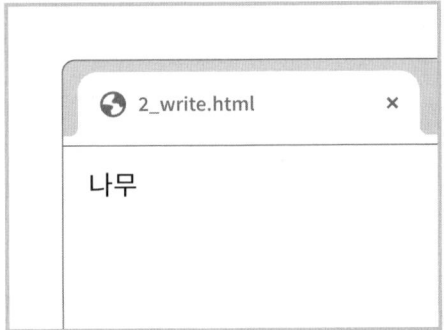

5
바탕화면의 **예제** 폴더에 저장된
2_write.html 파일을
클릭(또는 더블 클릭)하면
[크롬]이 열립니다.
나무 글자를 남겼습니다.

앞으로도 메모장에 입력한 글자 또는 코드의 결과물은
바탕 화면에 있는 **예제** 폴더에 저장한 후 **[크롬]**에서 확인하면 됩니다.

[예제 2-2] 웹 브라우저에 쓴 글자 수정하기

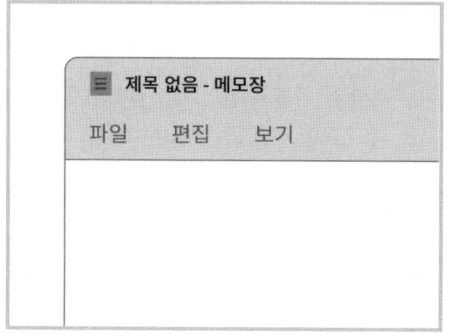

1
[메모장]을 새로 엽니다.

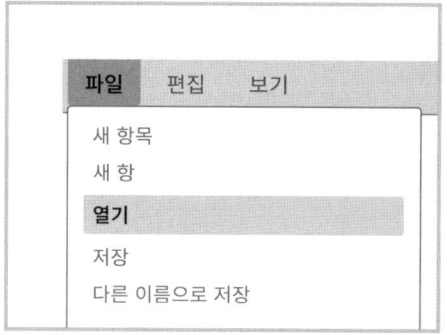

2
상단 메뉴 모음에서
[파일]>[열기]를 클릭합니다.

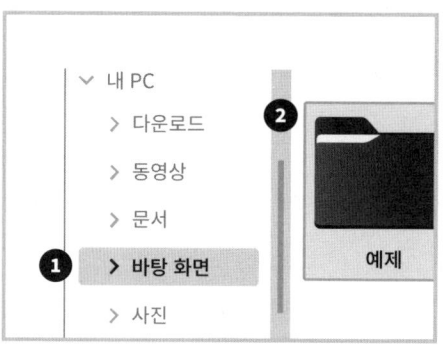

3
2_write.html 파일을 열기 위해 '바탕 화면(❶)'을 선택한 후 '예제(❷)' 폴더를 클릭(또는 더블 클릭)합니다.

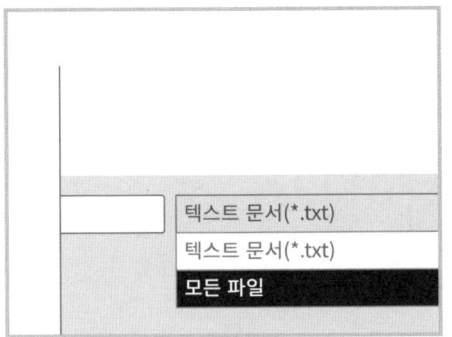

4
파일 형식은
모든 파일을 선택합니다.

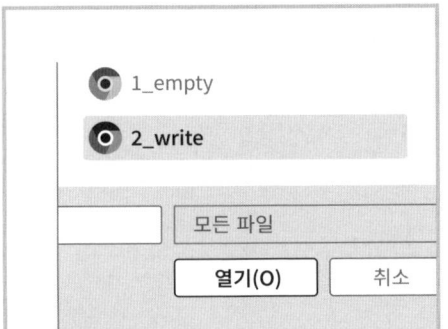

5
2_write.html 파일을 선택한 후
[열기(O)] 버튼을 클릭합니다.

6
[메모장]에
해당 파일을 불러왔습니다.

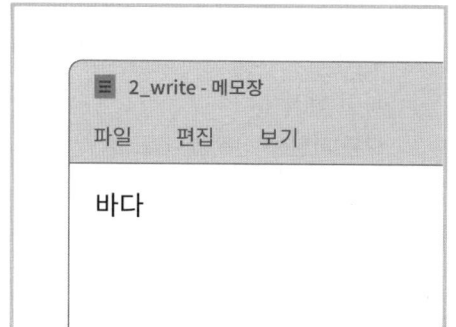

7
나무를 **바다**로 수정한 후 파일을 저장합니다.

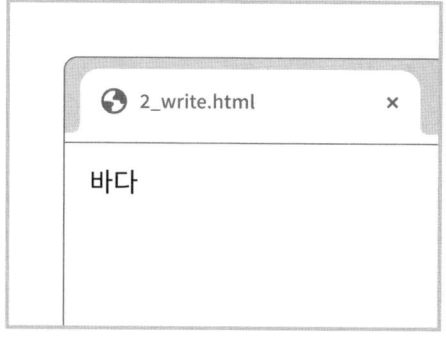

8
저장한 파일을 새로 열면 **[크롬]**에서 글자가 수정된 것을 확인할 수 있습니다.

한 줄 요약

글자 쓰기

메모장에 입력한 글자는 웹 브라우저에서 볼 수 있다.

📒 메모장

웹 브라우저에 글자 쓰기

🌐 웹 브라우저

웹 브라우저에 글자 쓰기

3
글자 크기 바꾸기

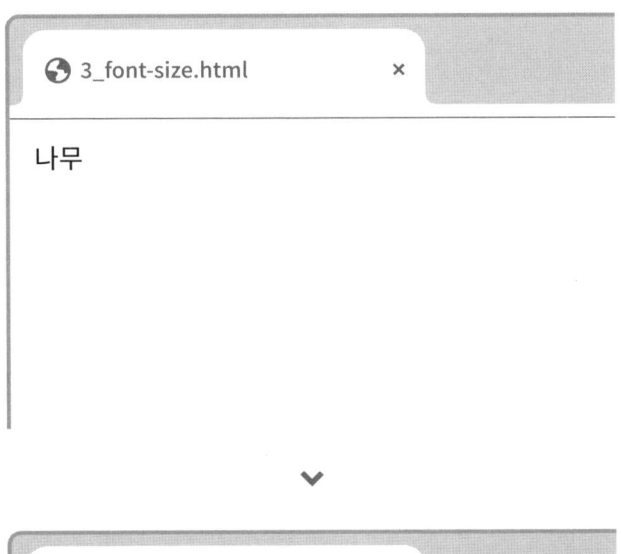

자연

바다

숲

세 단어 중 가장 먼저 보이는 것은 **바다**입니다.
글자가 쓰인 순서대로 보기보다는
큰 글자에서 작은 글자 순으로 보게 됩니다.

웹 사이트의 '글자 크기'는
목적과 중요도에 따라 다르게 바꿀 수 있어야 합니다.

[예제 3] 글자 크기 바꾸기

```
■ 제목 없음 - 메모장
파일    편집    보기

<style>
    div { font-size:xx-large; }
</style>
<div>나무</div>
```

1 [메모장]을 새로 열어 위 코드를 입력합니다.

[메모장] 대신 [소스 코드 에디터(Source Code Editor)]를 사용하면 코드를 쉽고 빠르게 입력할 수 있습니다. 다만, 처음 배우는 단계에서는 코드 하나하나를 직접 입력하는 것이 큰 도움이 되기에 [소스 코드 에디터] 사용 방법은 책 후반에서 다루겠습니다.

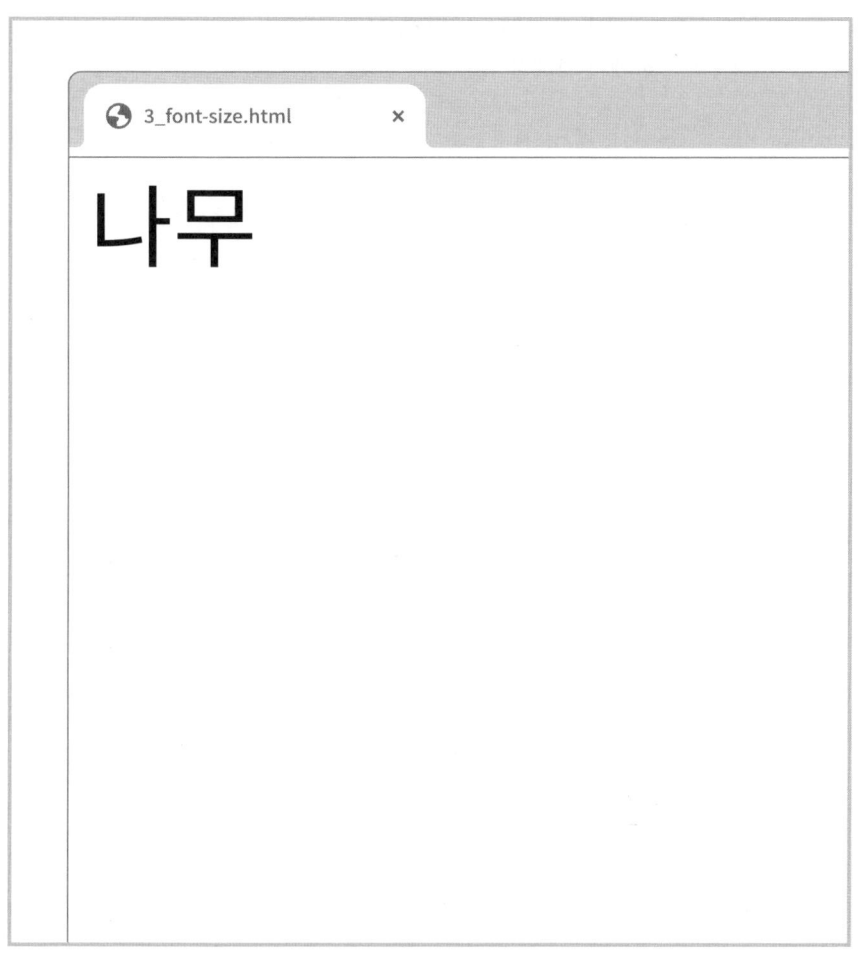

2 파일명을 **3_font-size.html**로 저장 후 [크롬]에서 확인합니다.
글자 크기가 커졌습니다.
파일 저장 및 크롬에서 열어보는 법은 목차1 , 목차2 를 참고하세요.

글자 크기를 바꾸는 코드는 다음과 같습니다.
지금은 코드 중에서 **font-size:xx-large;**의 뜻만 알면 됩니다.
그 외 코드는 책 후반에서 자세히 다룹니다.

```
<style>
    div { font-size:xx-large; }
</style>
<div>나무</div>
```

xx-large 대신 x-small, medium 등을 입력할 수도 있습니다.
입력하는 코드에 따라 글자 크기는 바뀝니다.

---

x-small   나무

small   나무

medium   나무

large   나무

x-large 나무

xx-large 나무

그런데 때로는 보다 섬세한 조정이 필요할 때가 있습니다.

---

    x-large   ?   xx-large

    나무   나무   나무

그럴 땐 small, large … 대신 숫자 값을 입력하면 됩니다.

```
<style>
    div { font-size:80px; }
</style>
<div>나무</div>
```

작은 숫자를 입력할수록 글자 크기는 작아지고
큰 숫자를 입력할수록 글자 크기는 커집니다.

10px   나무

11px   나무

12px   나무

13px   나무

14px   나무

15px   나무

16px   나무

17px   나무

⋮   ⋮

숫자 뒤에 입력한 px는 '**픽셀**'이라고 부릅니다.
길이 단위에 밀리미터(mm), 센티미터(cm) 등이 있는 것처럼
픽셀(px)은 웹 사이트의 글자, 이미지 등의 크기·길이 등을 지정할 때
사용하는 단위 중 하나입니다.

한 줄 요약

font-size

글자 크기를 바꾼다.

01 `font-size:9px;`

02 `font-size:14px;`

03 `font-size:18px;`

04 `font-size:34px;`

05 `font-size:70px;`

06 `font-size:90px;`

07 `font-size:100px;`

01 킥보드

02 자전거

03 오토바이

04 자동차

05 버스

06 기차

07 비행기

4
글자 폰트 바꾸기(1)

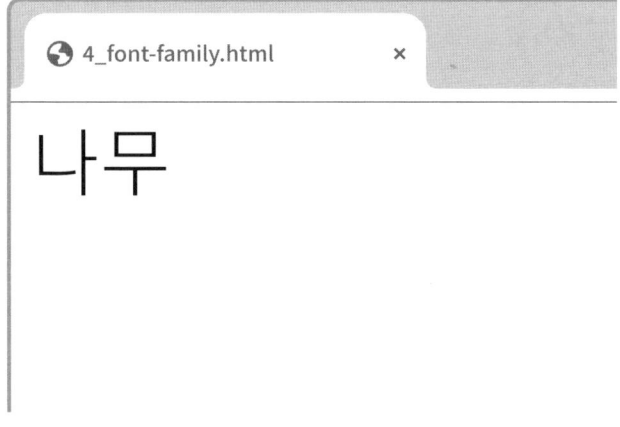

진중한 사람
진중한 사람

위 두 폰트 중
진중함이 상대적으로 잘 느껴지는 것은 첫 번째입니다.
폰트 하나로 원하는 메시지를 조금 더 효과적으로 전달할 수 있습니다.
지금부터는 **'폰트 변경 방법'**을 알아보겠습니다.

[예제 4] 글자 폰트 바꾸기

```
<style>
    div { font-family:'바탕체'; }
</style>
<div>나무</div>
```

1 [메모장]을 새로 열어 위 코드를 입력합니다.

2 파일명을 **4_font-family.html**로 저장 후 [크롬]에서 확인합니다.
글자 폰트가 바뀌었습니다.

글자 폰트를 바꾸는 코드는 다음과 같습니다.
지금은 코드 중에서 `font-family:'바탕체';`의 뜻만 알면 됩니다.
그 외 코드는 책 후반에서 자세히 다룹니다.

```
<style>
    div { font-family:'바탕체'; }
</style>
<div>나무</div>
```

바탕체 대신 굴림체, 돋움체 등을 입력할 수도 있습니다.
입력하는 폰트명에 따라 글자 폰트가 바뀝니다.

바탕체	나무
굴림체	나무
돋움체	나무
궁서체	나무
맑은 고딕	나무

단, 유의할 점이 있습니다.
첫 번째. 사용하려는 폰트가 반드시 내 컴퓨터에 설치되어 있어야 합니다.
두 번째. 폰트명을 입력할 땐 한 자도 틀리지 않고 띄어쓰기까지 일치해야 합니다.

그런데 대부분의 웹 사이트는 다수의 사람을 위해 만들어졌으며
그들은 각기 다른 자신의 컴퓨터를 통해 접속합니다.
특정 폰트를 지정해서 웹 사이트를 만들었더라도
사용자의 컴퓨터에 해당 폰트가 설치되어 있지 않다면
임의의 다른 폰트로 대체되어 보입니다.
이를 대비해서 2순위, 3순위, 혹은 그다음으로 대신하여 보여줄
특정 폰트를 입력해 두어야 합니다.

```
<style>
    div { font-family:'바탕체', '굴림체', '맑은 고딕'; }
</style>
<div>나무</div>
```

이렇게 입력해 두면

바탕체가 없는 사용자의 컴퓨터에서는 굴림체로 대체되어 보이고
굴림체도 없다면 맑은 고딕으로 보여주게 됩니다.

하지만 1순위, 2순위, 3순위 등의 폰트가 모두 없는 컴퓨터도 있을 수 있습니다.
이런 경우도 대비해 1순위, 2순위, 3순위 혹은
그다음으로 대신하여 보여줄 특정 폰트명을 모두 입력한 후
마지막에 **'제네릭 폰트 패밀리(Generic Font Family)명'**을 입력해야 합니다.
입력 방법을 알아보기 전에
'제네릭 폰트 패밀리'가 무엇인지 먼저 살펴보겠습니다.

예를 들어 다음과 같이 6개의 도형이 있을 때
도형 간의 공통점을 찾아 그룹을 만든다면

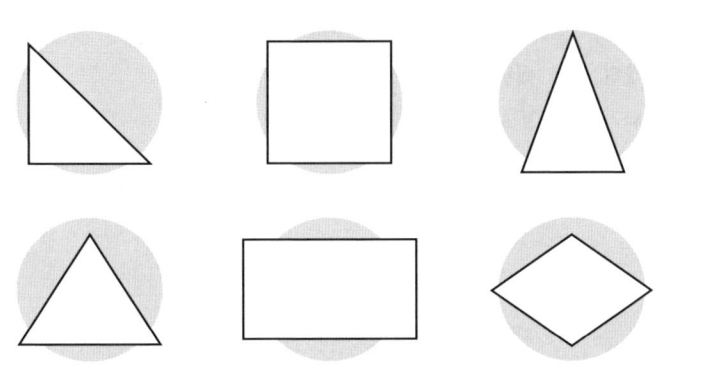

2개의 그룹을 만들 수 있습니다.

삼각형

사각형

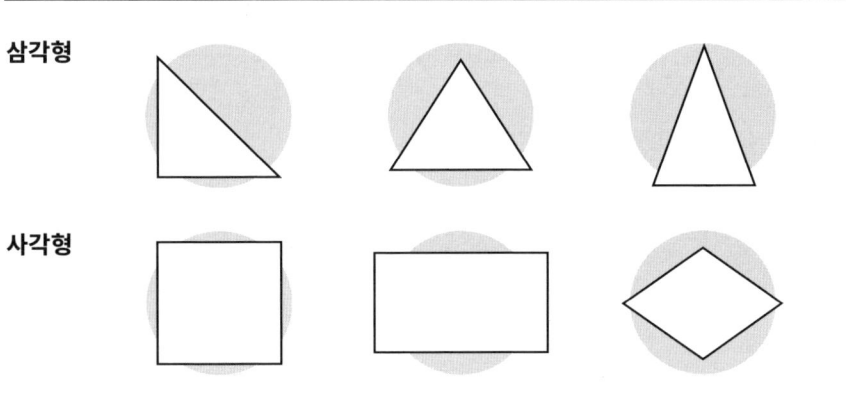

폰트도 마찬가지입니다.
수많은 폰트를 쭉 펼쳐 놓고 보니
글자 모양이 비슷한 폰트끼리 그룹을 만드는 것이 가능했고
총 5개의 그룹을 만들게 되었습니다.
이들을 '제네릭 폰트 패밀리'라고 합니다.
다음 표를 통해 그룹별 폰트의 특징을 살펴보세요.

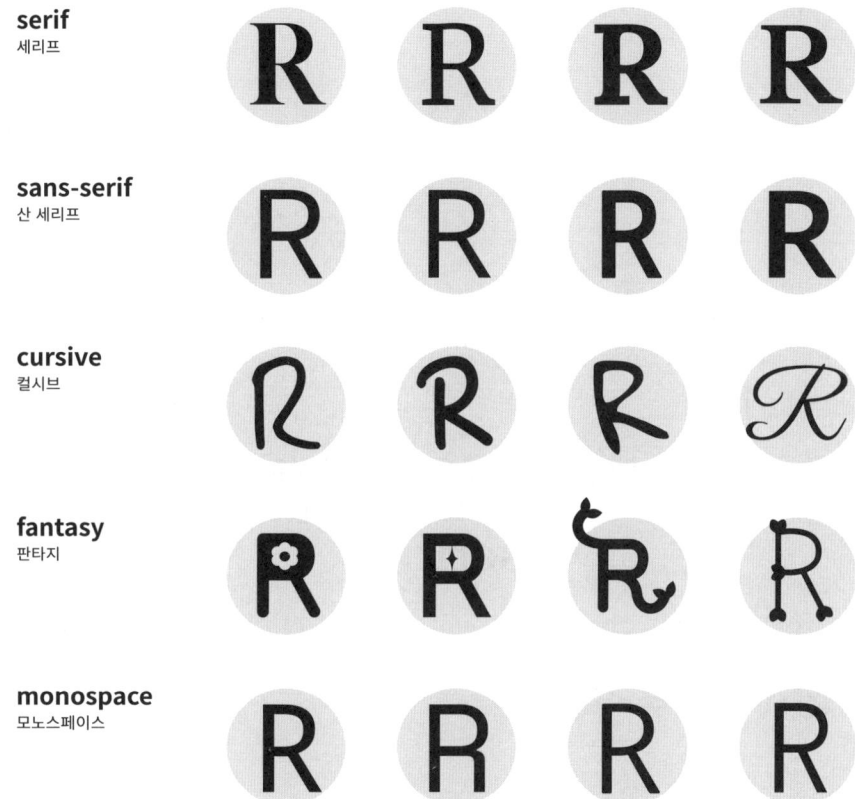

- serif (세리프) : 글자 획의 시작 또는 끝부분에 삐침 선이 있습니다.
- sans-serif (산 세리프) : 글자 획의 시작 또는 끝부분에 삐침 선이 없습니다.
- cursive (컬시브) : 손으로 직접 쓴 듯한 서체입니다.
- fantasy (판타지) : 글자에 장식 요소가 있습니다.
- monospace (모노스페이스) : 모든 글자의 폭이 똑같습니다.

　　<예시> `This font is Monospace`

'제네릭 폰트 패밀리' 입력 방법은 다음과 같습니다.

```
<style>
    div { font-family:'바탕체', '굴림체',
    '맑은 고딕', serif; }
</style>
<div>나무</div>
```

바탕체, 굴림체, 맑은 고딕이 모두 없는 사용자에게는

자신의 컴퓨터에 있는 serif 폰트 중 하나로 대체하여 보여주게 됩니다.

(당연히 serif 대신 sans-serif, cursive 등을 입력하는 것도 가능합니다.)

이렇게 **'제네릭 폰트 패밀리'**까지 입력해 두면

사용자의 컴퓨터에 해당 폰트가 없더라도

제작자가 의도한 폰트와 가장 유사한 모양으로 보여줄 수 있습니다.

코드 입력 시, 폰트명을 한글로만 입력해두면

사용자의 컴퓨터 환경에 따라 해당 폰트를 인식하지 못할 수도 있습니다.

따라서 이러한 오류를 방지하기 위해

한글 폰트명 뒤에 영어 폰트명을 한 번 더 입력해야 합니다.

<예시> font-family:'바탕체', 'BatangChe', '굴림체', 'GulimChe',

'맑은 고딕', 'Malgun Gothic', serif ;

한 줄 요약

font-family

글자의 폰트를 바꾼다.

```
                        •      ••     •••    ••••
font-family:'바탕체','돋움체','굴림체',cursive;
```

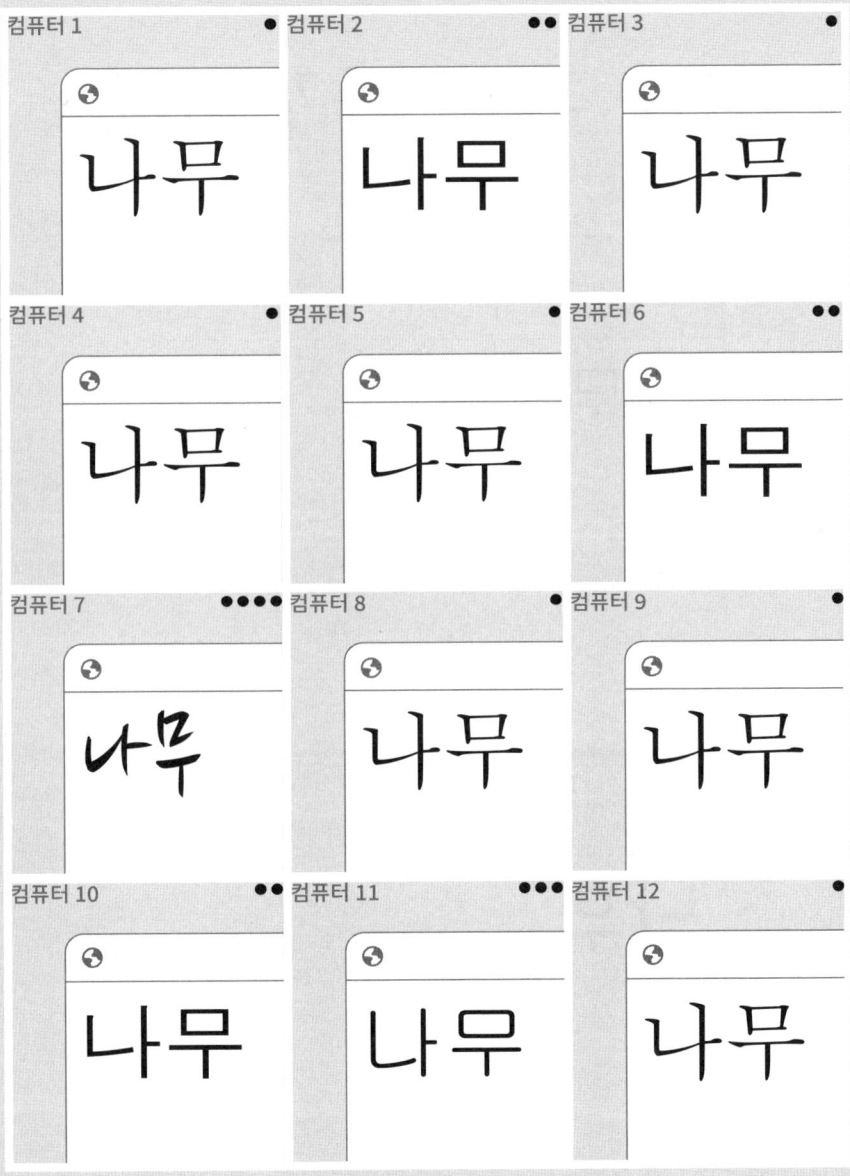

5
글자 폰트 바꾸기(2)

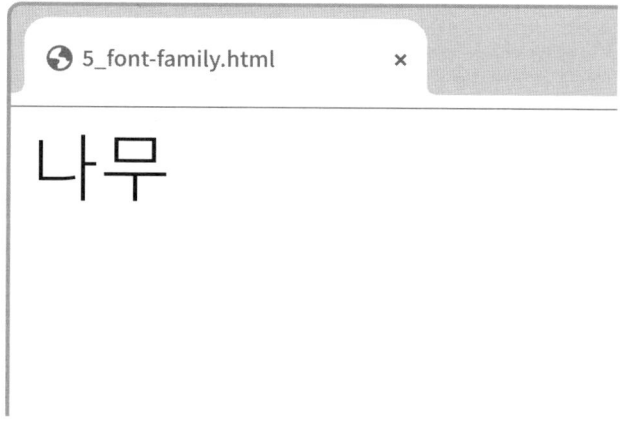

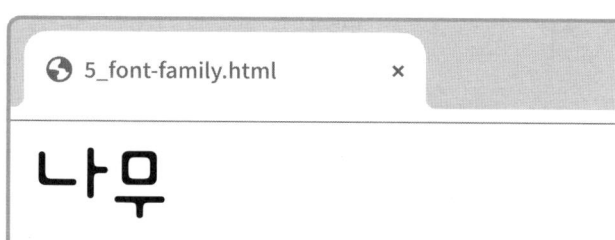

지난 목차에서 배운 내용대로라면

A 폰트를 사용해서 만든 웹 사이트가

어딘가에선 B 폰트, C 폰트 등으로 바뀌어 보일 수 있습니다.

이는 웹 사이트를 만든 사람의 입장에서 몹시 아쉬운 일입니다.

이럴 땐 **'웹폰트(Webfont)'**를 사용하면 됩니다.

그러면 사용자의 컴퓨터에 설치된 폰트 유무와 상관없이

우리가 지정한 특정 폰트로 보여줄 수 있습니다.

[예제 5] 웹폰트 사용하기

1. **'구글 폰트 사이트'**에 접속합니다. (URL : https://fonts.google.com)
   이곳에서는 다양한 폰트를 무료로 제공하고 있습니다.

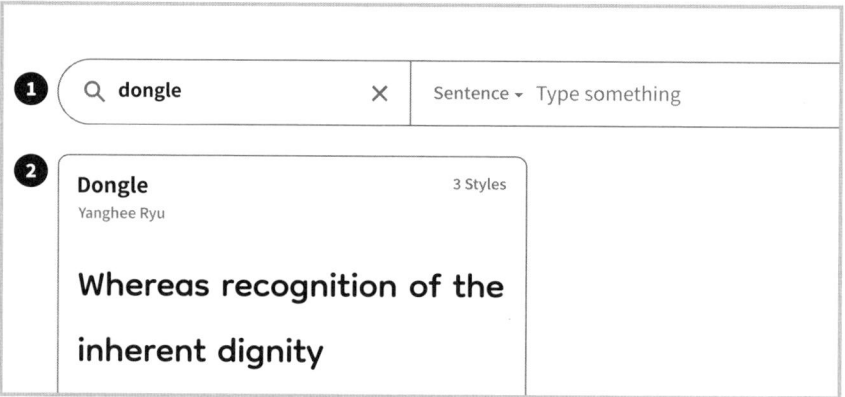

2. 책에서는 Dongle 폰트를 사용해 보겠습니다. **'검색창에 dongle을 입력(❶)'** 하면 **'해당 폰트(❷)'**가 보입니다. 이를 클릭합니다.
   폰트마다 라이선스(license)의 범위는 모두 다릅니다. 반드시 확인 후 사용해야 합니다.

Dongle

Designed by Yanghee Ryu

Whereas disregard and contempt for hum

Select preview text: (Continent ▼)

❶ Styles

Type here to preview text

Light 300

Whereas recognition of the inherent dignity

Regular 400

Whereas recognition of the inherent dignity

Bold 700

Whereas recognition of the inherent dignity

3 Dongle 폰트를 클릭하면 해당 폰트의 상세 페이지로 넘어갑니다. 화면을 아래쪽으로 스크롤 하여 '**Styles(❶)**' 영역으로 이동합니다.

Type here to preview text

❶ Light 300

Whereas recognition o

Regular 400

Whereas recognition o

Bold 700

Whereas recognition o

4 Styles 영역에는 해당 폰트가 두께별로 나열되어 있습니다.
이번 예제에서는 이 중 **'가장 얇은 두께의 폰트(❶)'**를 사용해보겠습니다.
· 폰트마다 보유하고 있는 두께의 수는 모두 다릅니다.
· 얇은 폰트부터 두꺼운 폰트까지 모두 사용하는 법은 **목차 6** 에서 다룹니다.

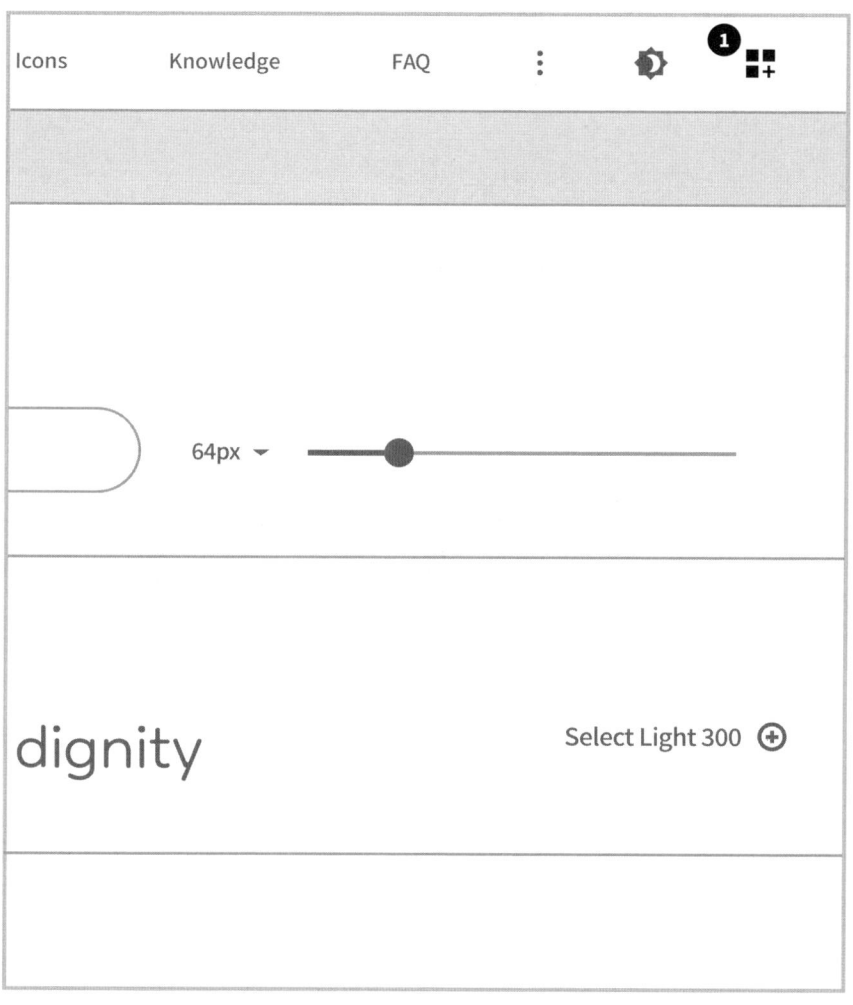

5 폰트를 사용하려면 **[Selected family]** 창에 폰트를 담아야 합니다.
해당 창은 사이트 최상단 우측에 있는 '■+(①)' 아이콘을 클릭하면 열립니다.
[■+] 아이콘을 클릭하여 **[Selected family]** 창을 엽니다.

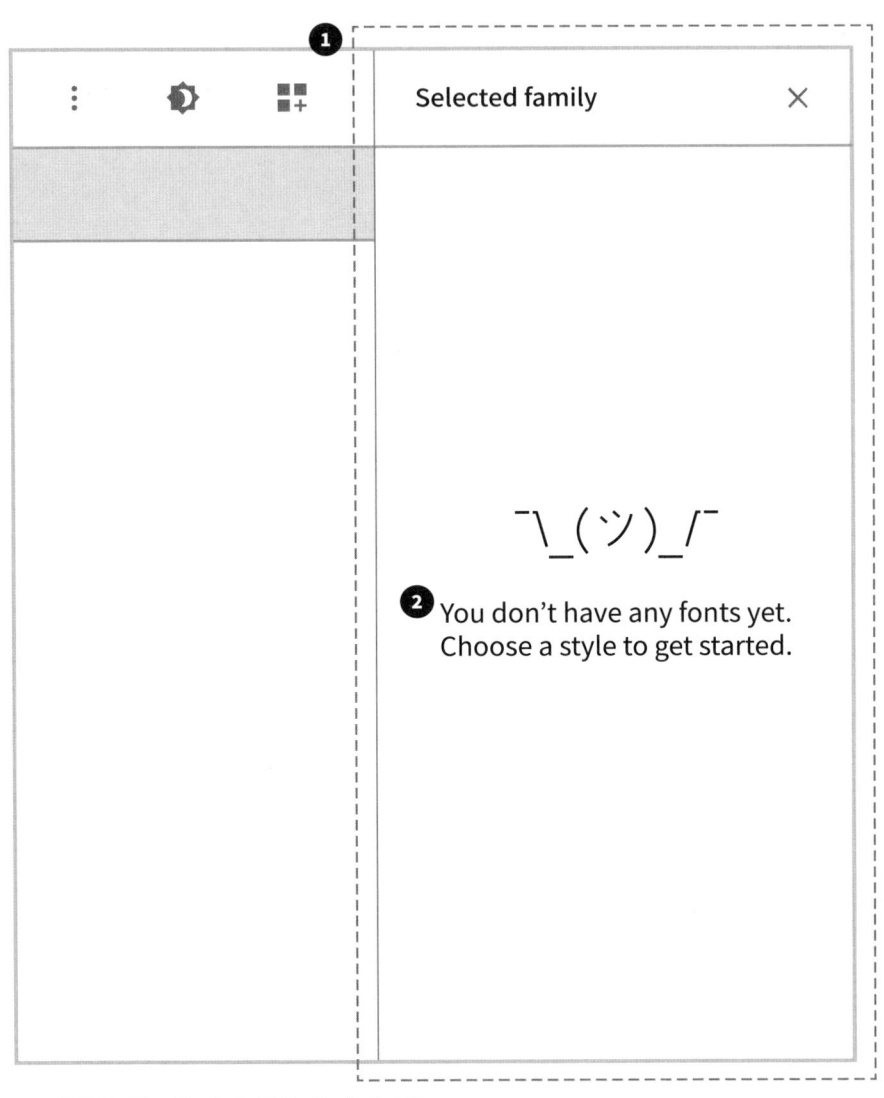

6 지금은 폰트를 담지 않은 상태이므로
   'Selected family(❶)' 창에는 다음의 안내 글이 표시되어 있습니다.
   '아직 폰트가 없습니다. 시작하려면 스타일을 선택하세요. (❷)'

ent dignity	Select Light 300 ⊕ ❶
ent dignity	Select Regular 400 ⊕
ent dignity	Select Bold 700 ⊕

7 Styles 영역으로 돌아가서
  사용하고 싶은 폰트의 우측에 있는 '⊕ (❶)' 버튼을 클릭합니다.
  책에서는 가장 얇은 두께의 폰트인 **Light 300**을 선택했습니다.

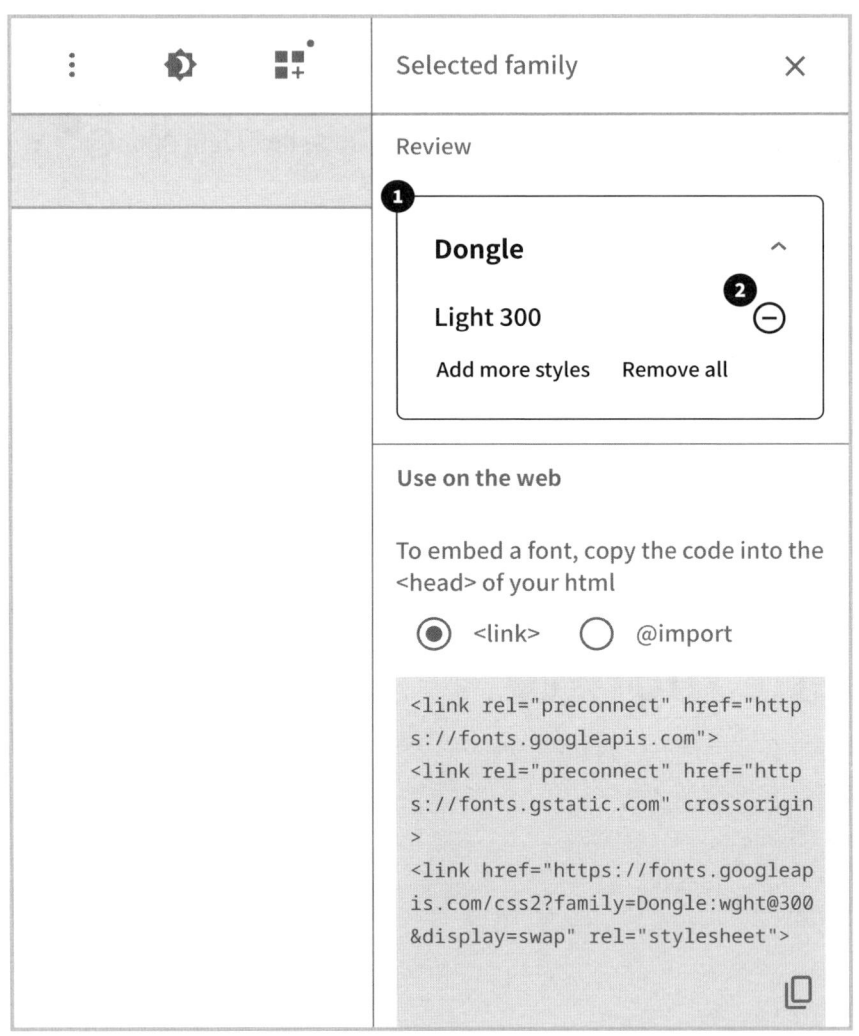

8   그러면 [Selected family] 창에
    가장 얇은 두께의 **'Dongle(❶)'** 폰트가 담기게 됩니다.
    담은 폰트를 취소하고 싶을 땐 '⊖(❷)' 버튼을 클릭하면 됩니다.

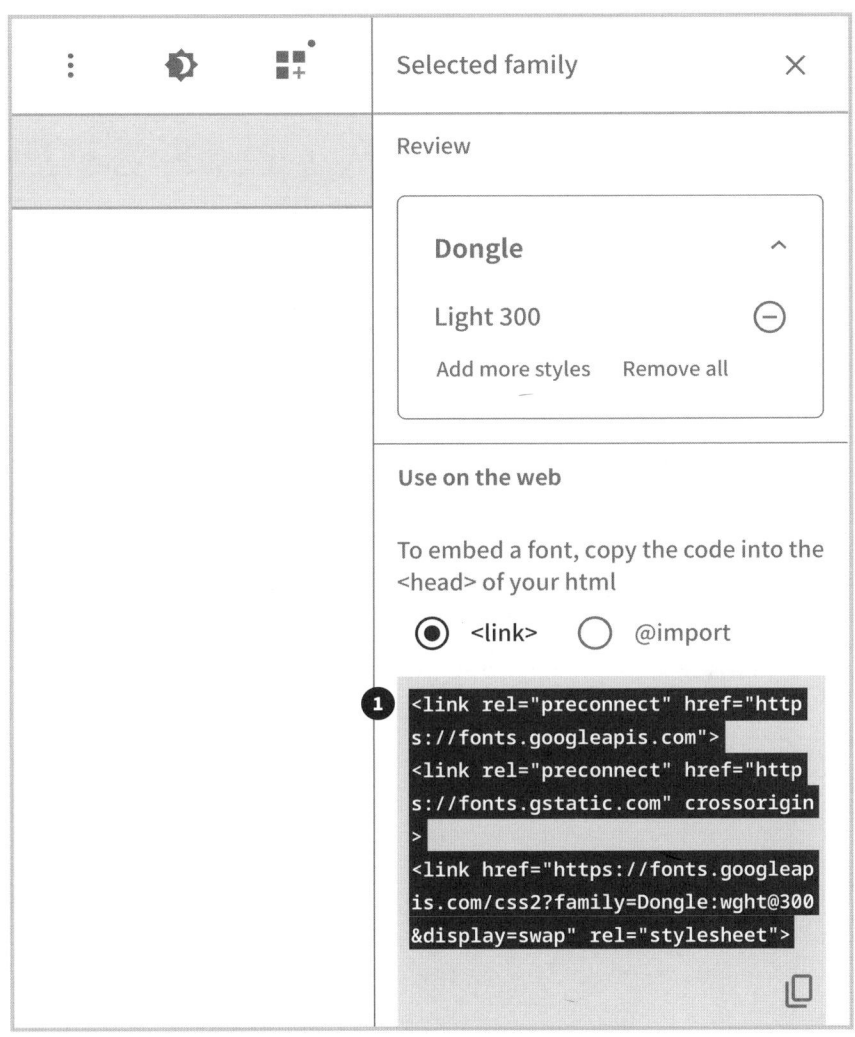

9 회색 박스 안에 표시된 '**<link rel … stylesheet">** (❶)' 코드를 복사합니다. 해당 코드의 의미를 쉽게 설명하면 다음과 같습니다.

'**사용자의 컴퓨터에 Dongle 폰트(두께:Light 300)를 임시 다운로드 한다.**'

```
≡ 제목 없음 - 메모장
파일    편집    보기

<link rel="preconnect" href="https://fonts.googleap
is.com">
<link rel="preconnect" href="https://fonts.gstatic.
com" crossorigin>
<link href="https://fonts.googleapis.com/css2?famil
y=Dongle:wght@300&display=swap" rel="stylesheet">
```

10 [메모장]을 새로 열어 **9** 에서 복사한 코드를 붙여 넣습니다.

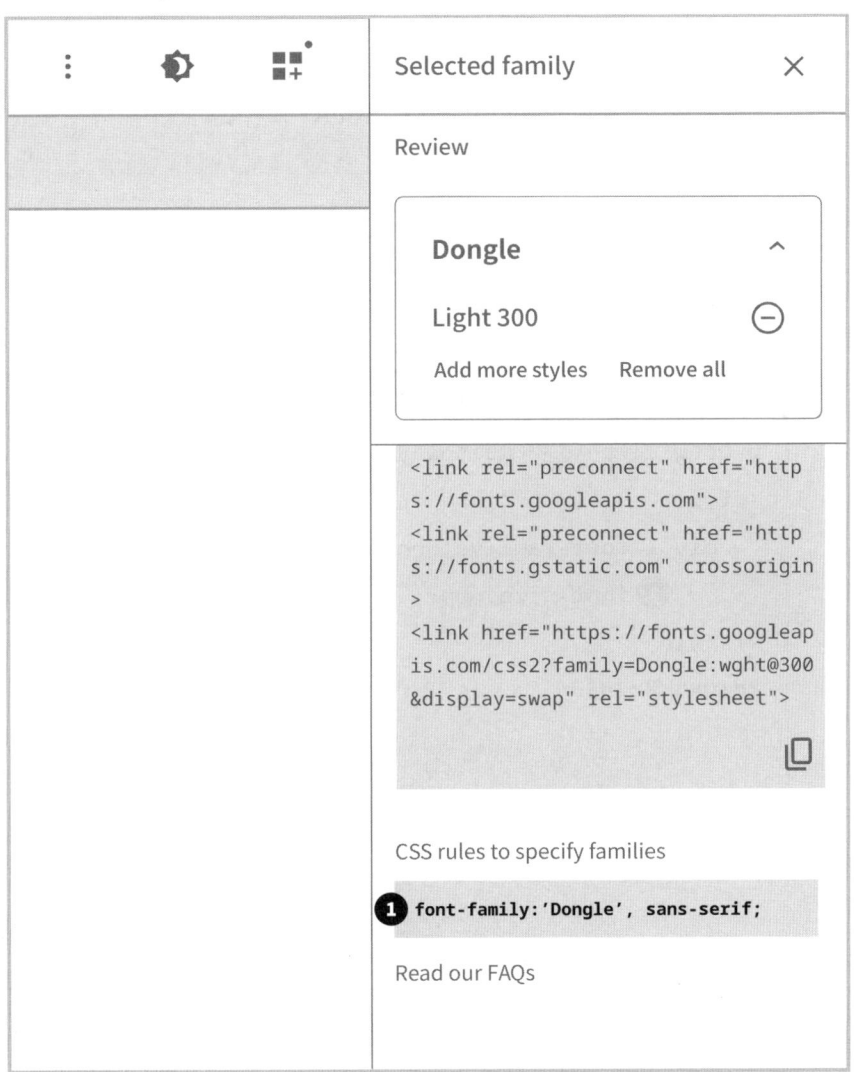

11 [Selected family] 창으로 돌아가서
우리가 담았던 폰트의 **'폰트명과 제네릭 폰트 패밀리(❶)'**를 확인합니다.

```
<link rel="preconnect" href="https://fonts.googleap
is.com">
<link rel="preconnect" href="https://fonts.gstatic.
com" crossorigin>
<link href="https://fonts.googleapis.com/css2?famil
y=Dongle:wght@300&display=swap" rel="stylesheet">
<style>
   div { font-family:'Dongle', sans-serif;
      ❶ font-size:60px; }
</style>
<div>나무</div>
```

12 **11** 에서 확인한 폰트명과 제네릭 폰트 패밀리를 참고하여 [메모장]에 위 코드를 추가합니다.

글자 크기가 작으면 폰트가 변경된 것을 확인하기 어려우니 **'font-size(❶)'** 코드도 추가합니다.

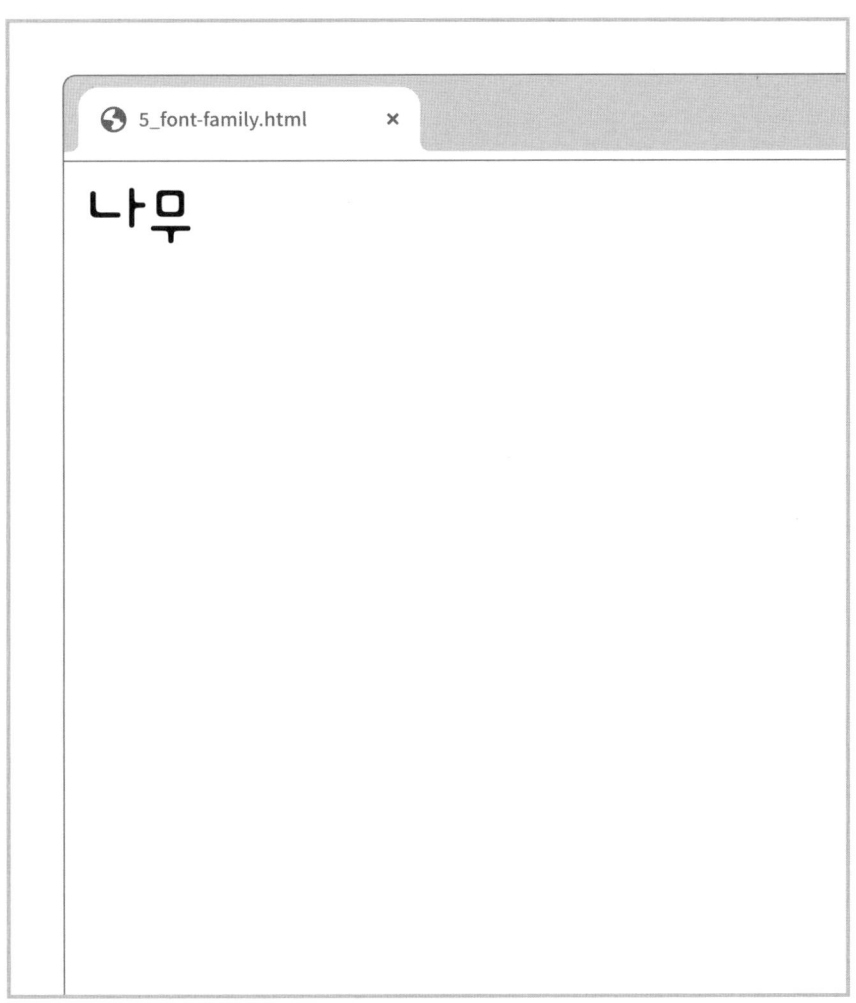

13 파일명을 **5_font-family.html**로 저장 후 **[크롬]**에서 확인합니다.
글자 폰트가 Dongle 폰트로 바뀌었습니다.

구글 폰트 사이트에서 제공하는 웹폰트의 사용 방법을 정리해보겠습니다.

원하는 폰트를 고른 후

메모장에 '**2가지 코드**'를 입력하면 됩니다.

첫 번째. 사용자의 컴퓨터에 특정 폰트를 임시로 다운로드시켜주는 코드입니다.
해당 코드는 [Selected family] 창에 어떤 폰트를 담았느냐에 따라
계속 바뀌기 때문에 외울 필요가 없습니다.

```
<link rel="preconnect" href="https://fonts.googleapis.com">
<link rel="preconnect" href="https://fonts.gstatic.com" crossorigin>
<link href="https://fonts.googleapis.com/css2?family=Dongle:wght@300&display=swap" rel="stylesheet">
<style>
    div { font-family:'Dongle', sans-serif; font-size:60px; }
</style>
<div>나무</div>
```

두 번째. 글자의 폰트를 바꾸는 코드입니다.
해당 코드에 대한 자세한 설명은 목차 4 를 참고하세요.

```
<link rel="preconnect" href="https://fonts.googleapis.com">
<link rel="preconnect" href="https://fonts.gstatic.com" crossorigin>
<link href="https://fonts.googleapis.com/css2?family=Dongle:wght@300&display=swap" rel="stylesheet">
<style>
    div { font-family:'Dongle', sans-serif; font-size:60px; }
</style>
<div>나무</div>
```

그런데 이런 궁금증이 생겼습니다.

**'웹폰트를 사용하면
제작자가 원하는 폰트를 모든 컴퓨터에서 그대로 보여줄 수 있는데
왜 여전히 제네릭 폰트 패밀리를 입력할까?'**

네트워크 환경에 따라 인터넷 속도가 느린 경우
폰트를 임시 다운로드하는 시간이 오래 걸릴 수 있습니다.
다운로드 전까지 우리가 지정한 폰트와
가장 유사한 모양의 폰트로 대체하여 보여주기 위해
제네릭 폰트 패밀리는 항상 입력해 두는 것이 좋습니다.

웹 사이트를 만들 때 자주 사용하는 한글 웹폰트는 다음과 같습니다.
· **Noto Sans Korean** (본고딕)
· **Nanum Gothic** (나눔 고딕)

한 줄 요약

Webfont

웹 사이트의 글자를 모든 컴퓨터에서 동일한 폰트로 보여줄 수 있다.

```
font-family:'Nanum Brush Script', cursive;
```

6
글자 두께 바꾸기

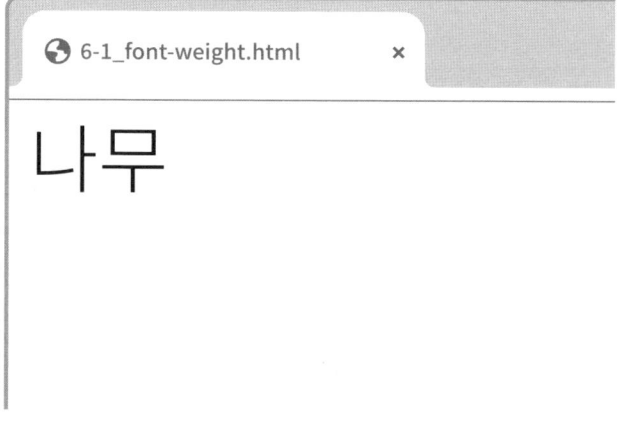

2+1 [01] 고객 감사 이벤트

백설공주 백설공주 [02]

내용의 중요도에 따라 특정 부분을 강조하고 싶을 때 [01]
또는 글자를 뚜렷이 보이게 하고 싶을 때 [02]
글자의 두께를 바꿀 수 있어야 합니다.

지금부터는 글자 두께 바꾸는 법을 알려드립니다.

[예제 6-1] 글자 두께 바꾸기

```
<style>
    div { font-weight:bold; }
</style>
<div>나무</div>
```

1 [메모장]을 새로 열어 위 코드를 입력합니다.

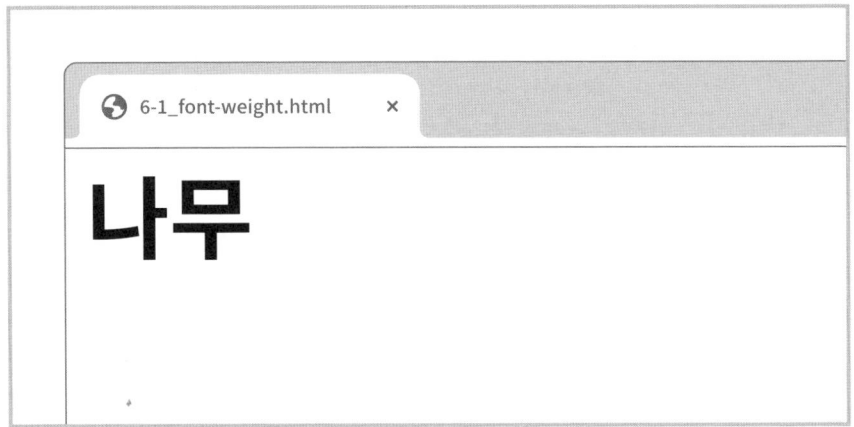

2 파일명을 **6-1_font-weight.html**로 저장 후 [크롬]에서 확인합니다.
   글자 두께가 바뀌었습니다.

글자 두께를 바꾸는 코드는 다음과 같습니다.
지금은 코드 중에서 `font-weight:bold;`의 뜻만 알면 됩니다.
그 외 코드는 책 후반에서 자세히 다룹니다.

```
<style>
    div { font-weight:bold; }
</style>
<div>나무</div>
```

글자의 두께를 두껍게 할 때는 bold를 입력하면 되고
두꺼운 글자를 보통의 굵기로 바꿀 때는 normal을 입력하면 됩니다.

---

bold　　　나무

normal　　나무

그런데 때로는 보다 섬세한 조정이 필요할 때가 있습니다.

---

normal　　　　　**?**　　　　　**bold**

나무　　　　　**나무**　　　　　**나무**

그럴 땐 normal, bold 대신 숫자 값을 입력하면 됩니다.

<style>
  div { font-weight:700; }
</style>
나무

숫자 값은 100~900까지, 100 단위로 입력할 수 있습니다.
글자 두께는 작은 수를 입력할수록 얇아지고
큰 수를 입력할수록 두꺼워집니다.

100	나무
200	나무
300	나무
400	나무
500	나무
600	나무
700	나무
800	나무
900	나무

· 400과 normal을 입력했을 때의 글자 두께는 동일합니다.
· 700과 bold를 입력했을 때의 글자 두께는 동일합니다.

다만, 폰트마다 사용 가능한 두께의 수가 다르기 때문에
모든 폰트에 9단계의 두께(100~900)를 적용할 수 있는 것은 아닙니다.

예를 들어 'Nanum Gothic(나눔 고딕)'은
3단계의 두께만 존재하기 때문에
다음과 같이 3개의 값만 사용할 수 있습니다.

400　　**나무**

700　　**나무**

800　　**나무**

폰트의 종류와 상관 없이
400과 normal을 입력했을 때의 글자 두께는 동일하고
700과 bold를 입력했을 때의 글자 두께는 동일합니다.

'Noto Sans Korean(본고딕)'은
6단계의 두께만 존재하기 때문에
다음과 같이 6개의 값만 사용할 수 있습니다.

100　나무

300　나무

400　나무

500　나무

700　**나무**

900　**나무**

[예제 6-2]를 통해
'**Noto Sans Korean**'의 두께 값을 모두 사용하는 법을 학습해 보세요.
해당 예제를 따라하기 전에 반드시 목차 5 의 **[예제 5]**를 선행하도록 합니다.

[예제 6-2] 웹폰트 두께 바꾸기

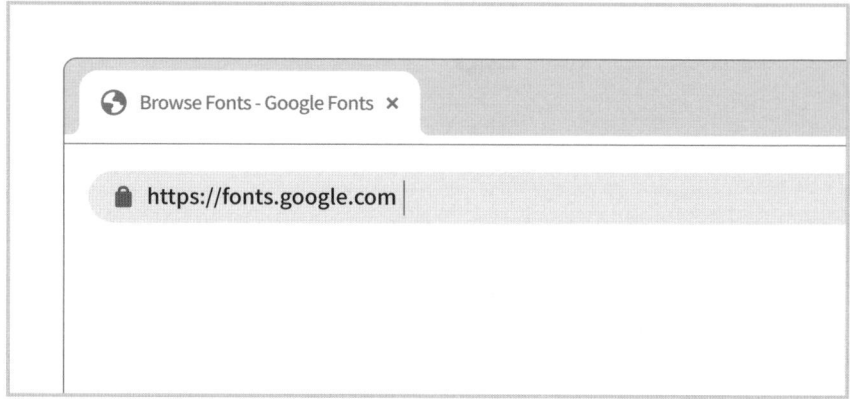

1 '구글 폰트 사이트'에 접속합니다. (URL : https://fonts.google.com)

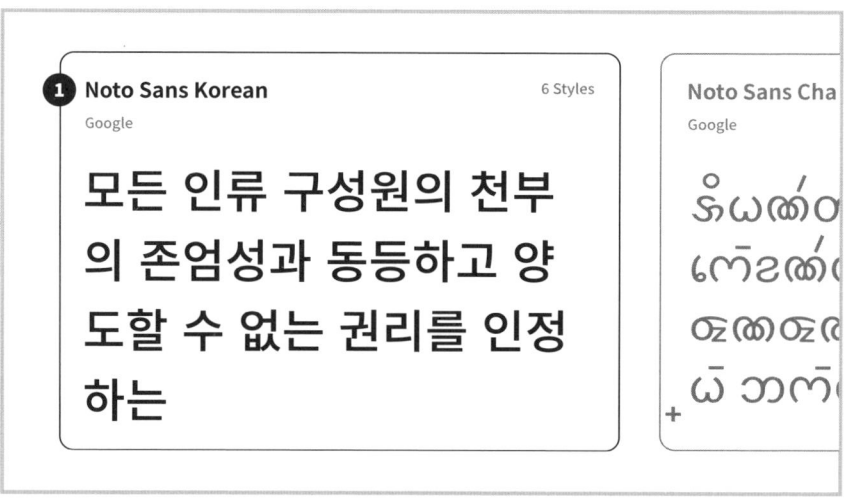

2 'Noto Sans Korean(①)' 폰트를 클릭합니다.

Noto Sans Korean

Noto is a global font collection for writing in all modern and ancient languages. Noto Sans KR is an unmodulated ("sans serif") design for the Korean language using Hangul and the Korean Hanja scripts. It also supports Hiragana, Katakana, Latin, Cyrillic and Greek. It has multiple weights.

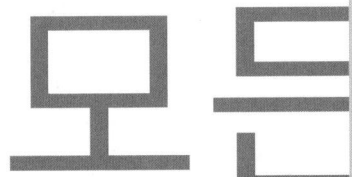

① Styles

Type here to preview text

Thin 100

모든 인류 구성원의 천부의 존엄성과 동등

Light 300

모든 인류 구성원의 천부의 존엄성과 동등

Regular 400

3 폰트를 클릭하면, 해당 폰트의 상세 페이지로 넘어갑니다.
　　 화면을 아래쪽으로 스크롤 하여 '**Styles**(①)' 영역으로 이동합니다.

6. 글자 두께 바꾸기　**99**

4 Styles 영역에는 해당 폰트가 두께별로 나열되어 있습니다.
각 폰트의 좌측 상단에는 해당 폰트의 **'두께 값(①)'**이 표시되어 있습니다.

5 [Selected family] 창에 해당 폰트의 두께 값을 모두 담기 위해 두께별 폰트의 맨 우측에 있는 '⊕(❶)' 버튼을 차례대로 클릭합니다.

| Icons | Knowledge | FAQ | ⋮ | ☼ | ❶▦ |

64px ▼ ━━━●━━━━━━━

성과 동등하고 양도   Select Thin 100 ⊖

성과 동등하고 양도   Select Light 300 ⊖

6 '▦(❶)' 아이콘을 클릭해서 **[Selected family]** 창을 엽니다.

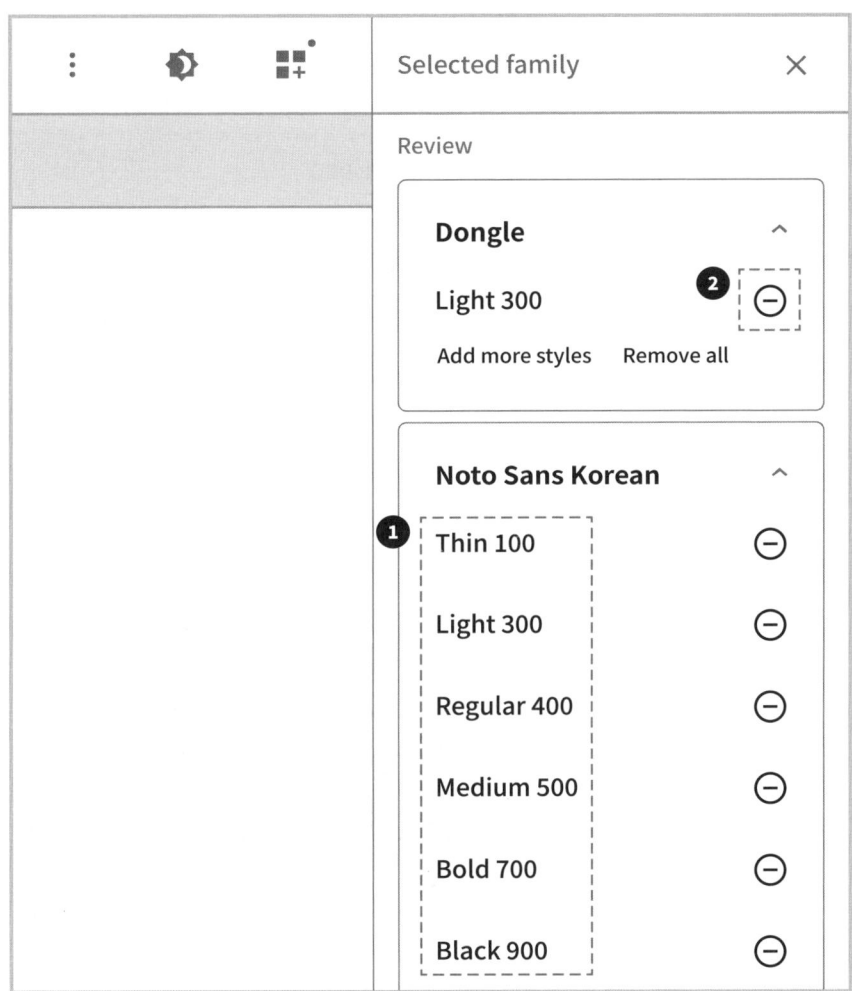

7 'Noto Sans Korean 폰트의 두께 값(100, 300, 400, 500, 700, 900)(❶)'이 모두 담긴 것을 확인할 수 있습니다.

　목차 5 의 [예제 5]에서 담아둔 Dongle 폰트는 '⊖(❷)' 버튼을 클릭하여 [Selected family] 창에서 삭제합니다.

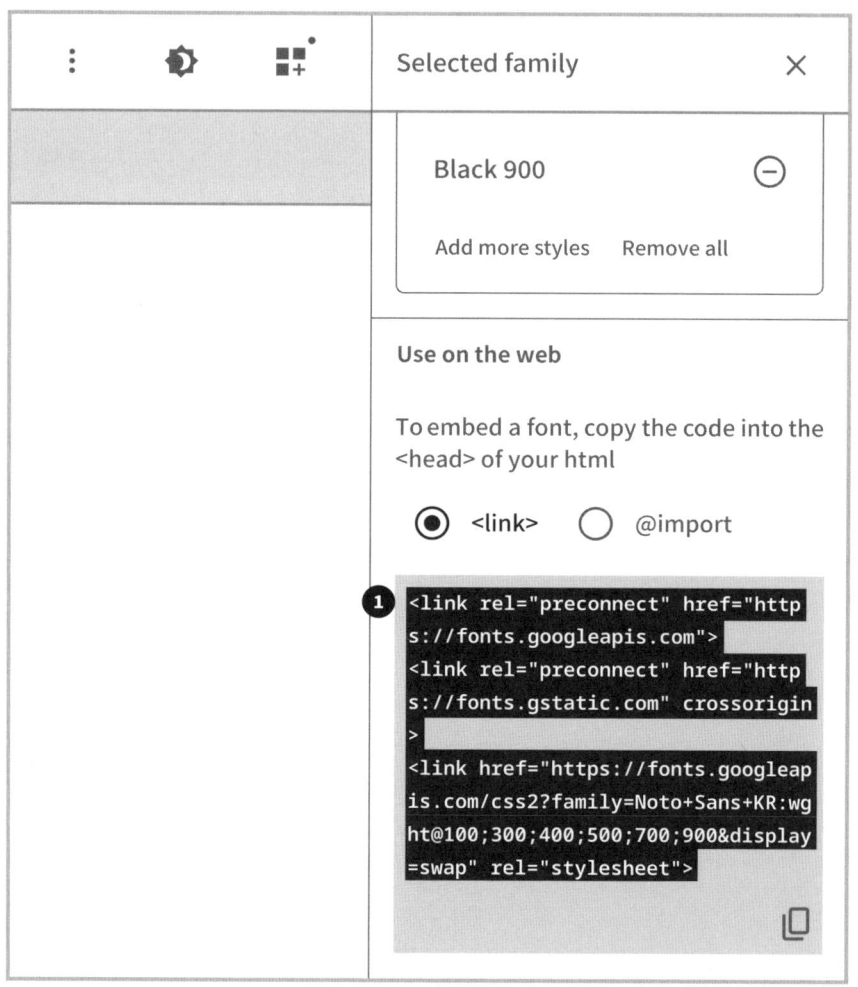

8. 회색 박스 안에 표시된 '<link rel ⋯ stylesheet">(①)' 코드를 복사합니다. 해당 코드의 의미를 쉽게 설명하면 다음과 같습니다.

'사용자의 컴퓨터에 Noto Sans Korean 폰트(두께 값:100, 300, 400, 500, 700, 900)를 임시 다운로드 한다.'

```
제목 없음 - 메모장
파일    편집    보기

<link rel="preconnect" href="https://fonts.googleap
is.com">
<link rel="preconnect" href="https://fonts.gstatic.
com" crossorigin>
<link href="https://fonts.googleapis.com/css2?famil
y=Noto+Sans+KR:wght@100;300;400;500;700;900&display
=swap" rel="stylesheet">
```

9 [메모장]을 새로 열어 **8** 에서 복사한 코드를 붙여 넣습니다.

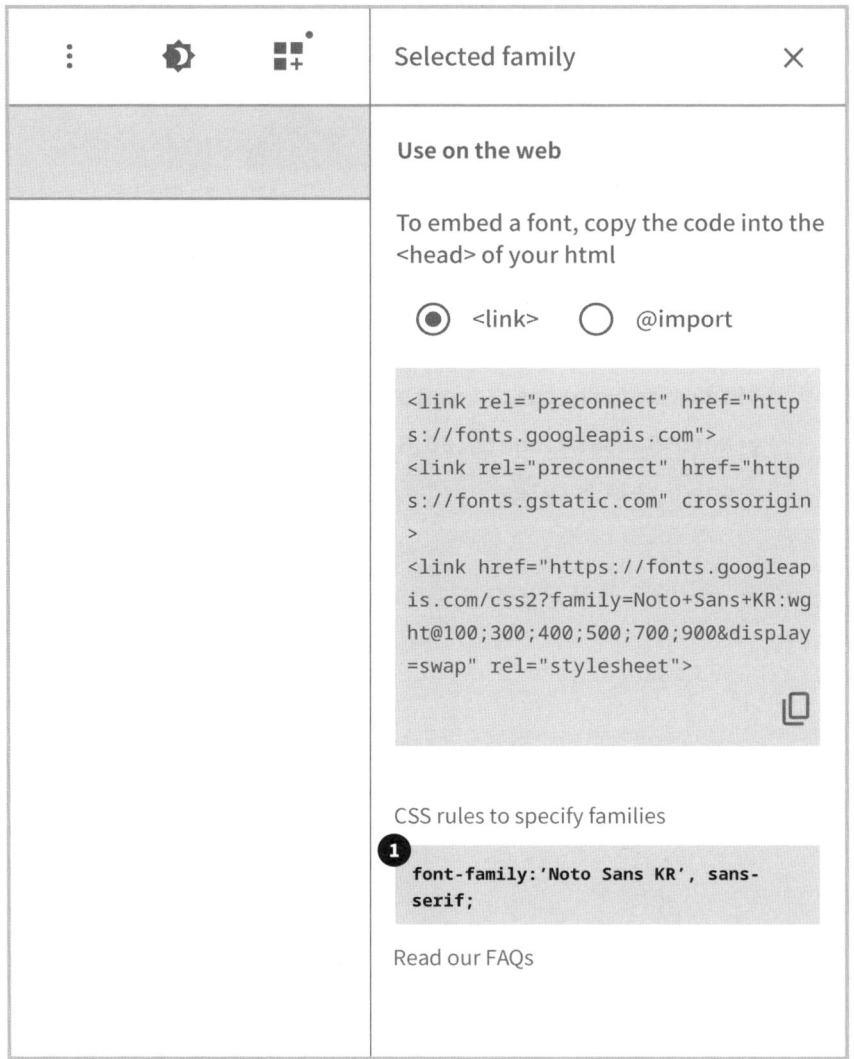

10 [Selected family] 창으로 돌아가서
우리가 담았던 폰트의 **'폰트명과 제네릭 폰트 패밀리(❶)'**를 확인합니다.

```
제목 없음 - 메모장
파일    편집    보기

<link rel="preconnect" href="https://fonts.googleap
is.com">
<link rel="preconnect" href="https://fonts.gstatic.
com" crossorigin>
<link href="https://fonts.googleapis.com/css2?famil
y=Noto+Sans+KR:wght@100;300;400;500;700;900&display
=swap" rel="stylesheet">
① <style>
    div { font-family:'Noto Sans KR', sans-serif; }
</style>
<div>나무</div>
```

11 **10** 에서 확인한 폰트명과 제네릭 폰트 패밀리를 참고하여
[메모장]에 '**위 코드(①)**'를 추가합니다.

```
제목 없음 - 메모장
파일    편집    보기

<link rel="preconnect" href="https://fonts.googleap
is.com">
<link rel="preconnect" href="https://fonts.gstatic.
com" crossorigin>
<link href="https://fonts.googleapis.com/css2?famil
y=Noto+Sans+KR:wght@100;300;400;500;700;900&display
=swap" rel="stylesheet">
<style>
   div { font-family:'Noto Sans KR', sans-serif;
❶ font-weight:900;}
</style>
<div>나무</div>
```

12 '글자의 두께를 바꾸는 코드(❶)'를 추가 입력합니다.

Noto Sans Korean 폰트의 두께 값은 900 외에도
100, 300, 400, 500, 700이 있으므로 원하는 두께에 해당하는 값을 입력하면 됩니다.

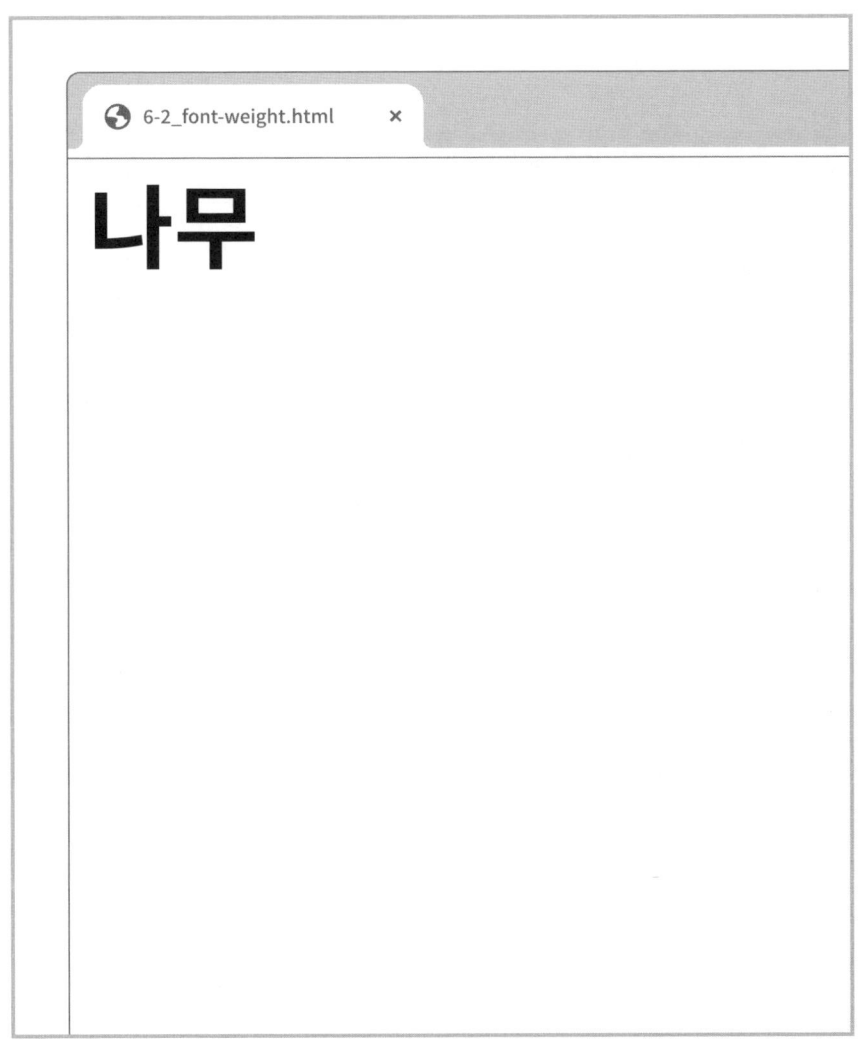

13 파일명을 **6-2_font-weight.html**로 저장 후 [**크롬**]에서 확인합니다. 글자 두께가 바뀌었습니다.

한 줄 요약

font-weight

글자 두께를 바꾼다.

```
01  font-weight:100;
02  font-weight:300;
03  font-weight:400;
04  font-weight:500;
05  font-weight:700;
06  font-weight:900;
```

01 냉면
02 국수
03 라면
04 파스타
05 칼국수
06 우동

7
행간 조정하기

🌐 7_line-height.html   ✕

동해물과 백두산이
마르고 닳도록
하느님이 보우하사
우리나라 만세

🌐 7_line-height.html   ✕

동해물과 백두산이

마르고 닳도록

하느님이 보우하사

우리나라 만세

01 **코딩 공부를 시작한 지
어느새 하루가 지났습니다.**

02 **코딩 공부를 시작한 지
　어느새 하루가 지났습니다.**

03 **코딩 공부를 시작한 지**

　어느새 하루가 지났습니다.

위 세 타입의 글 중
가장 읽기 좋은 글은 두 번째입니다. [02]
행간이 너무 좁으면 읽기 힘들고
행간이 너무 넓으면 읽을 때 글의 흐름이 끊길 수 있습니다.

지금부터는 글의 행간을 조정하는 법을 알려드립니다.

[예제 7] 행간 조정하기

```
≡ 제목 없음 - 메모장
파일    편집    보기

<style>
    div { line-height:3; }
</style>
<div>
        동해물과 백두산이<br>  ❶
        마르고 닳도록<br>
        하느님이 보우하사<br>
        우리나라 만세
</div>
```

1 [**메모장**]을 새로 열어 위 코드를 입력합니다.

메모장에서 글을 줄 바꿈 하여도 웹 브라우저에서는 한 줄로 보입니다.
웹 브라우저에서도 줄 바꿈 하여 보여주고 싶을 땐 '**
**(❶)' 코드를 입력합니다.

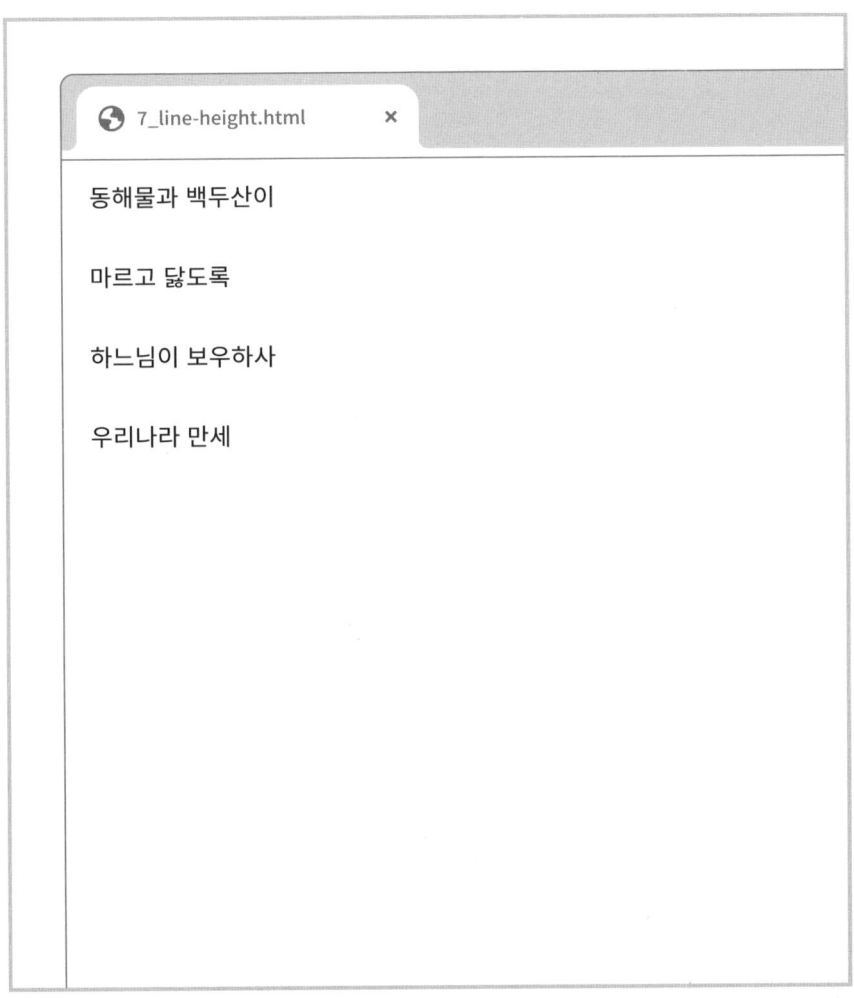

2 파일명을 **7_line-height.html**로 저장 후 [**크롬**]에서 확인합니다. 행간이 넓어졌습니다.

행간을 조정하는 코드는 다음과 같습니다.
지금은 코드 중에서 `line-height:3;`의 뜻만 알면 됩니다.
그 외 코드는 책 후반에서 자세히 다룹니다.

```
<style>
    div { line-height:3; }
</style>
<div>
    동해물과 백두산이<br>
    마르고 닳도록<br>
    하느님이 보우하사<br>
    우리나라 만세
</div>
```

3 대신 다른 숫자 값을 입력할 수도 있습니다.

작은 수를 입력할수록 행간은 좁아지고

큰 수를 입력할수록 행간은 넓어집니다.

· 1.1, 1.2 등과 같이 소수점 한자리까지 입력하면 행간을 정교하게 조정할 수 있습니다.

· 가독성이 좋으려면 1.5 이상으로 설정하는 것이 좋습니다.

1	동해물과 백두산이 마르고 닳도록 하느님이 보우하사 우리나라 만세
1.5	동해물과 백두산이 마르고 닳도록 하느님이 보우하사 우리나라 만세
2	동해물과 백두산이 마르고 닳도록 하느님이 보우하사 우리나라 만세
2.5	동해물과 백두산이 마르고 닳도록 하느님이 보우하사 우리나라 만세
⋮	⋮

한 줄 요약

line-height

행간을 조정한다.

01 `line-height:1;`
02 `line-height:2;`

01 가나다라마바사아자차카타파

02 가나다라마바사

아자차카타파

8
글자색 바꾸기

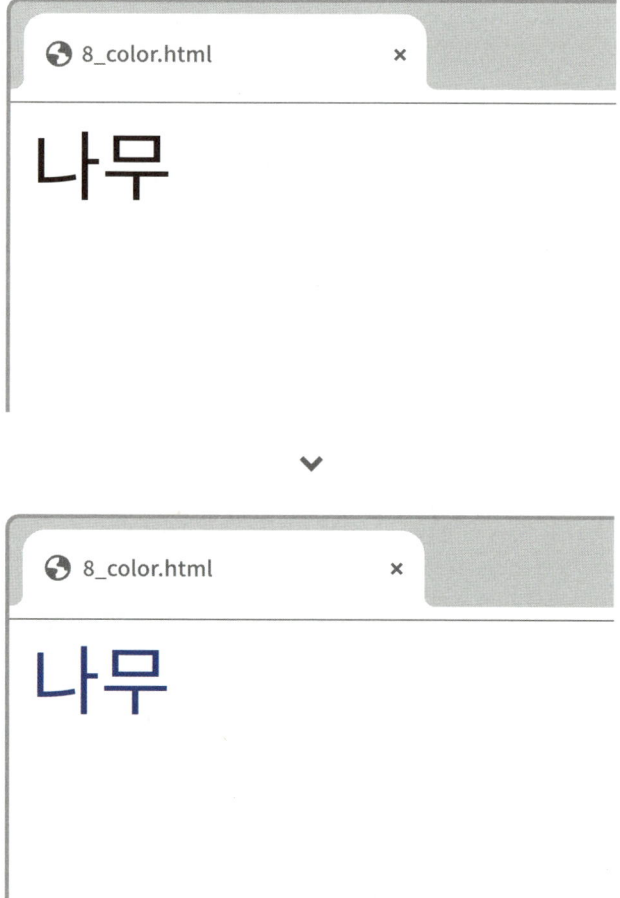

최대 할인 20%
최대 할인 **20%**

두 문장 중

할인율이 '**강조**'되어 보이는 것은 두 번째입니다.

앉지 마세요
앉지 마세요

두 문장 중

경고 메시지임을 '**상징적**'으로 잘 보여주는 것은 두 번째입니다.

'**색**'을 사용하면 정보를 효과적으로 전달할 수 있습니다.

[예제 8] 글자색 바꾸기

```
<style>
   div { color:blue; }
</style>
<div>나무</div>
```

1 [메모장]을 새로 열어 위 코드를 입력합니다.

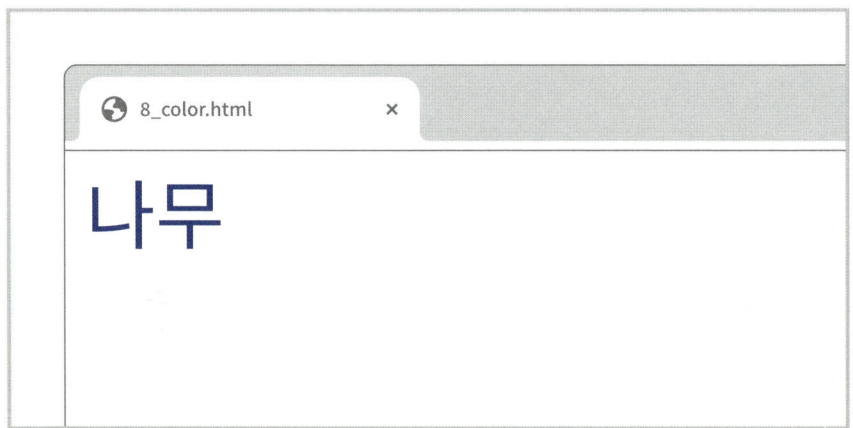

2 파일명을 **8_color.html**로 저장 후 [크롬]에서 확인합니다.
글자 색이 바뀌었습니다.

글자 색을 바꾸는 코드는 다음과 같습니다.
지금은 코드 중에서 `color:blue;`의 뜻만 알면 됩니다.
그 외 코드는 책 후반에서 자세히 다룹니다.

```
<style>
    div { color:blue; }
</style>
<div>나무</div>
```

blue 대신 yellow, pink, violet 등을 입력할 수도 있습니다.
입력하는 단어에 따라 글자 색은 바뀝니다.
아래 표에서 원하는 색을 골라, 글자 색을 바꿔보세요.

Yellow	●	LightSkyBlue	●
Gold	●	SkyBlue	●
Orange	●	DeepSkyBlue	●
DarkOrange	●	DodgerBlue	●
Chocolate	●	Blue	●
Pink	●	Violet	●
LightCoral	●	Orchid	●
Tomato	●	MediumOrchid	●
OrangeRed	●	DarkViolet	●
Red	●	Purple	●

그런데 코드를 입력할 때 불편한 점이 있습니다.

첫 번째.

red, orange, pink처럼 간단한 영문명은 입력하기 쉽지만 mediumorchid, dodgerblue처럼 길고 어려운 영문명은 외우기 힘들고 코드를 입력할 때 실수할 확률도 높습니다.

두 번째.

색은 우리가 생각하는 것 이상으로 많습니다.
다음과 같이 빨간색 계열에는 색의 밝기와 채도에 따라 수많은 색이 존재합니다.
이들 모두에게 이름을 짓기에는 한계가 있습니다.

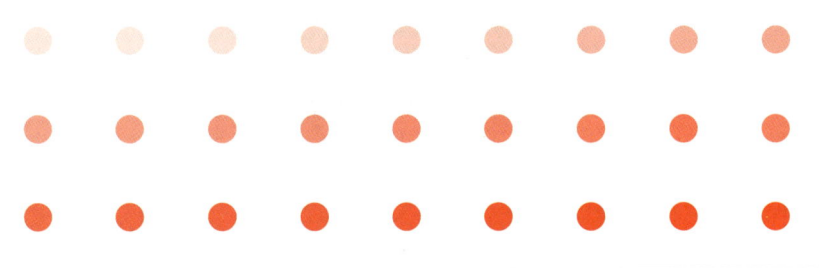

그래서 red, blue 등의 이름 대신
#f3e600, #8ccdf2와 같은 7자리 코드를 입력하기로 했습니다.

#f3e600	●	**#8ccdf2**	●
#ffd700	●	**#88cfec**	●
#f6a316	●	**#3ebaec**	●
#f28a18	●	**#4683c4**	●

이 7자리 코드를 '**hex(헥사) 값**'이라고 합니다.
색상별 hex 값은 인터넷에 있는 **[색상 선택 도구]**를 통해 확인할 수 있습니다.

[색상 선택 도구] 사용하기

1
구글 웹 사이트의 검색창에
컬러 피커를 입력합니다.
(구글 URL : www.google.com)

2
검색 결과 페이지에
[색상 선택 도구]가 보입니다.

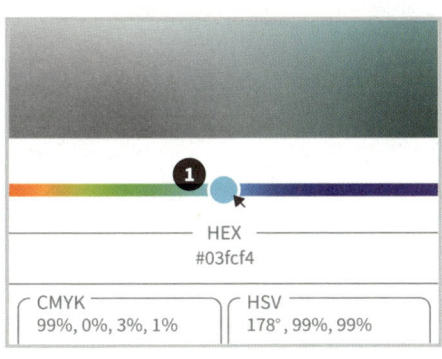

3
[그라데이션 바(Gradation Bar]에
서 '원하는 색의 계열을 클릭(❶)'
합니다.

4

[팔레트(Palette)]에서
'원하는 색을 클릭(①)' 합니다.

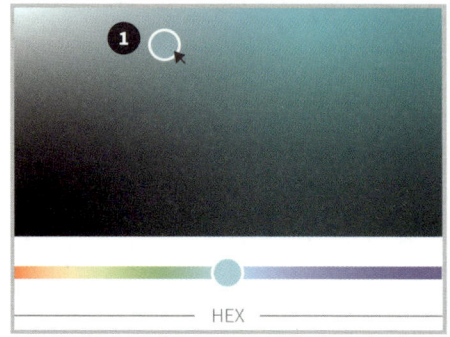

5

클릭한 색의 hex 값이
'HEX(①)' 영역에 표시됩니다.

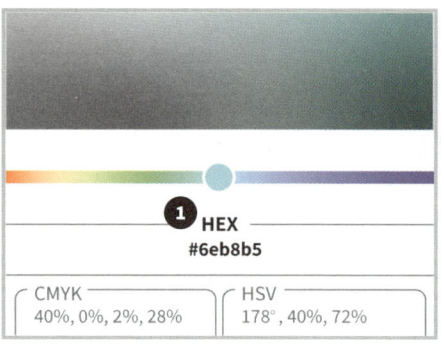

정리하면, 색상명은 2가지 방법으로 입력할 수 있습니다.

- **영문명**
  <예시> red, yellow, blue 등
- **hex 값**
  <예시> #6eb8b5, #03fcf4 등

한 줄 요약

color

글자색을 바꾼다.

```
01   color:yellow;
02   color:blue;
03   color:red;
04   color:lightgrey;
```

01 봄과 꽃

02 여름과 바다

03 가을과 단풍

04 겨울과 눈

9
배경색 바꾸기

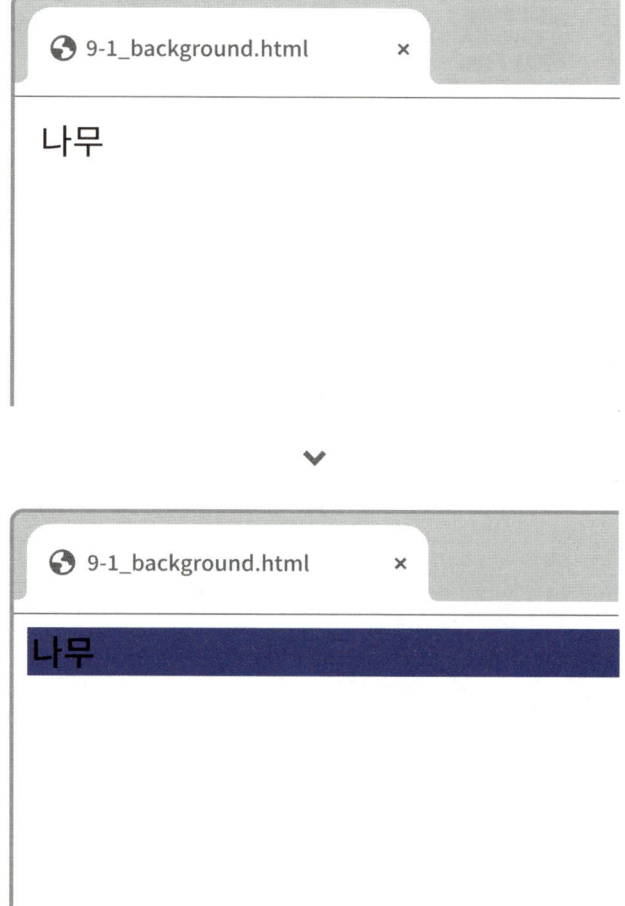

배경색은 세 타입으로 바꿀 수 있습니다.

첫 번째. 단색 배경 01
두 번째. 직선 그라데이션 배경 02
세 번째. 원형 그라데이션 배경 03

그라데이션 : 한 색에서 다른 색으로 서서히 변하는 것을 의미합니다.

이번 목차에서는
배경색을 위 세 타입별로 바꾸는 법을 알려드립니다.

[예제 9-1] 단색 배경으로 바꾸기

```
<style>
    div { background:blue; }
</style>
<div>나무</div>
```

1 [메모장]을 새로 열어 위 코드를 입력합니다.

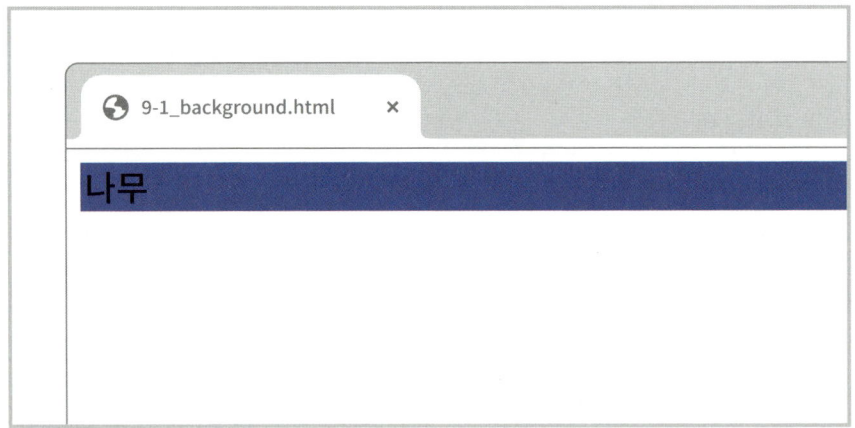

2 파일명을 **9-1_background.html**로 저장 후 [크롬]에서 확인합니다.
배경색이 파란색으로 바뀌었습니다.

배경색을 단색으로 바꾸는 코드는 다음과 같습니다.
지금은 코드 중에서 **background:blue;**의 뜻만 알면 됩니다.
그 외 코드는 책 후반에서 자세히 다룹니다.

목차 8 에서 글자 색을 바꿨을 때와 마찬가지로
blue 대신 red, orange, #f16cff 등의 다른 색상명을 입력할 수도 있습니다.
입력하는 코드에 따라 배경색은 바뀝니다.

```
<style>
    div { background:blue; }
</style>
<div>나무</div>
```

9. 배경색 바꾸기　**135**

[예제 9-2] 직선 그라데이션 배경으로 바꾸기

```
<style>
    div {
        background:linear-gradient(to right,skyblue,
        blue);
        ❶ font-size:120px;
    }
</style>
<div>나무</div>
```

1 [메모장]을 새로 열어 위 코드를 입력합니다.

글자 크기가 작으면 배경색을 확인하기 어려우니 '**font-size(❶)**' 코드도 추가합니다.

2 파일명을 **9-2_background.html**로 저장 후 [**크롬**]에서 확인합니다. 배경색이 '**직선 그라데이션**'으로 바뀌었습니다.

배경색을 직선 그라데이션으로 바꾸는 코드는 다음과 같습니다.
지금은 코드 중에서 **`background:linear-gr … blue);`** 의 뜻만 알면 됩니다.
그 외 코드는 책 후반에서 자세히 다룹니다.

```
<style>
  div {
    background:linear-gradient
    (to right,skyblue,blue);
    font-size:120px;
  }
</style>
<div>나무</div>
```

해당 코드를 해석하면 다음과 같습니다.

background 배경색을

linear-gradient 직선 모양의 그라데이션으로 합니다.

to right 그라데이션 방향은 오른쪽이고

skyblue 하늘색에서

blue 파란색으로 변합니다.

to right 대신 to left, to top 등을 입력할 수도 있습니다.
입력하는 코드에 따라, 색이 변하는 방향이 달라집니다.
그라데이션 색상은 skyblue, blue 외에도 원하는 색상명을 자유롭게 입력할 수 있습니다.

to right, skyblue, blue

오른쪽으로

to left, skyblue, blue

왼쪽으로

to top, skyblue, blue

위쪽으로

to bottom, skyblue, blue

아래쪽으로

[예제 9-3] 원형 그라데이션 배경으로 바꾸기

```
<style>
    div {
        background:radial-gradient(circle,skyblue,
        blue);
        ❶ font-size:120px;
    }
</style>
<div>나무</div>
```

1 [메모장]을 새로 열어 위 코드를 입력합니다.

글자 크기가 작으면 배경색을 확인하기 어려우니 **'font-size (❶)'** 코드도 추가합니다.

2 파일명을 **9-3_background.html**로 저장 후 [크롬]에서 확인합니다. 배경색이 '**원형 그라데이션**'으로 바뀌었습니다.

배경색을 원형 그라데이션으로 바꾸는 코드는 다음과 같습니다.
지금은 코드 중에서 `background:radial-gr … blue);`의 뜻만 알면 됩니다.
그 외 코드는 책 후반에서 자세히 다룹니다.

```
<style>
   div {
      background:radial-gradient
      (circle,skyblue,blue);
      font-size:120px;
   }
</style>
<div>나무</div>
```

해당 코드를 해석하면 다음과 같습니다.

background 배경색을

radial-gradient 원형 모양의 그라데이션으로 합니다.

circle 원형의 모양은 정원형(완전한 동그라미)이고

skyblue 하늘색에서

blue 파란색으로 변합니다.

circle 대신 ellipse를 입력하면 타원형의 그라데이션 배경으로 바뀝니다.

---

circle, skyblue, blue

정원형 모양으로

ellipse, skyblue, blue

타원형 모양으로

한 줄 요약

background

배경색을 바꾼다.

```
01  background:radial-gradient(circle,grey,white);
02  background:darkgrey;
03  background:lightgrey;
04  background:white;
05  background:linear-gradient(to bottom,white,darkgrey);
06  background:black;
```

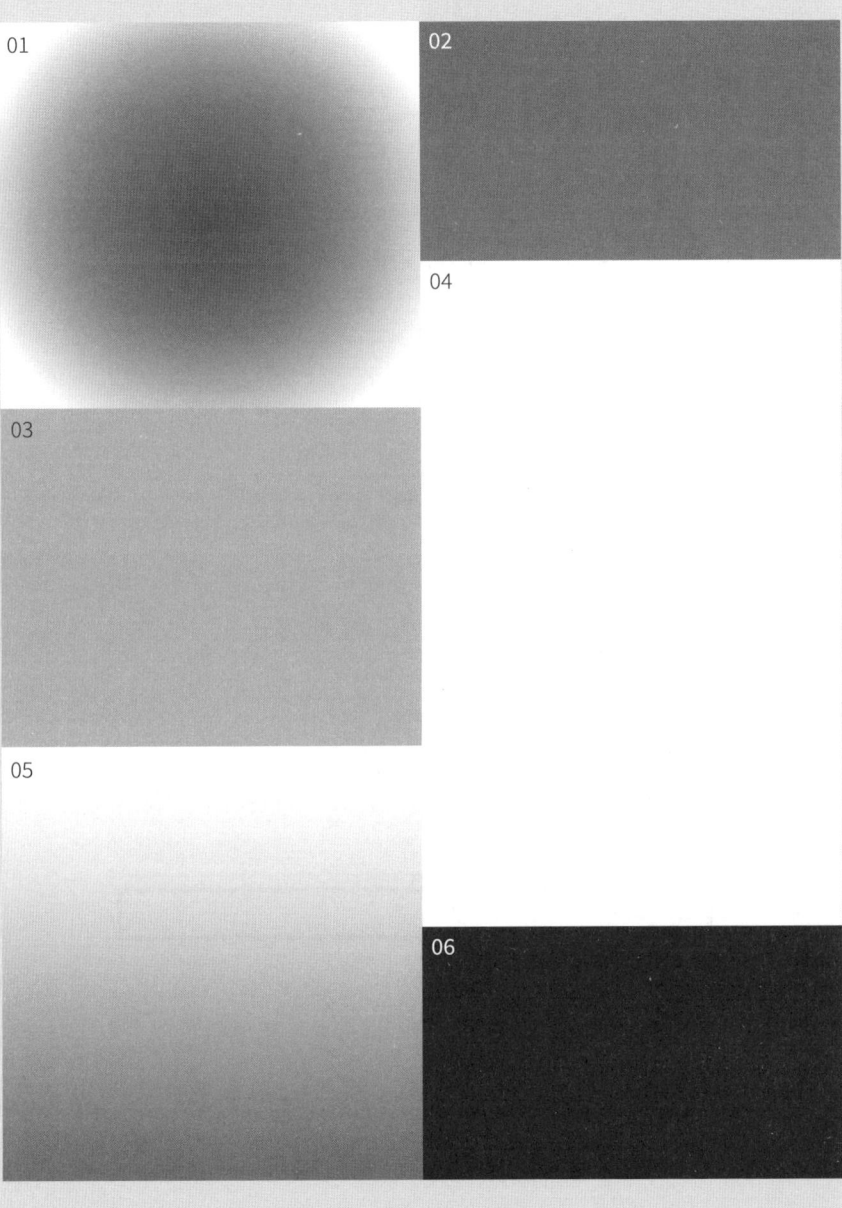

10
선 만들기

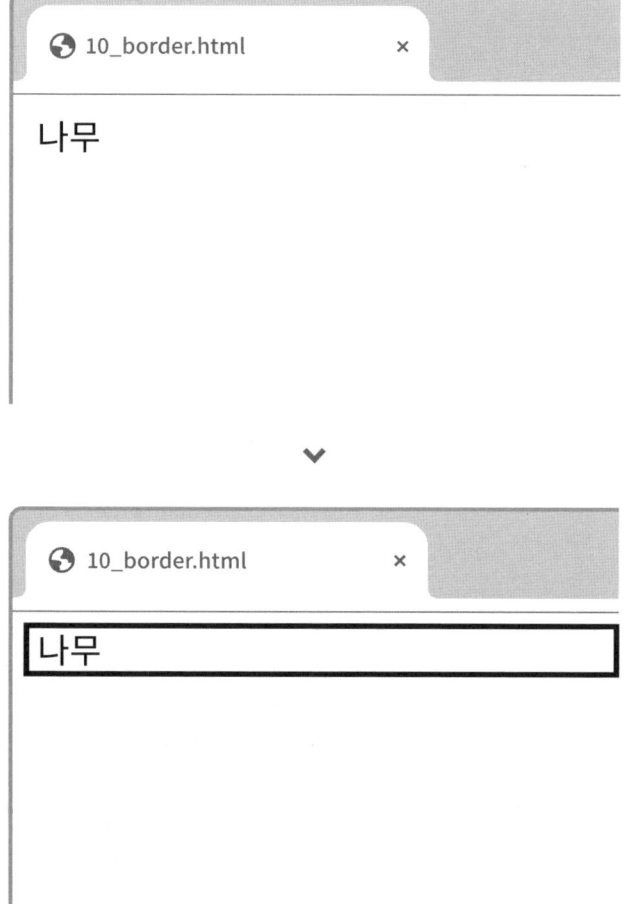

좋아하는 음식
만두
싫어하는 음식
버섯

좋아하는 음식
만두
_____
싫어하는 음식
버섯

위 두 개의 디자인 중
내용이 분명하게 파악되는 것은
구역을 선으로 구분해 놓은 오른쪽입니다.
'**선**'은 내용을 나눌 때 사용하는 시각적 요소 중 하나로
웹 사이트의 정보를 구분할 때도 자주 사용합니다.

지금부터는 웹 브라우저에 선을 만드는 법을 알려드립니다.

[예제 10] 선 만들기

```
<style>
    div { border:5px solid black; }
</style>
<div>나무</div>
```

1 [메모장]을 새로 열어 위 코드를 입력합니다.

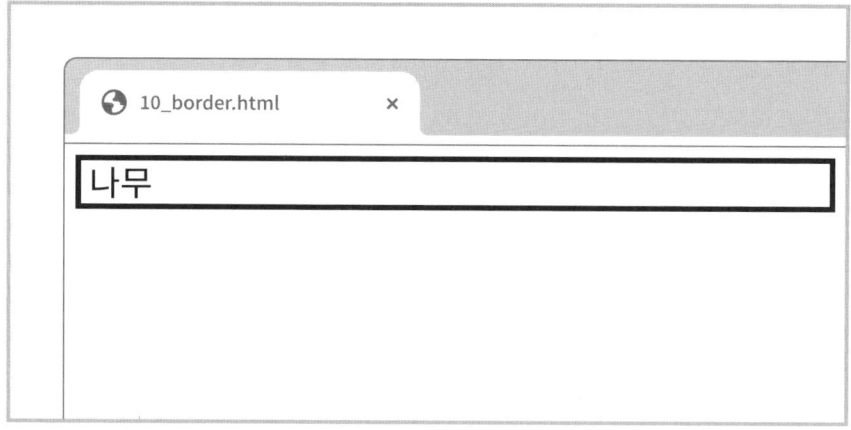

2 파일명을 **10_border.html**로 저장 후 [**크롬**]에서 확인합니다.
테두리 선이 생겼습니다.

테두리 선을 만드는 코드는 다음과 같습니다.
지금은 코드 중에서 `border:5px solid black;`의 뜻만 알면 됩니다.
그 외 코드는 책 후반에서 자세히 다룹니다.

```
<style>
    div { border:5px solid black; }
</style>
<div>나무</div>
```

border:5px solid black;

border 대신 border-top, border-bottom 등을 입력할 수도 있습니다.
그러면 '오브제(Objet)'의 상, 하, 좌, 우 중
한쪽만 선택하여 선을 만들 수 있습니다.

'오브제(Objet)'는 물건, 물체, 대상을 의미합니다.
앞으로는 웹 사이트를 구성하는 각각의 대상을 오브제라고 부르겠습니다.

border-top   나무

border-bottom   나무

border-left |나무

border-right   나무|

다만, 현재 여러분의 컴퓨터에서는
테두리 선의 길이나 위치 등이 다음과 같은 모습으로 보일 것입니다.
그 이유는 책의 후반에서 다룰 예정이니
지금은 '**테두리 선을 만드는 일**'에만 집중합니다.

border-top

나무

border-bottom

나무

border-left

|나무

border-right

나무 |

border:5px solid black;

5px 대신 1px, 2px, 3px ⋯ 등을 입력할 수도 있습니다.
큰 숫자를 입력할수록 테두리 선은 두꺼워지고
작은 숫자를 입력할수록 테두리 선은 얇아집니다.

1px   나무

2px   나무

3px   나무

4px   나무

5px   나무

⋮   ⋮

border:5px solid black;

solid 대신

dashed, dotted, double 등을 입력할 수도 있습니다.

입력하는 코드에 따라 '**테두리 선의 스타일**'이 바뀝니다.

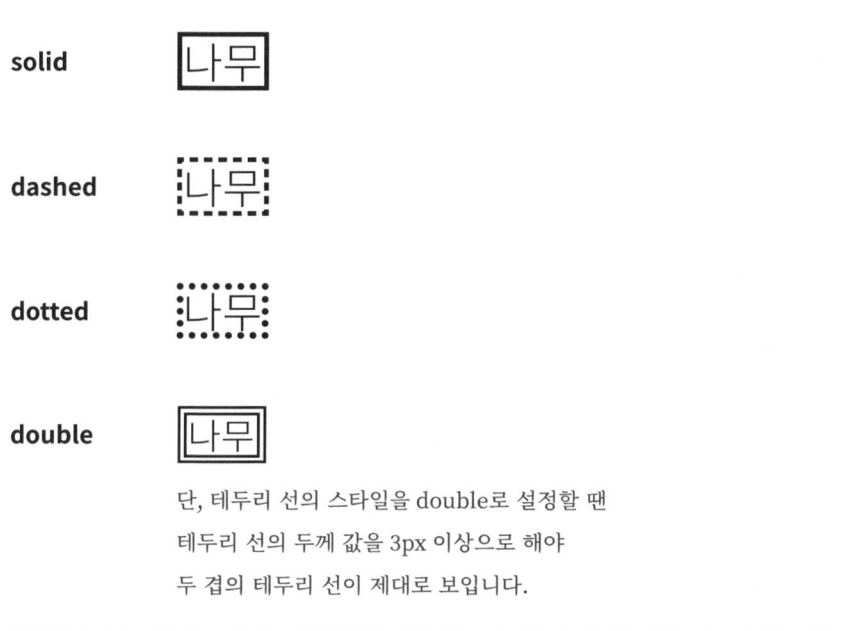

solid

dashed

dotted

double

단, 테두리 선의 스타일을 double로 설정할 땐 테두리 선의 두께 값을 3px 이상으로 해야 두 겹의 테두리 선이 제대로 보입니다.

---

border:5px solid black;

black 대신 orange, pink, tomato 등의 색상명을 입력해도 됩니다.
입력하는 코드에 따라 테두리 선의 색상이 바뀝니다.

---

black   나무

orange   나무

pink   나무

tomato   나무

⋮   ⋮

한 줄 요약

border

테두리 선을 만든다.

01　`border:1px solid black;`

02　`border:7px dotted lightgrey;`

03　`border:4px dashed darkgrey;`

04　`border:15px double #000000;`

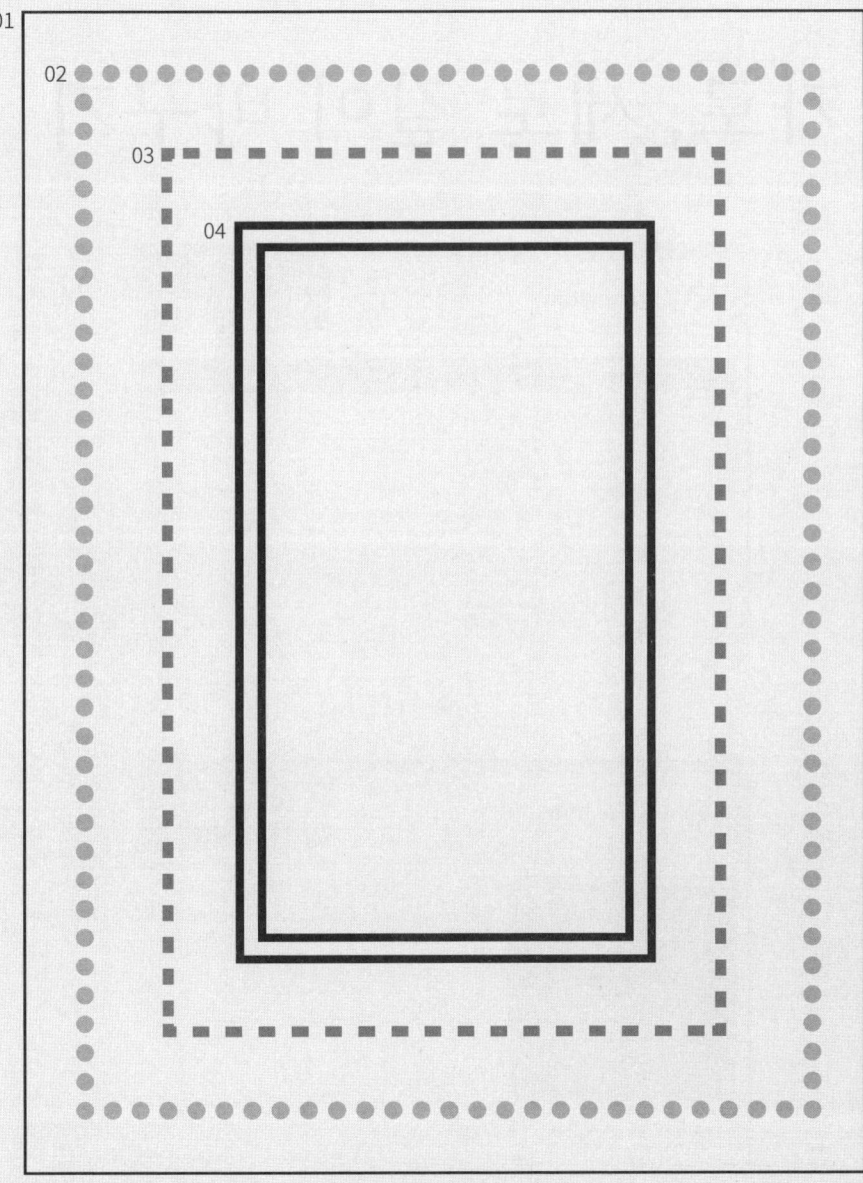

11
가로, 세로 길이 바꾸기

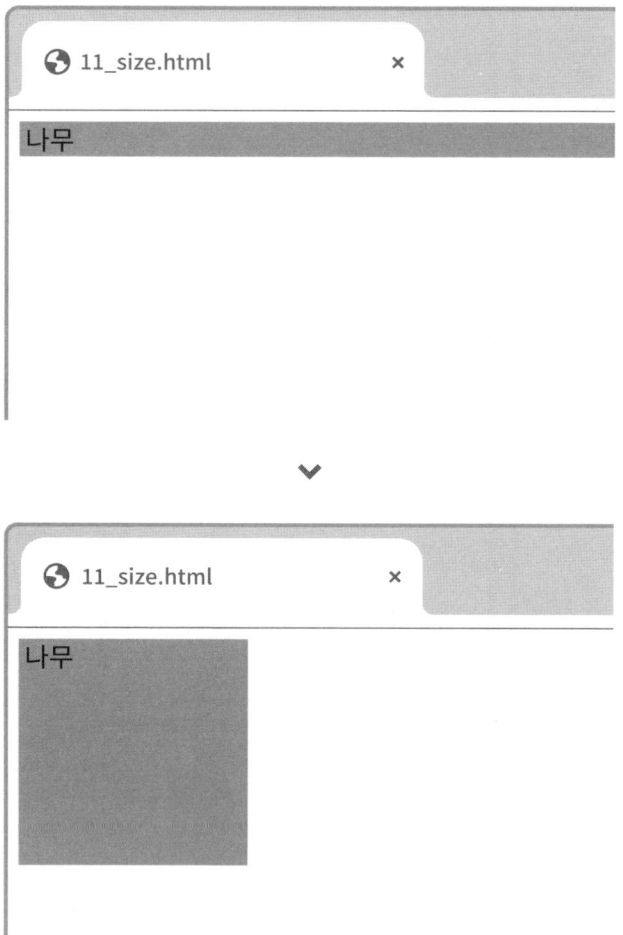

웹 사이트에는

글자 외에도 버튼, 입력창, 사진 등의 오브제가 있고

이들의 가로, 세로 길이는 모두 다릅니다.

이번 목차에서는

글자 외 오브제들의 가로, 세로 길이를 바꾸는 법을 알려드립니다.

[예제 11] 가로, 세로 길이 바꾸기

```
<style>
    div { background:lightgrey; }
</style>
<div>나무</div>
```

1 [메모장]을 새로 열어 위 코드를 입력합니다.

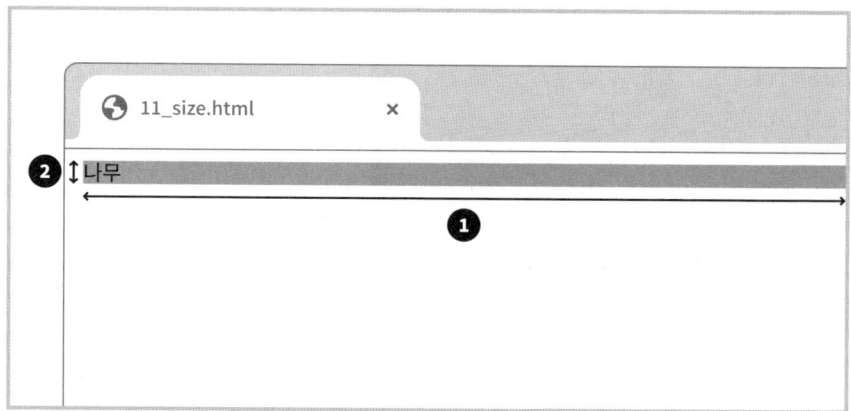

2 파일명을 **11_size.html**로 저장 후 [크롬]에서 확인하면, 배경색이 연한 회색으로 바뀌었습니다. '**오브제의 가로 길이(❶)**'는 웹 브라우저의 너비와 동일하고 '**세로 길이(❷)**'는 **나무** 글자의 높이와 동일합니다.

```
11_size - 메모장
파일   편집   보기

<style>
    div { background:lightgrey;
          width:80px; height:80px; }
</style>
<div>나무</div>
```

3 [메모장]으로 돌아와서 오브제의 가로, 세로 길이를 바꾸는 코드를 추가합니다.

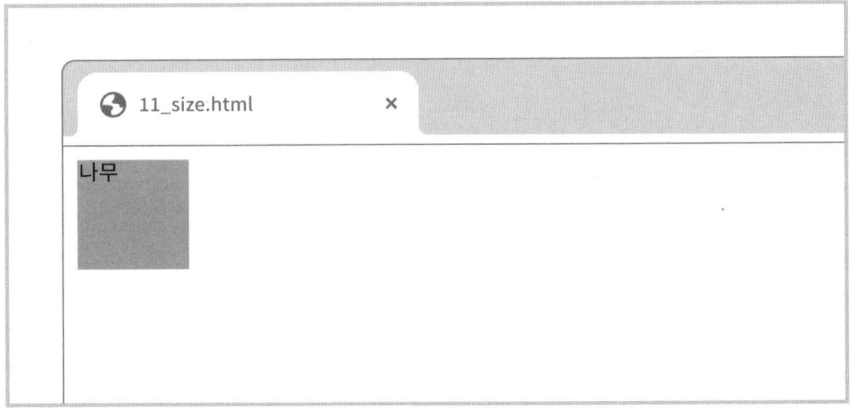

4 파일 저장 후 [크롬]에서 확인합니다.
오브제의 가로, 세로 길이가 바뀌었습니다.

오브제의 가로, 세로 길이를 바꾸는 코드는 다음과 같습니다.
지금은 코드 중에서 `width:80px; height:80px;`의 뜻만 알면 됩니다.
그 외 코드는 책 후반에서 자세히 다룹니다.

```
<style>
    div {
        background:lightgrey;
        width:80px; height:80px;
    }
</style>
<div>나무</div>
```

`width:80px;`은 오브제의 가로 길이가 80px이라는 뜻입니다.
작은 숫자를 입력할수록 가로 길이는 짧아지고
큰 숫자를 입력할수록 가로 길이는 길어집니다.

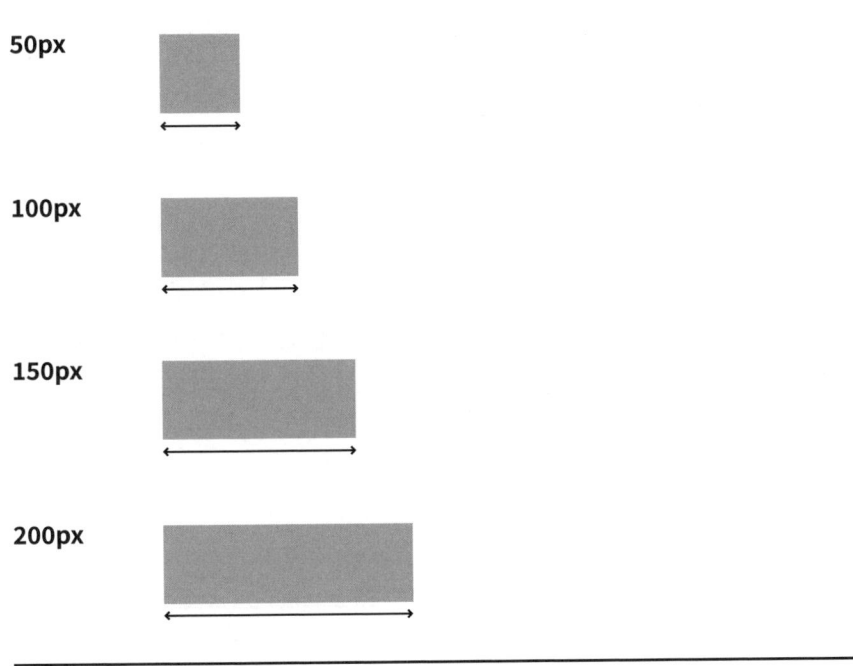

`height:80px;`은 오브제의 세로 길이가 80px이라는 뜻입니다.
작은 숫자를 입력할수록 세로 길이는 짧아지고
큰 숫자를 입력할수록 세로 길이는 길어집니다.

한 줄 요약

width · height

오브제의 가로, 세로 길이를 바꾼다.

```
01   width:100px; height:70px;
02   width:180px; height:200px;
03   width:70px; height:100px;
04   width:85px; height:85px;
```

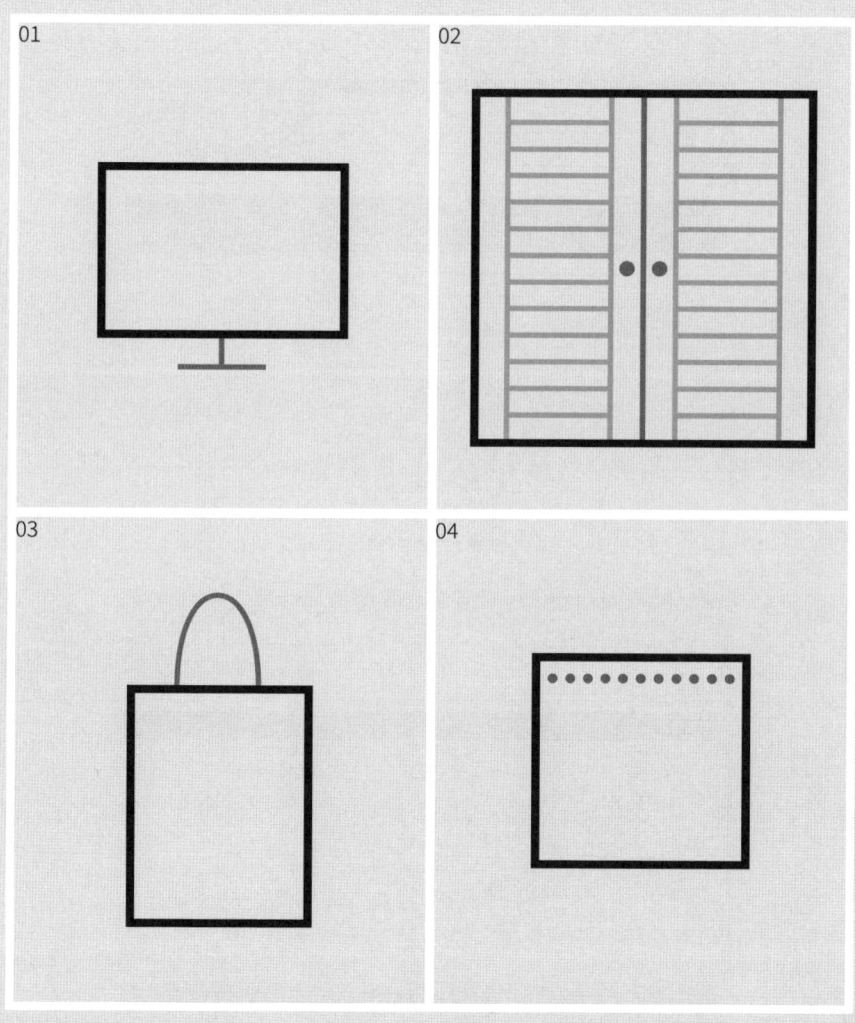

12
여백 만들기(1)

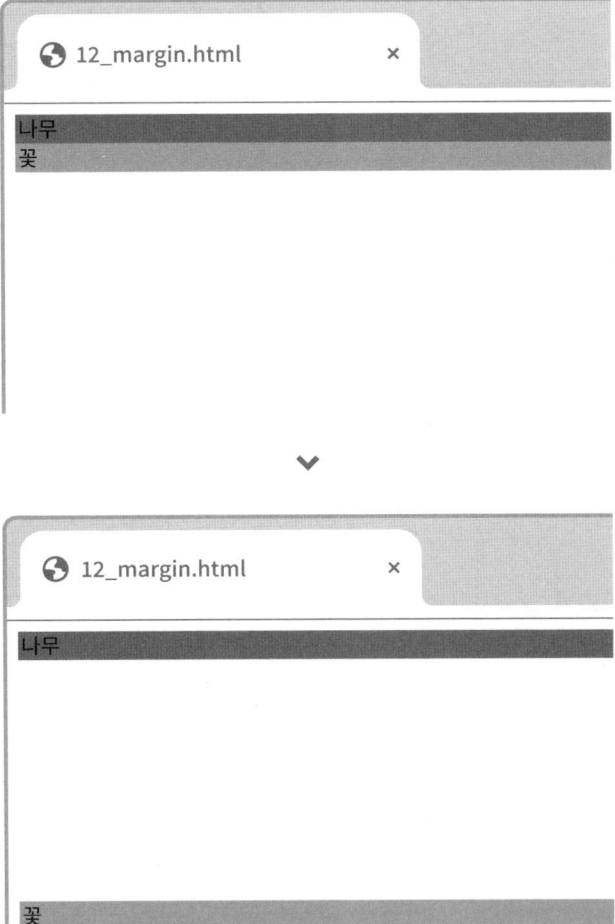

01

Ice Cream

02
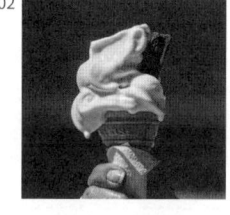
Ice Cream

Coffee

Coffee

위 2개의 디자인 중 보기 좋은 것은 오른쪽입니다. 02
'여백'은 컨텐츠에 대한 집중도를 높이는 효과적인 방법 중 하나로
웹 사이트에 있는 방대한 정보들은
서로 적절한 여백을 두고 나열되는 것이 좋습니다.

지금부터는 오브제와 오브제 사이에
여백을 만드는 법을 알려드립니다.

[예제 12] 여백 만들기

```
<style>
    div { background:grey; }
    nav { background:lightgrey; }
</style>
<div>나무</div>
<nav>꽃</nav>
```

1 [메모장]을 새로 열어 위 코드를 입력합니다.

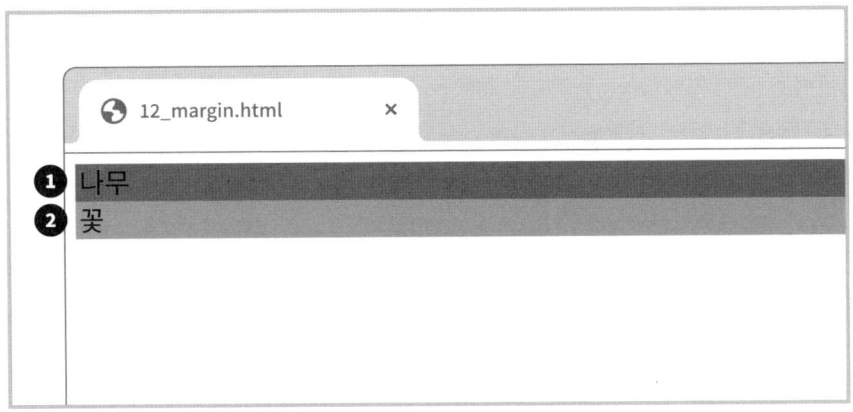

2 파일명을 **12_margin.html**로 저장 후 [크롬]에서 확인하면
2개의 오브제가 생겼습니다. **나무(❶), 꽃(❷)**

```
12_margin - 메모장
파일   편집   보기

<style>
    div { background:grey; margin-bottom:100px; }
    nav { background:lightgrey; }
</style>
<div>나무</div>
<nav>꽃</nav>
```

3 [메모장]으로 돌아와서 위 코드를 추가합니다.

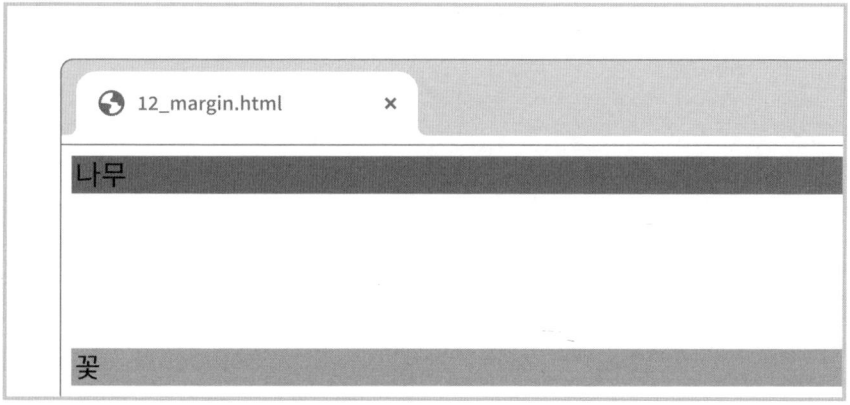

4 파일 저장 후 [크롬]에서 확인하면
나무 오브제의 아래쪽에 여백이 생겼습니다.

오브제의 아래쪽에 여백을 만드는 코드는 다음과 같습니다.

지금은 코드 중에서 `margin-bottom:100px;`의 뜻만 알면 됩니다. 그 외 코드는 책 후반에서 자세히 다룹니다.

```
<style>
  div {
    background:grey;
    margin-bottom:100px;
  }
  nav {
    background:lightgrey;
  }
</style>
<div>나무</div>
<nav>꽃</nav>
```

margin-bottom:100px;

margin-bottom 대신 다음의 코드들을 입력할 수도 있습니다.
입력하는 코드에 따라 '**여백이 생기는 방향**'이 달라집니다.

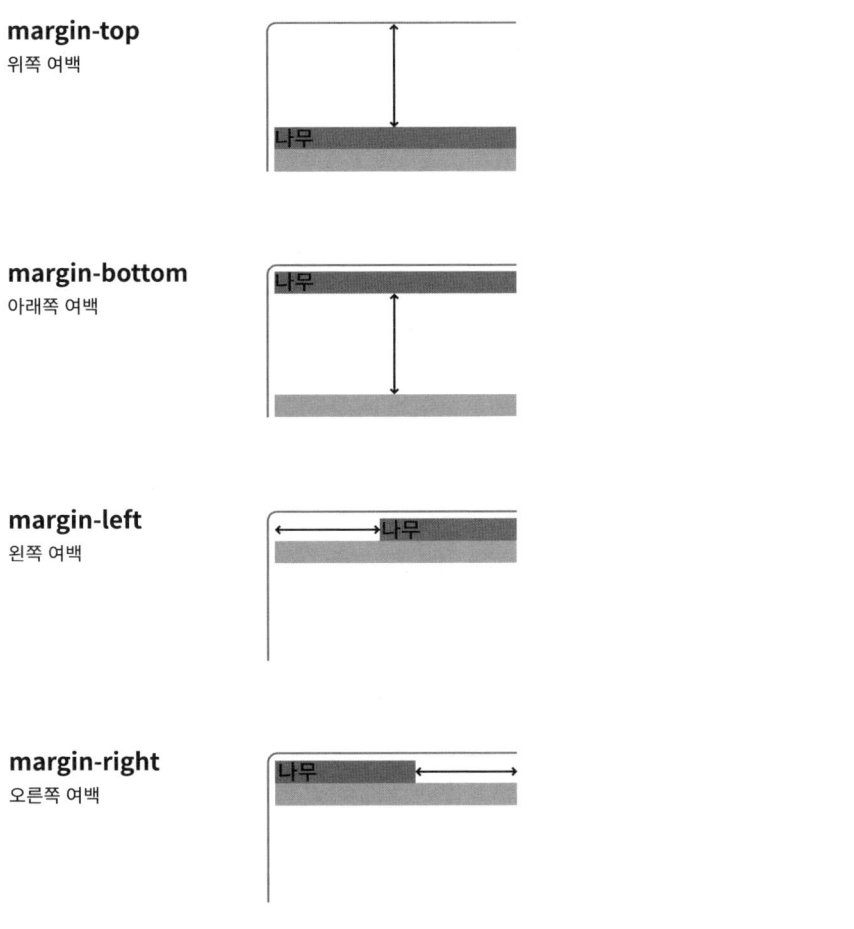

margin-top
위쪽 여백

margin-bottom
아래쪽 여백

margin-left
왼쪽 여백

margin-right
오른쪽 여백

margin-bottom:100px;

100px 대신 다른 숫자 값을 입력할 수도 있습니다.
작은 숫자를 입력할수록 여백은 좁아지고
큰 숫자를 입력할수록 여백은 넓어집니다.

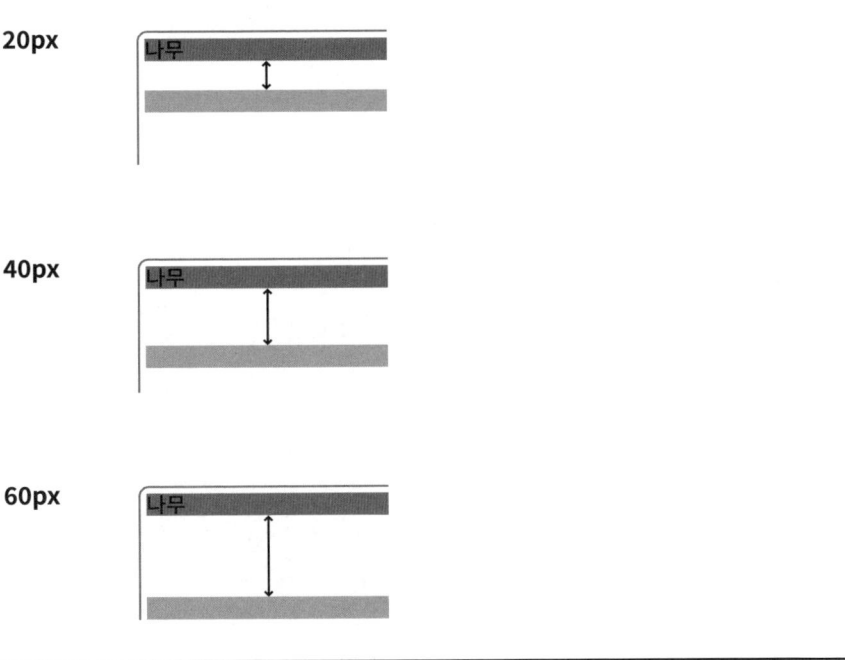

한 줄 요약

margin

오브제의 바깥쪽에 여백을 만든다.

01　`margin-right:10px;`

02　`margin-right:3px;`

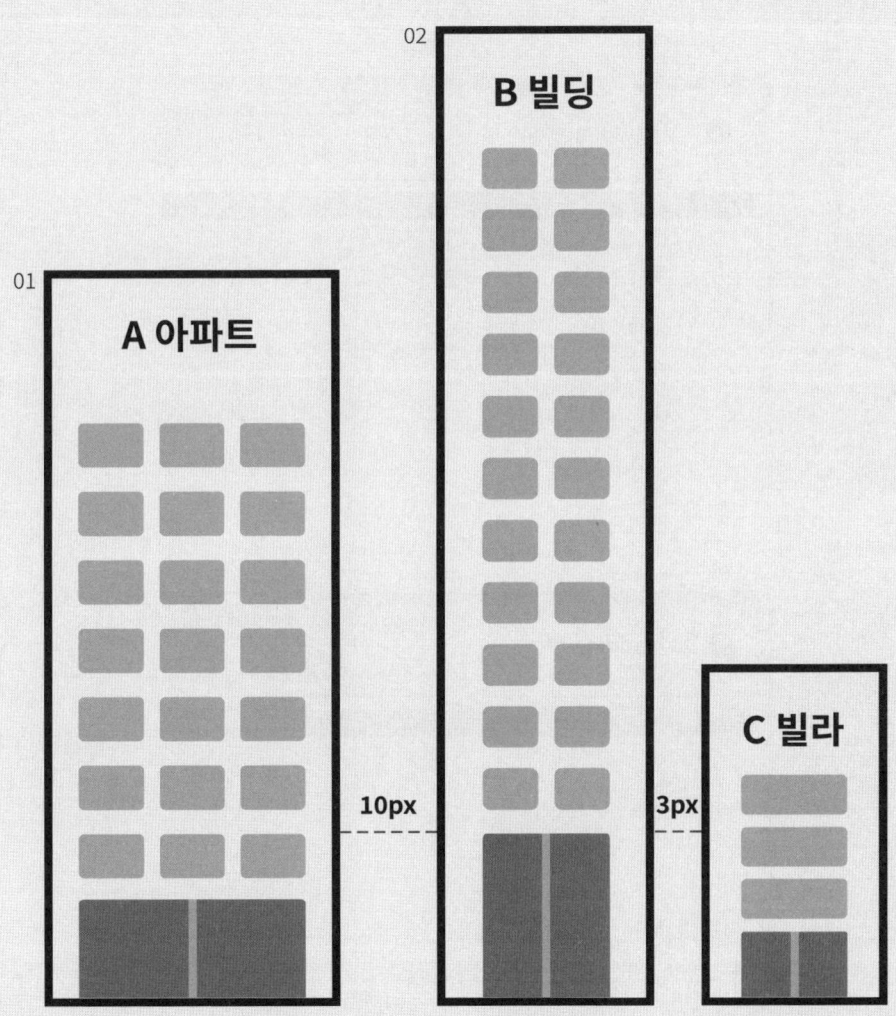

13

여백 만들기(2)

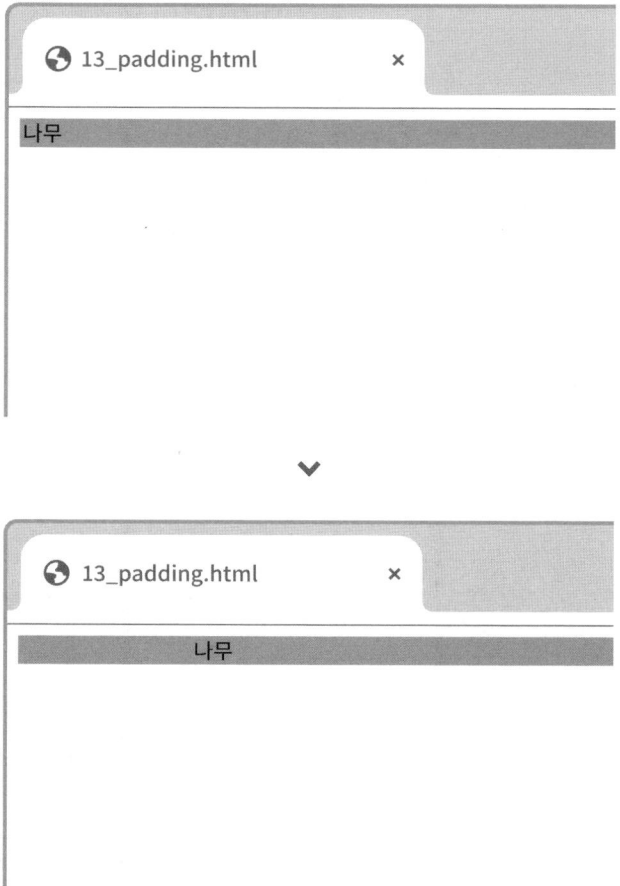

지난 목차에서 학습한 margin 코드는 오브제의 바깥쪽에 여백을 만듭니다. [01]
이번 목차에서 다룰 padding 코드는 **'오브제의 안쪽에 여백'**을 만듭니다. [02]

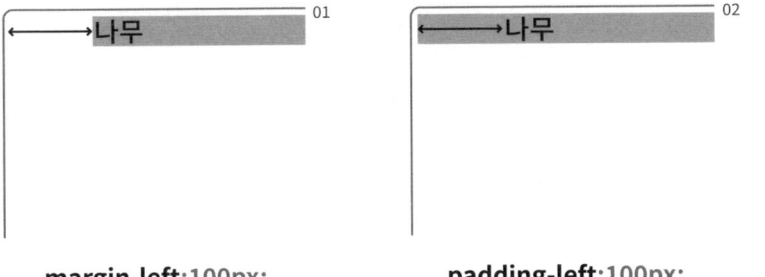

margin-left:100px;   padding-left:100px;

[예제 13] 여백 만들기

```
<style>
    div { background:lightgrey; }
</style>
<div>나무</div>
```

1 [메모장]을 새로 열어 위 코드를 입력합니다.

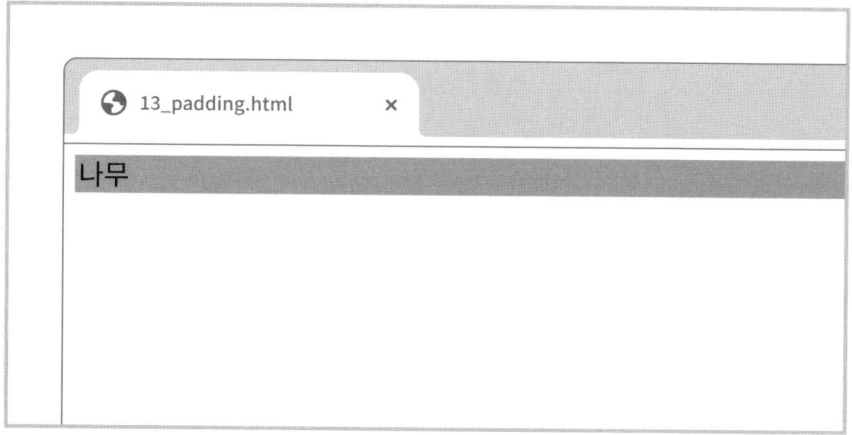

2 파일명을 **13_padding.html**로 저장 후 [크롬]에서 확인하면 **나무** 오브제가 생겼습니다.

```
■ 13_padding - 메모장
파일    편집    보기

<style>
   div { background:lightgrey;
         padding-left:100px; }
</style>
<div>나무</div>
```

3 [메모장]으로 돌아와서 위 코드를 추가합니다.

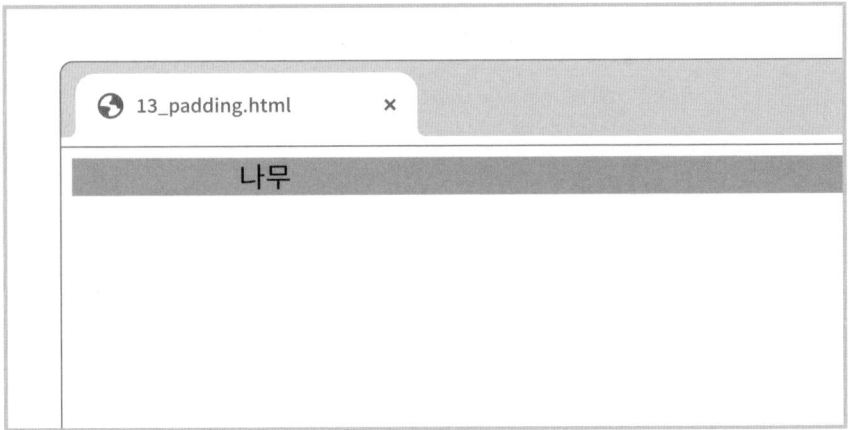

4 파일 저장 후 [크롬]에서 확인하면
나무 오브제 내부의 좌측에 여백이 생겼습니다.

13. 여백 만들기(2)

오브제의 안쪽에 여백을 만드는 코드는 다음과 같습니다.
지금은 코드 중에서 **padding-left:100px;** 의 뜻만 알면 됩니다.
그 외 코드는 책 후반에서 자세히 다룹니다.

```
<style>
  div {
    background:lightgrey;
    padding-left:100px;
  }
</style>
<div>나무</div>
```

padding-left:100px;

padding-left 대신 다음의 코드들을 입력할 수도 있습니다.
입력하는 코드에 따라 **'여백이 생기는 방향'**이 달라집니다.

---

padding-top
위쪽 여백

padding-bottom
아래쪽 여백

padding-left
왼쪽 여백

padding-right
오른쪽 여백

그런데 padding-right의 경우
해당 코드를 입력하기 전과 후의 차이점이 분명하게 보이지 않습니다.
padding-right:100px;을 입력했을 때
오브제 내부의 우측에 100px의 여백이 실제로 생겼는지 확인하기 위해
메모장을 새로 열어 다음과 같이 코드를 입력합니다.

```
<style>
   div { background:lightgrey; padding-right:100px; }
</style>
<div>
   나무나무나무나무나무나무나무나무나무나무나무
   나무나무나무나무나무나무나무나무나무나무나무
   나무나무나무나무나무나무나무나무나무나무나무
   나무나무나무나무나무나무나무나무나무나무나무
   나무나무나무나무나무나무나무나무나무나무나무
   나무나무나무나무나무나무나무나무나무나무나무
   나무나무나무나무나무나무나무나무나무나무나무
   나무나무나무나무나무나무나무나무나무나무나무
   나무나무나무나무나무나무나무나무나무나무나무
   나무나무나무나무나무나무나무나무나무나무
</div>
```

파일 저장 후 크롬에서 확인하면
오브제 내부의 우측에 100px의 여백이 생겼기 때문에 [01]
나무 글자들은 해당 방향에 여백을 둔 채로 줄 바꿈 됩니다.

padding-left:100px;

100px 대신 다른 숫자 값을 입력할 수도 있습니다.
작은 숫자를 입력할수록 여백은 좁아지고
큰 숫자를 입력할수록 여백은 넓어집니다.

20px ←→나무

40px ←——→나무

60px ←———→나무

한 줄 요약

padding

오브제의 안쪽에 여백을 만든다.

01 `padding-left:8px;`

02 `padding-top:12px;`

03 `padding-right:8px;`

04 `padding-bottom:0;`

0px인 경우 px을 생략할 수 있습니다.

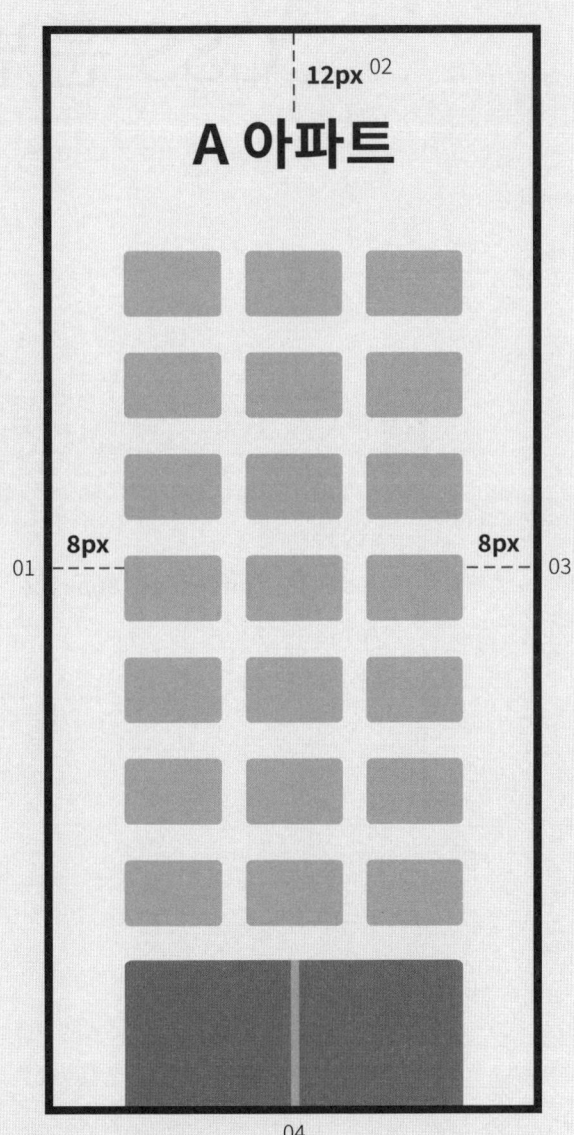

14
CSS 문법

```
<style>
    div { font-size:80px; }
</style>
<div>나무</div>
```

목차 3 ~ **목차 13** 에서는
오브제의 스타일을 바꾸는 CSS 코드들을 배웠습니다.
이번 목차에서는 해당 코드의 **'문법'**을 알려드리면서
CSS 공부를 마무리하겠습니다.

CSS 문법을 다루기 전에
목차 3 에서 학습한 코드를 잠시 살펴보겠습니다.

```
<style>
    div { font-size:80px; }
</style>
<div>나무</div>
```

해당 코드는 'HTML과 CSS'로 구성되어 있습니다.

HTML   <style>
    div { font-size:80px; }
</style>
<div>나무</div>

CSS   <style>
    div { font-size:80px; }
</style>
<div>나무</div>

CSS 문법을 배우기 위해서는
HTML에 대한 기초 지식이 필요하므로 간략히 설명하겠습니다.
HTML에 대한 자세한 내용은 목차 15 ~ 목차 22 에서 다룹니다.

```
    ₀₁ ┌── <style>
       │       div { font-size:80px; }
       └── </style>
                        ₀₃
           <div>나무</div>
           └──────┬──────┘
                  ₀₂
```

· HTML 코드 중 홑화살괄호(<>) 안에 입력하는 코드를 '**태그(tag)**'라고 합니다.
· '**style 태그**' [01] 안에는 CSS 코드를 입력합니다.
· '**div 태그**' [02] 안에는 웹 사이트에 들어갈 내용(**나무**)을 입력합니다.
· div 태그 안에 입력하는 '**나무**' [03]를 '**웹 사이트의 내용물**'이라고 합니다.

지금부터는 이를 바탕으로 CSS 문법을 배워보겠습니다.

14. CSS 문법   197

첫 번째.

CSS 코드의 구성 요소별 명칭은 다음과 같습니다.

<style>
　　　div { font-size:80px; }
</style>
나무

선택자	div { font-size:80px; }
중괄호	div **{** font-size:80px **}**
속성명	div { **font-size**:80px; }
콜론	div { font-size**:**80px; }
속성값	div { font-size:**80px**; }
세미콜론	div { font-size:80px**;** }
선언	div { **font-size:80px;** }
선언부	div **{ font-size:80px; }**

두 번째.

CSS 코드의 표기 방법은 다음과 같습니다.

속성명과 속성값은 **콜론(:)**으로 연결합니다.

div { font-size:80px; }
　　　　속성명　　　속성값

선언을 마칠 때는 반드시 **세미콜론(;)**을 입력합니다.

div { font-size:80px; }
　　　　　　선언

선언은 **중괄호** 안에 입력합니다.

div { font-size:80px; }
　　　　　　선언

하나의 선언부에 여러 개의 선언을 입력할 수 있습니다.

div { font-size:80px; width:80px; }
　　　　　선언1　　　　　　선언2

세 번째.
CSS 코드의 구성 요소 중 **'선택자'**에 대해 자세히 살펴보겠습니다.

div { font-size:80px; }

예를 들어 길동, 춘향, 심청 세 사람이 있을 때
앉으라는 명령을 내리려면 다음과 같이 대상을 지정해야 합니다.
· **길동**은 앉으세요.
· **춘향**은 앉으세요.
· **심청**은 앉으세요.

마찬가지로
웹 브라우저에 쓴 글자의 크기를 바꾸고, 색을 변경하는 등의 선언을 할 때도
대상, 즉 선택자를 지정해야 합니다.
지금부터는 **'선택자'**를 지정하는 다양한 법을 알려드리겠습니다.

[예제 14] 태그 선택자

```
<style>
    div { font-size:80px; }
</style>
<div>나무</div>
<div>바다</div>
<div>하늘</div>
```

1 [메모장]을 새로 열어 위 코드를 입력합니다.

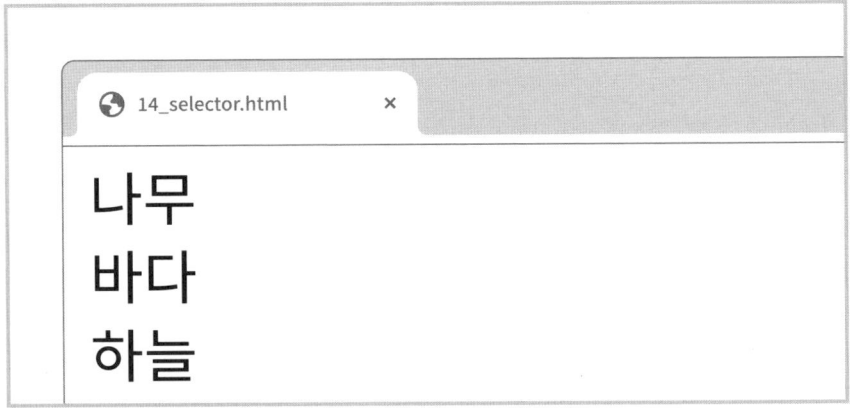

2 파일명을 **14_selector.html**로 저장 후 [크롬]에서 확인하면 **나무, 바다, 하늘**의 글자 크기가 커졌습니다.

div를 선택자로 입력하면 [01]
모든 div 태그의 내용물에 [02]
font-size:80px; [03] 코드가 공통 적용됩니다.

이처럼, 태그명을 그대로 사용한 선택자를 '**태그 선택자**'라고 합니다.
태그의 종류에는 div 태그 외에도 a 태그, img 태그 등이 있으며
이는 목차 15 ~ 목차 22 에서 다룹니다.

그런데 **바다**를 제외한
나무, **하늘** 글자의 두께만 두껍게 바꾸고 싶을 수 있습니다.

나무
바다
하늘

그럴 땐 **나무, 하늘**을 감싸는 태그 안에 동일한 클래스명을 입력하고 [01]
'. + 클래스명'의 형식으로 선택자를 지정한 후 [02]
글자 두께를 변경하는 코드를 입력하면 됩니다. [03]
클래스명은 자유롭게 정하면 됩니다.

```
<style>
    div { font-size:80px; }
    .thick { font-weight:bold; }    [02] [03]
</style>
<div class="thick">나무</div>    [01]
<div>바다</div>
<div class="thick">하늘</div>    [01]
```

이처럼, 여러 대상에게 동일한 선언을 적용하고 싶을 땐
'**클래스(class) 선택자**'를 사용합니다.

14. CSS 문법   **207**

만약, 여러 대상이 아닌 **나무**에만 테두리 선을 만들고 싶다면 다음과 같이 코드를 추가하면 됩니다.

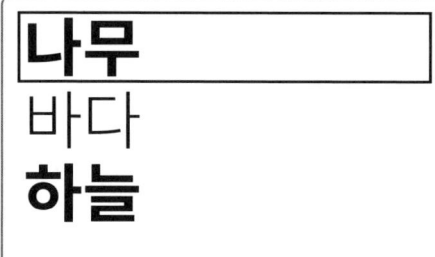

나무를 감싸는 태그 안에 아이디명을 입력하고 [01]
'# + 아이디명'의 형식으로 선택자를 지정한 후 [02]
테두리 스타일을 만드는 코드를 입력하면 됩니다. [03]
아이디명은 자유롭게 정하면 됩니다.

```
<style>
    div { font-size:80px; }
    .thick { font-weight:bold; }
    #tree { border:3px solid black; }
</style>
<div class="thick" id="tree">
    나무
</div>
<div>바다</div>
<div class="thick">하늘</div>
```
[02] #tree [03] { border:3px solid black; } [01] id="tree"

이처럼, 하나의 대상에만 선언을 적용하고 싶을 땐
'아이디(id) 선택자'를 사용합니다.

14. CSS 문법   209

클래스명은 여러 태그에 중복으로 사용할 수 있지만
아이디명은 그럴 수 없습니다.
따라서 **바다, 하늘**을 감싸는 div 태그에는
나무를 감싸는 div 태그에 사용했던 아이디명(**tree**)을 사용할 수 없습니다. 01

```
<style>
    div { font-size:80px; }
    .thick { font-weight:bold; }
    #tree { border:3px solid black; }
</style>
<div class="thick" id="tree">
    나무
</div>
<div id="tree">바다</div>
<div class="thick" id="tree">
    하늘
</div>
```

지금까지 배운 'CSS 선택자'를 정리하면 다음과 같습니다.

· 태그(tag) 선택자
· 클래스(class) 선택자
· 아이디(id) 선택자

이 외에도 전체 선택자, 그룹 선택자, 인접 형제 선택자 등
여러 선택자가 존재합니다.

다만, 이들은 향후에 웹 사이트를 만드는 과정에서
필요한 상황이 생길 때 알아가도 충분하며
지금 단계에서는 꼭 필요한 것만 빠르게 학습한 후
웹 사이트를 완성해 보는 것이 여러분에게 더 큰 도움이 되기에
책에서는 세 타입의 선택자만 다루고 넘어가도록 하겠습니다.

네 번째.

CSS 구성 요소 중 **'선언'**은 선택자에게 명령을 내리는 코드로
`목차 3` ~ `목차 13` 에서 모두 배웠습니다.

div { font-size:80px; }

div { font-family:'바탕체'; }

div { font-weight:bold; }

div { line-height:3; }

div { color:blue; }

div { background:blue; }

div { border:5px solid black; }

⋮

이로써 CSS 공부를 모두 마쳤습니다.
다음부터는 HTML 공부를 시작하겠습니다.

'1번'과 '2번' 중 읽기 좋은 글은
내용 앞에 이름표가 있는 '2번'입니다.

윌리엄 셰익스피어의 작품		제 목	윌리엄 셰익스피어의 작품
희극		소제목	희극
베니스의 상인		항 목	베니스의 상인
한여름 밤의 꿈		항 목	한여름 밤의 꿈
헛소동		항 목	헛소동

1번   **2번**

'**이름표가 있는 글**'은
그렇지 않은 글보다
체계적으로 정리되어 보이기 때문에
이해하기 쉽습니다.

메모장에 코드를 입력할 때도
마찬가지입니다.

내용의 앞, 뒤에
이름표 역할을 하는 '태그(tag)'를 입력해두면
검색 엔진이 컨텐츠를 쉽게 파악할 수 있습니다.

메모장

<제목>윌리엄 셰익스피어의 작품</제목>

<소제목>희극</소제목>

<항목>베니스의 상인</항목>

<항목>한여름 밤의 꿈</항목>

<항목>헛소동</항목>

검색 엔진은 인터넷에서 사이트를 쉽게 찾을 수 있도록 도와주는 프로그램입니다.
대표적인 검색 엔진으로는 네이버, 구글 등이 있으며
이들은 우리가 특정 키워드를 입력했을 때
이와 가장 유사한 사이트를 찾아서 보여주는 역할을 합니다.
이러한 역할을 원활히 수행하려면
검색 엔진이 사이트의 내용을 쉽게 파악할 수 있어야 하므로
내용물의 의미에 맞게 태그를 입력해 두는 일은 중요합니다.

앞서 보여드린 예시는
이해를 돕기 위해 태그를 한글로 작성한 것이고
실제로는 미리 약속해 둔 영어 태그를 입력해야 합니다.

```
메모장

<h1>윌리엄 셰익스피어의 작품</h1>

<h2>희극</h2>

<li>베니스의 상인</li>

<li>한여름 밤의 꿈</li>

<li>헛소동</li>
```

책에서는
웹 사이트를 만들기 위해 꼭 필요한 태그만
최소한으로 선별하였습니다.
HTML은 다양한 태그로 이루어지기 때문에
'**태그**'를 아는 것이 곧 'HTML'을 아는 것입니다.
지금부터 시작합니다.

15
제목과 문단 만들기

🌐 15_title and paragraph.html ✕

유명한 화가

클로드 모네는 프랑스 화가입니다.
작품으로는 정원의 여인들, 수련 등이 있습니다.

빈센트 반 고흐는 네덜란드 화가입니다.
작품으로는 별이 빛나는 밤, 자화상 등이 있습니다.

지금부터는 웹 사이트의 내용물이
'제목과 문단'을 의미할 때 사용하는 태그를 알려드립니다.

[예제 15] 제목, 문단 만들기

```
≡ 제목 없음 - 메모장
파일    편집    보기

<h1>유명한 화가</h1>


<p>
클로드 모네는 프랑스 화가입니다.<br>
작품으로는 정원의 여인들, 수련 등이 있습니다.
</p>


<p>
빈센트 반 고흐는 네덜란드 화가입니다.<br>
작품으로는 별이 빛나는 밤, 자화상 등이 있습니다.
</p>
```

1 [메모장]을 새로 열어 위 코드를 입력합니다.

유명한 화가

클로드 모네는 프랑스 화가입니다.
작품으로는 정원의 여인들, 수련 등이 있습니다.

빈센트 반 고흐는 네덜란드 화가입니다.
작품으로는 별이 빛나는 밤, 자화상 등이 있습니다.

2 파일명을 **15_title and paragraph.html**로 저장 후 **[크롬]**에서 확인합니다.

첫 번째.

내용물이 제목일 때 사용하는 태그는 다음과 같습니다.

<h1>유명한 화가</h1>

h1은 heading1의 줄임말로 '**제목1**'이라는 뜻입니다.

그런데 글을 쓰다 보면

대제목 01

소제목 02

등과 같이 제목이 단계별로 나뉠 수 있습니다.

유명한 화가 01

프랑스 화가 02

클로드 모네는 프랑스 화가입니다.

작품으로는 정원의 여인들, 수련 등이 있습니다.

네덜란드 화가 02

빈센트 반 고흐는 네덜란드 화가입니다.

작품으로는 별이 빛나는 밤, 자화상 등이 있습니다.

이런 경우 대제목에는 'h1 태그'를, 소제목에는 'h2 태그'를 입력합니다.

<h1>유명한 화가</h1>
<h2>프랑스 화가</h2>

제목의 단계에 따라 'h1~h6 태그'까지 사용할 수 있습니다.
h1~h6 태그를 사용하면
CSS 코드를 별도로 적용하지 않아도
글자의 두께가 자동으로 일반 텍스트보다 굵게 표시됩니다.
물론 CSS 코드를 사용해서 원하는 글자 두께로 변경할 수 있습니다.

글자 크기는 h1 태그를 사용했을 때 가장 크게 표시되고
h6 태그를 사용했을 때 가장 작게 표시됩니다.
물론 CSS 코드를 사용해서 원하는 글자 크기로 변경할 수 있습니다.

---

h1　**제목1**

h2　**제목2**

h3　**제목3**

h4　**제목4**

h5　**제목5**

h6　**제목6**

두 번째.
내용물이 문단일 때 사용하는 태그는 다음과 같습니다.

<p>
클로드 모네는 프랑스 화가입니다.
작품으로는 정원의 여인들,
수련 등이 있습니다.
</p>

p는 paragraph의 줄임말로 '**문단**'이라는 뜻입니다.
문단은 그다음에 오는 내용물과
일정 간격 떨어져 있는 것이 보통입니다. [01]
이에 따라 p 태그를 사용하면
내용물의 위, 아래에 자동으로 여백이 생깁니다.
물론 CSS 코드를 사용해서 여백 값을 원하는 대로 조정할 수 있습니다.

유명한 화가

클로드 모네는 프랑스 화가입니다.
작품으로는 정원의 여인들, 수련 등이 있습니다.

[01]

빈센트 반 고흐는 네덜란드 화가입니다.
작품으로는 별이 빛나는 밤, 자화상 등이 있습니다.

한 줄 요약

h1~h6

제목을 의미하는 태그다.

p

문단을 의미하는 태그다.

01 `<h1>`싫었던`<br>`코딩이`<br>`좋아졌`<br>`다`</h1>`
02 `<h2>`코딩 포기자도 가능한 쉬운 코딩`<br>`HTML+CSS`</h2>`
03 `<p>`코딩은 충분히 재미있다.`<br>`잠재 능력이 … 안타까웠다.`</p>`
04 `<p>`입문자들이 코딩의 첫 길목에서 길을 잃지 … 되었으며 한다.`</p>`

위 코드에는 우측 화면과 똑같이 보이기 위해 필요한 CSS 코드는 생략되어 있습니다.

01 # 싫었던 코딩이 좋아졌다

02 **코딩 포기자도 가능한 쉬운 코딩**
HTML+CSS

03 코딩은 충분히 재미있다.
잠재 능력이 있는 코딩 입문자들이 중도에 포기하는 것이 안타까웠다.

04 입문자들이 코딩의 첫 길목에서 길을 잃지 않고
마지막 페이지까지 나아 갈 수 있는 가이드가 되었으면 한다.

16
목록 만들기

 16-1_list.html   ×

좋아하는 소설가 순위

1. 윌리엄 셰익스피어
2. 레프 톨스토이
3. 조지 오웰

 16-2_list.html   ×

윌리엄 셰익스피어 대표작

- 로미오와 줄리엣
- 햄릿
- 리어 왕

- 쇼핑몰의 카테고리 바 01
- 이메일 사이트의 메뉴 리스트 02

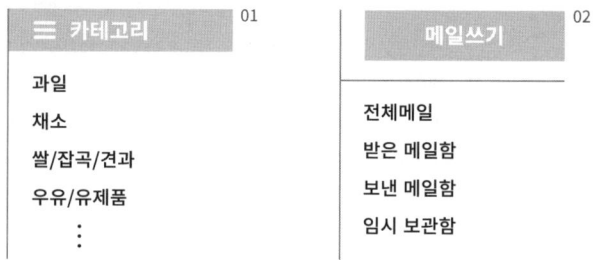

이들은 '**목록**'이라는 공통점이 있습니다.
목록은 개별 항목이 모여 만들어진 집합체로
웹 사이트의 구성 요소 중
링크, 사진 만큼이나 높은 비중을 차지합니다.

지금부터는
아래 두 타입의 목록을 만들 때 사용하는 태그를 알려드립니다.
- **순서 있는 목록**
- **순서 없는 목록**

[예제 16-1] 순서 있는 목록 만들기

■ 제목 없음 - 메모장

파일   편집   보기

```
<h1>좋아하는 소설가 순위</h1>
<ol>
    <li>윌리엄 셰익스피어</li>
    <li>레프 톨스토이</li>
    <li>조지 오웰</li>
</ol>
```

---

1 [메모장]을 새로 열어 위 코드를 입력합니다.

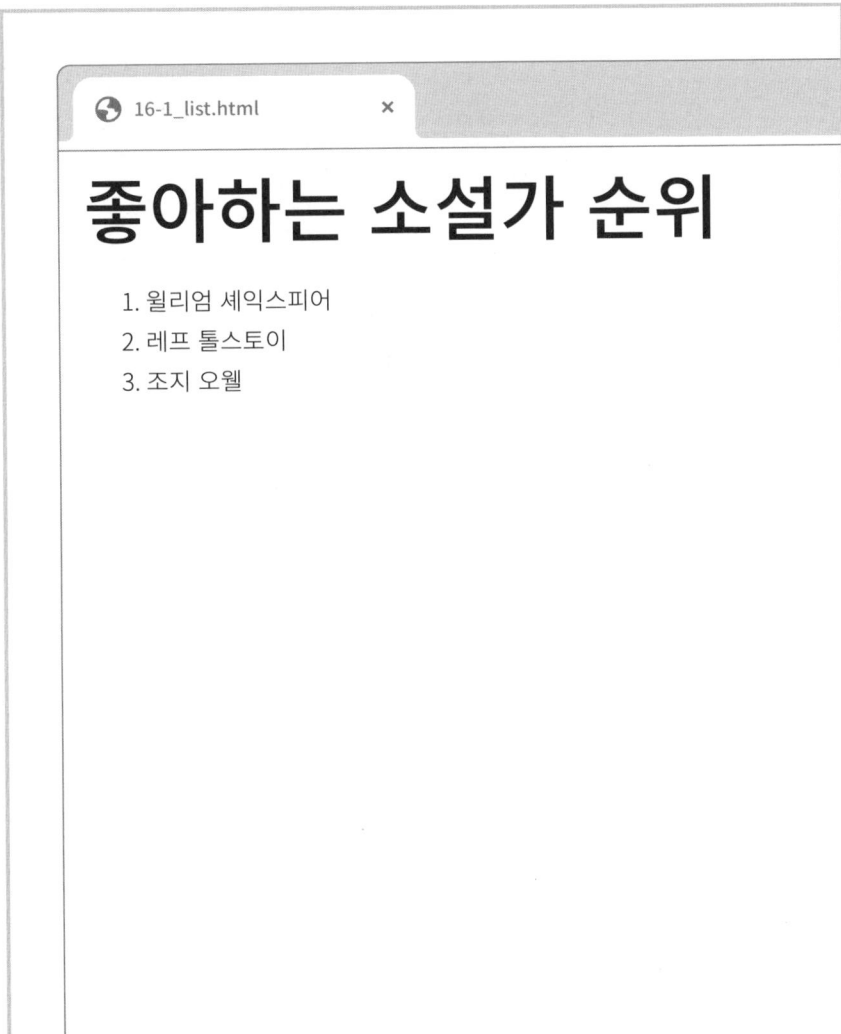

2 파일명을 **16-1_list.html**로 저장 후 **[크롬]**에서 확인합니다.

순서 있는 목록을 만드는 태그는 다음과 같습니다.

```
<h1>좋아하는 소설가 순위</h1>
<ol>
    <li>윌리엄 셰익스피어</li>
    <li>레프 톨스토이</li>
    <li>조지 오웰</li>
</ol>
```

순서 있는 목록을 만들 땐 Ordered List의 약자인 **'ol 태그'**를 [01]
각 항목에는 List Item의 약자인 **'li 태그'**를 사용합니다. [02]

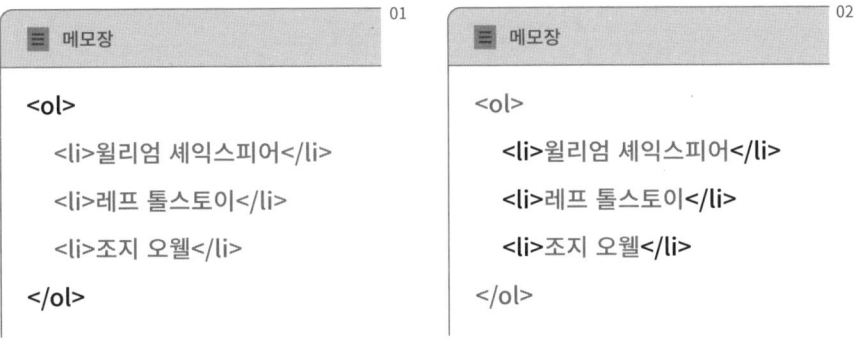

ol 태그를 사용하면
각 항목 앞에 1, 2, 3 등의 순서 마커(Marker)가 자동으로 표시됩니다.

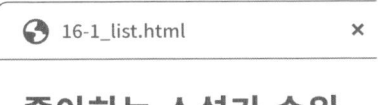

순서를 표시할 때
1, 2, 3 … 대신 a, b, c … 로 하길 원한다면
다음과 같이 코드를 추가하면 됩니다.

```
<h1>좋아하는 소설가 순위</h1>
<ol type="a">
    <li>윌리엄 셰익스피어</li>
    <li>레프 톨스토이</li>
    <li>조지 오웰</li>
</ol>
```

type 값에는 a 대신 A, i, I를 입력할 수 있습니다.
입력하는 코드에 따라 항목 앞에 표시되는 '**순서 마커**'가 달라집니다.

---

a
    a. 윌리엄 셰익스피어
    b. 레프 톨스토이
    c. 조지 오웰

A
    A. 윌리엄 셰익스피어
    B. 레프 톨스토이
    C. 조지 오웰

i
    i. 윌리엄 셰익스피어
    ii. 레프 톨스토이
    iii. 조지 오웰

I
    I. 윌리엄 셰익스피어
    II. 레프 톨스토이
    III. 조지 오웰

[예제 16-2] 순서 없는 목록 만들기

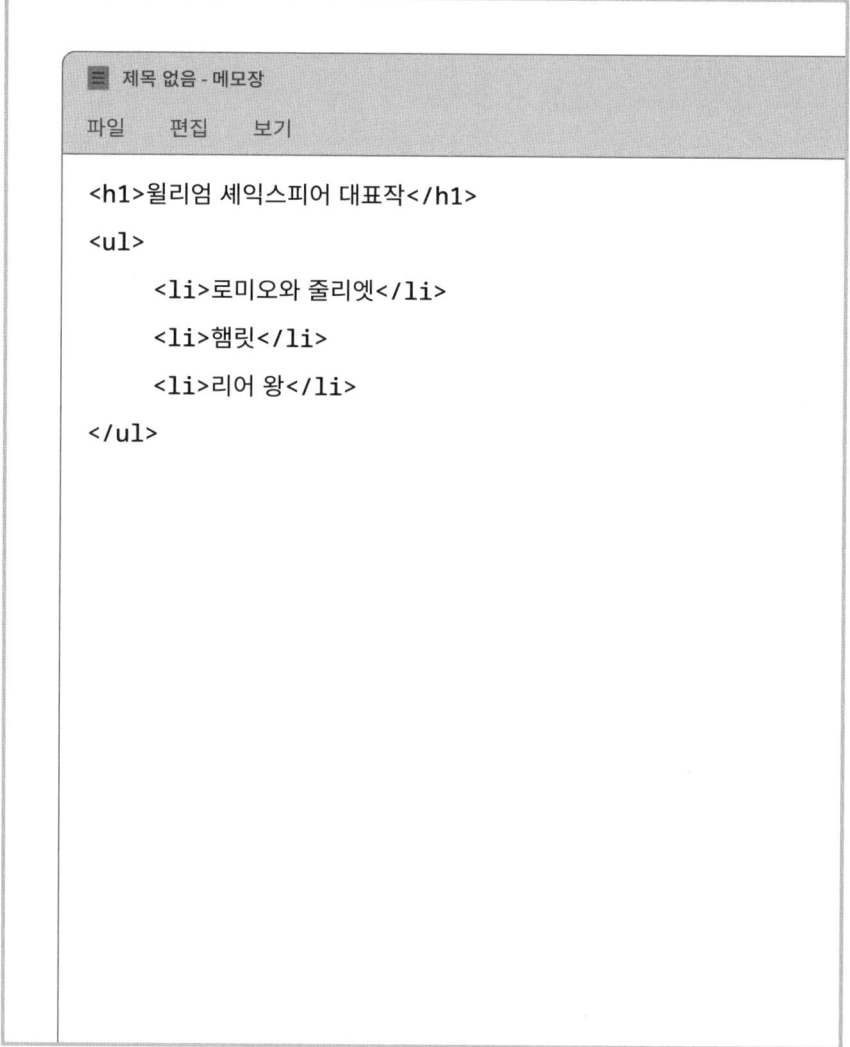

1 [메모장]을 새로 열어 위 코드를 입력합니다.

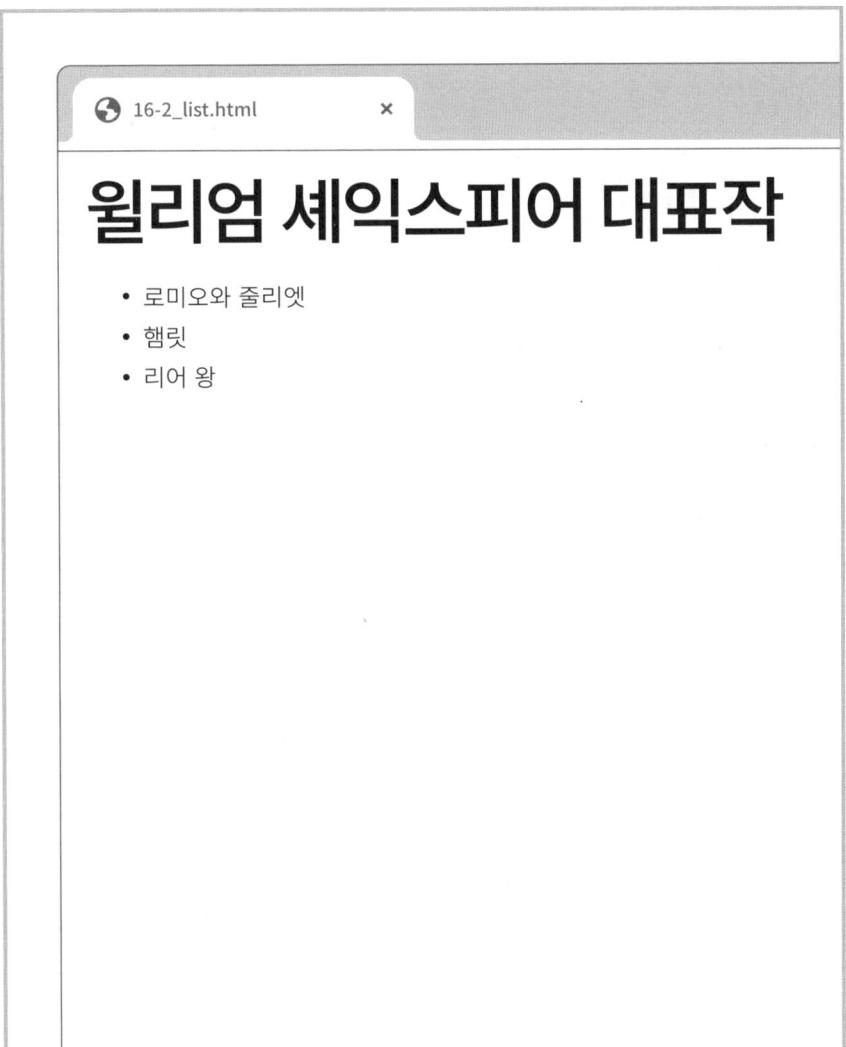

2 파일명을 **16-2_list.html**로 저장 후 [**크롬**]에서 확인합니다.

순서 없는 목록을 만드는 태그는 다음과 같습니다.

```
<h1>윌리엄 셰익스피어 대표작</h1>
<ul>
    <li>로미오와 줄리엣</li>
    <li>햄릿</li>
    <li>리어 왕</li>
</ul>
```

순서 없는 목록을 만들 땐 Unordered List의 약자인 **'ul 태그'**를 01
각 항목에는 List Item의 약자인 **'li 태그'**를 사용합니다. 02

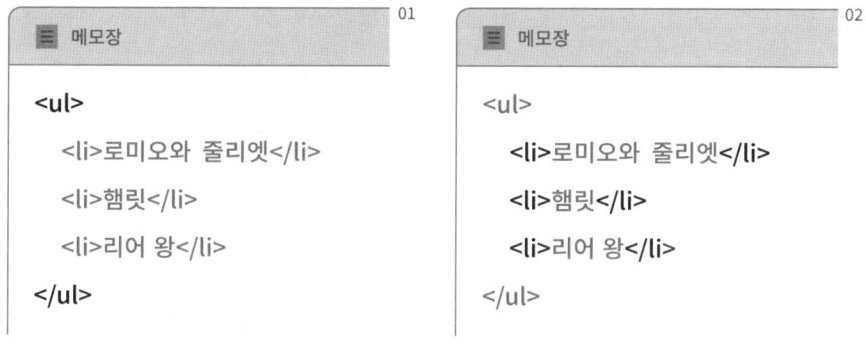

ul 태그를 사용하면
각 항목 앞에 가운뎃점(•)이 자동으로 표시됩니다.

가운뎃점(•) 대신 사각형(■)으로 표시하고 싶다면 다음과 같이 코드를 추가하면 됩니다.

ol 태그와 달리 ul 태그는 마커의 타입을 바꿀 때 CSS를 사용해야 합니다.

```
<style>
    ul { list-style-type:square; }
</style>
<h1>윌리엄 셰익스피어 대표작</h1>
<ul>
    <li>로미오와 줄리엣</li>
    <li>햄릿</li>
    <li>리어 왕</li>
</ul>
```

list-style-type 속성값에는
square 대신 circle, none을 입력할 수도 있습니다.
입력하는 코드에 따라
항목 앞에 표시되는 마커의 타입을 변경하거나 없앨 수 있습니다.

---

square
- 로미오와 줄리엣
- 햄릿
- 리어 왕

circle
- 로미오와 줄리엣
- 햄릿
- 리어 왕

none
   로미오와 줄리엣
   햄릿
   리어 왕

한 줄 요약

ol · li

순서 있는 목록을 의미하는 태그다.

ul · li

순서 없는 목록을 의미하는 태그다.

```
<ul>
    <li><img src="earphone.jpg" alt … ">Earphone</li>
    <li><img src="computer.jpg" alt … ">Computer</li>
    <li><img src="tablet.jpg" alt … ">Tablet</li>
    <li><img src="mike.jpg" alt … ">Mike</li>
</ul>
```

· 위 코드에는 우측 화면과 똑같이 보이기 위해 필요한 CSS 코드는 생략되어 있습니다.
· 사진을 넣을 때 사용하는 img 태그는 `목차 18` 에서 다룹니다.

Collection List

Earphone　　　　　　　　Computer

Tablet　　　　　　　　Mike

17
링크 만들기

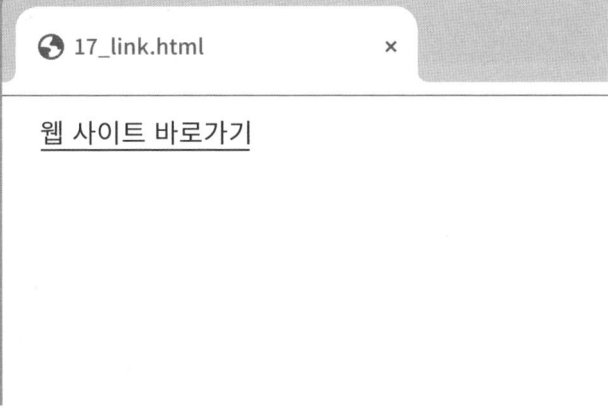

- 인터넷에서 뉴스 기사를 보기 위해 **'제목을 클릭'**하면
- 쇼핑몰에서 상품을 구매하기 위해 **'제품 사진을 클릭'**하면
- 메일을 작성하기 위해 **'메일 쓰기 버튼을 클릭'**하면

  현재 화면에서 다른 화면으로 이동합니다.
  클릭한 내용물에 **'링크'**가 걸려있기 때문입니다.

  지금부터는
  링크를 만들 때 사용하는 태그를 알려드리겠습니다.

[예제 17] 링크 만들기

```
≡ 제목 없음 - 메모장
파일    편집    보기

<a href="URL">웹 사이트 바로가기</a>
```

1 **[메모장]**을 새로 열어 위 코드를 입력합니다.
   URL에는 본인이 원하는 웹 사이트의 주소를 입력하면 됩니다.
   주소 입력 시, 웹 브라우저의 주소창에 표시된 해당 웹 사이트의 URL을 그대로 복사 후 붙여 넣습니다.

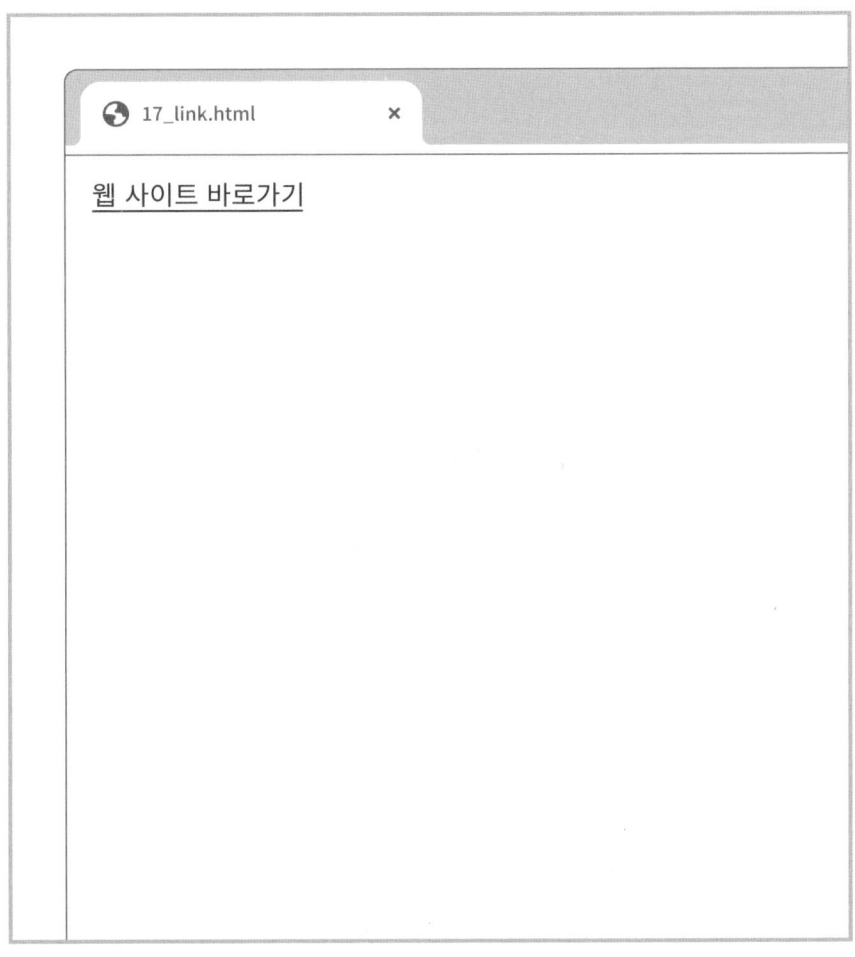

2 파일명을 **17_link.html**로 저장 후 [크롬]에서 확인합니다.
웹 사이트 바로가기를 클릭하면
1 에서 본인이 입력한 URL의 웹 사이트로 이동합니다.

링크를 만들 때 사용하는 코드는 다음과 같습니다.

<a href="URL">
웹 사이트 바로가기
</a>

웹 사이트 바로가기를 클릭했을 때
현재 보고 있는 인터넷 창은 그대로 두고
새 창에서 보이게 하고 싶다면

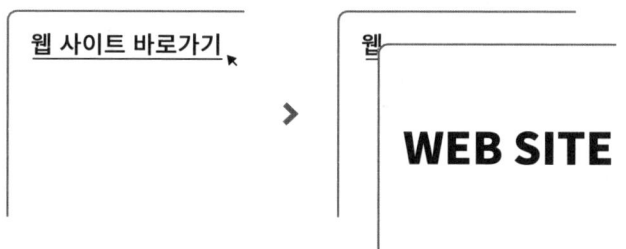

다음과 같이 코드를 추가하면 됩니다.

<a href="URL" target="_blank">
웹 사이트 바로가기
</a>

target은 '**목표로 하는 대상**'이고
blank는 '**비어있음**'을 의미하므로
target="_blank"를 해석하면 다음과 같습니다.
'목표 대상(본인이 입력한 URL에 해당하는 웹 사이트)을
비어있는 새 창에서 보여준다.'

한 줄 요약

a

링크를 의미하는 태그다.

```
01   <a href="red.com" target="_blank">Monkey</a>
02   <a href="apple.com" target="_blank">Red</a>
03   Apple
```

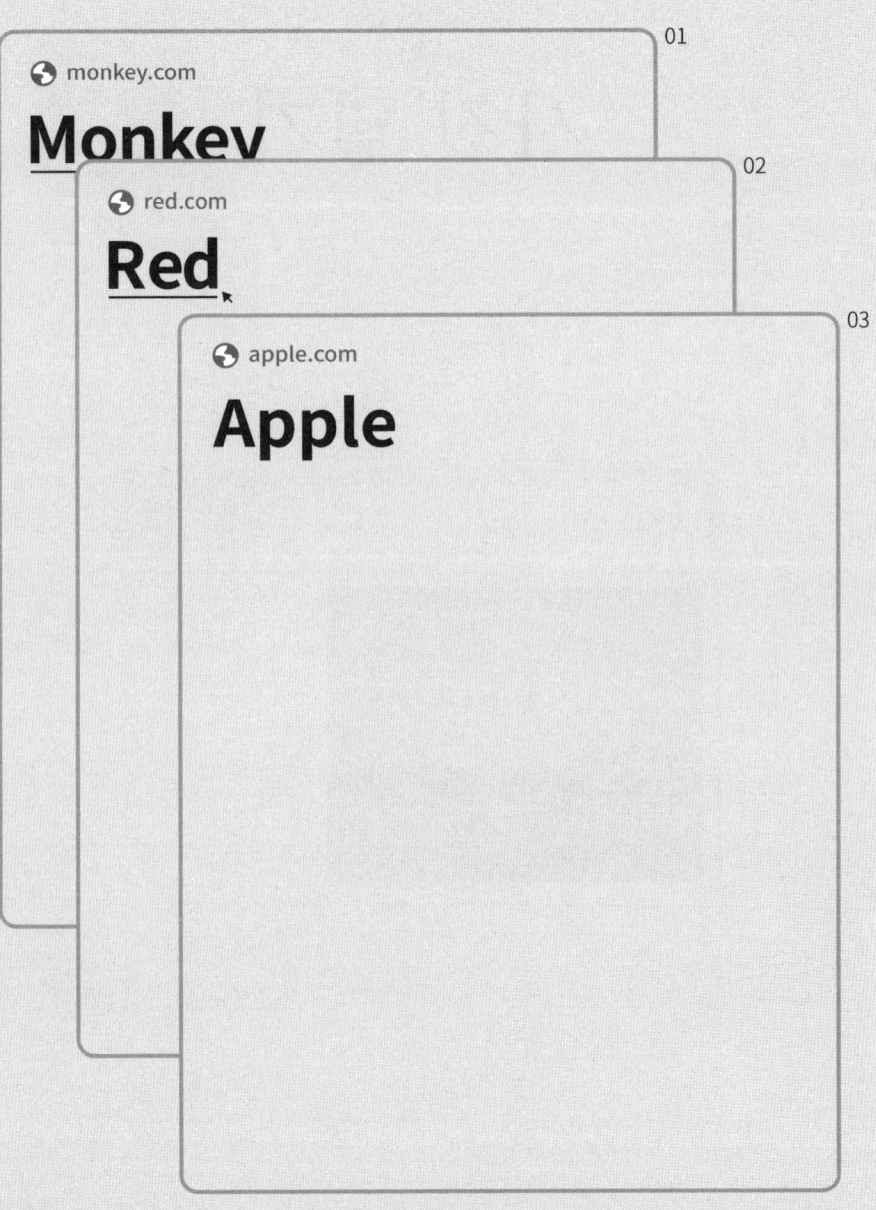

18

사진 넣기

인터넷에서 김치를 구매하려고 합니다.

A 쇼핑몰은 사진 없이 글만으로 제품을 소개합니다.

B 쇼핑몰은 먹음직스럽고 싱싱해 보이는 사진과 함께 제품을 소개합니다.

이런 경우, 보통은 사진이 있는 쇼핑몰에서 구매 욕구를 더 강하게 느낍니다.

'사진'은 생생한 정보 전달을 위한 강력한 도구입니다.

[예제 18] 사진 넣기

1
바탕화면의 **예제** 폴더 안에 파일명이 **dog**인 사진 파일을 넣어둡니다.
해당 사진 파일은 다음의 URL에 접속하면 다운로드할 수 있습니다.
URL : http://www.arcadiabook.co.kr/book2.html

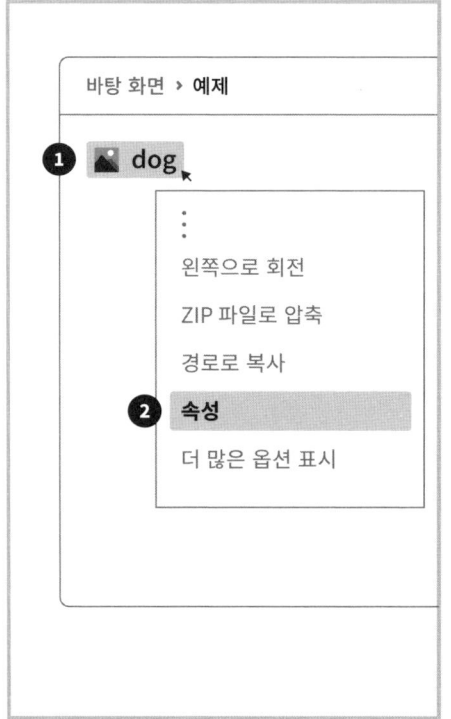

2
'해당 사진 파일(①)'을 마우스 오른쪽으로 클릭하면 새로운 메뉴 창이 뜹니다.
해당 메뉴 창에서
'속성(②)' 메뉴를 클릭합니다.

3

속성 창의 '**일반(❶)**' 탭에서
해당 사진의 파일 형식(확장자)이
'**jpg(❷)**'인 것을 확인합니다.

사진의 확장자에는
jpg, png 등이 있습니다.

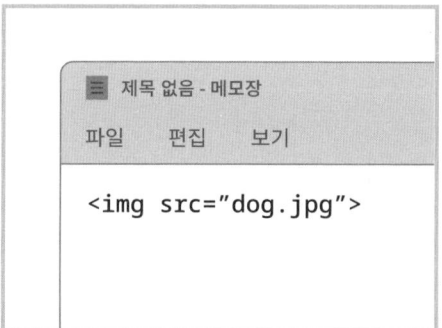

4

[메모장]을 새로 열어
옆과 같이 코드를 입력합니다.

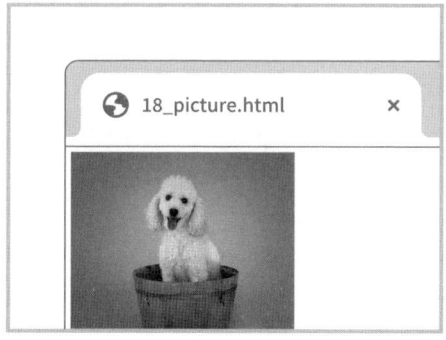

5

파일명을 **18_picture.html**로 하여
예제 폴더 안에 저장 후
[크롬]에서 확인합니다.
사진이 삽입되었습니다.

사진을 삽입하는 코드는 다음과 같습니다.

코드 중 dog는 사진의 '**파일명**'이고

jpg는 사진의 '**확장자**'입니다.

· 확장자는 파일명 뒤에 반드시 마침표(.)를 찍은 후 입력해야 합니다.

· 사진의 파일명과 확장자는 오타 없이 정확하게 입력해야 합니다.

<img src="dog.jpg">

만약 사진의 파일명을 **dog2**로 변경하고
확장자를 **png**로 바꿨다면
다음과 같이 코드를 수정해야 합니다.

<img src="dog2.png">

그런데 웹 사이트를 만들 땐
수십~수백 장 이상의 이미지(사진, 그래픽, 삽화 등)가 필요합니다.
이처럼 이미지가 많은 경우에는
이미지 파일만 별도로 모아둘 폴더를
새로 만드는 것이 좋습니다.

예제 폴더를 열고

이미지 파일만 모아둘 **images** 폴더를 새로 만듭니다.[01]

그런 다음 **dog.jpg**를 해당 폴더 안으로 이동합니다.[02]

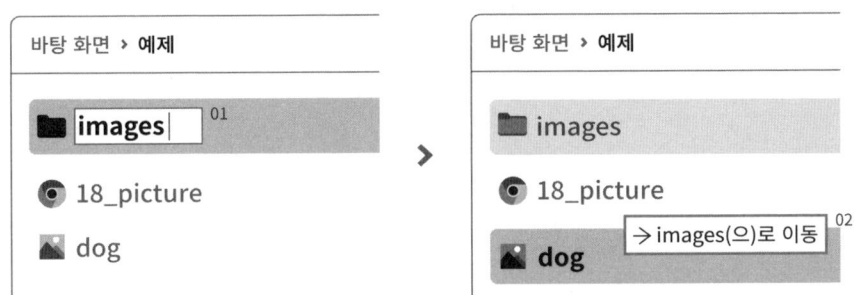

그런데 이렇게 폴더 정리를 마친 후

18_picture.html을 다시 열어보니 사진이 제대로 보이지 않습니다.

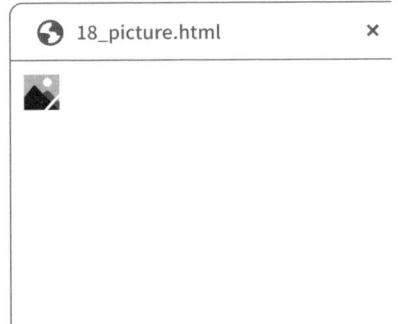

이유는 다음과 같습니다.
웹 사이트에 넣으려고 하는 사진은
'images 폴더 안에 있는' **dog.jpg**인데
메모장에 입력한 코드에는 해당 내용의 코드가 없습니다.

<img src="images 폴더 안에 있는 dog.jpg">

따라서 'images 폴더 안에 있다'는 뜻의 코드를 추가해야 합니다.

<img src="images/dog.jpg">

코드를 추가로 입력 및 파일 저장 후
크롬에서 다시 확인하면 사진이 제대로 보입니다.
/는 '~안에 있다'라는 의미입니다.

images 폴더를 만든 것처럼
필요에 따라서는 html 파일들도
html 폴더를 따로 만들어서 보관할 수 있습니다.

예제 폴더를 다시 열어

html 파일만 모아둘 **html** 폴더를 새로 만듭니다. [01]

그런 다음 **18_picture.html**을 해당 폴더 안으로 이동합니다. [02]

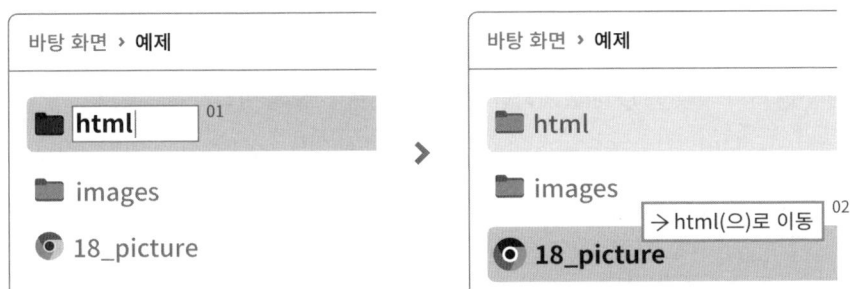

폴더 정리를 마친 후

18_picture.html을 열어보면

이번에도 사진이 제대로 보이지 않습니다.

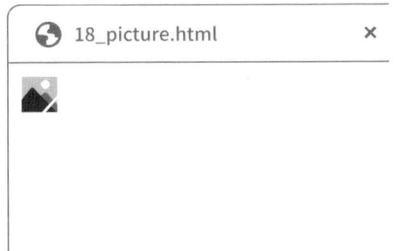

그 이유는 **dog.jpg**가 있는 곳이 [01]
18_picture.html의 위치를 기준으로 했을 때 [02]
다음과 같기 때문입니다.

'상위 폴더(**html**)로 한 단계 나간 후 [03]
해당 폴더와 동등한 단계에 위치한 **images** 폴더 [04] 안에 있다.'

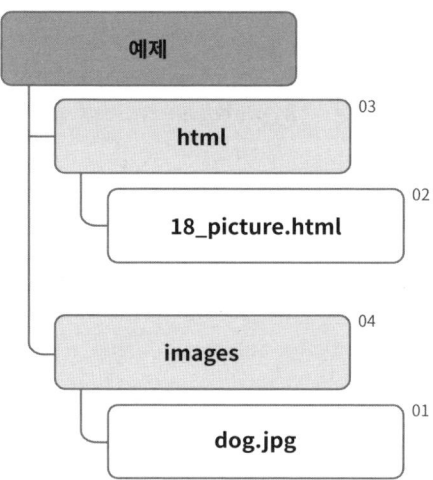

따라서 '**상위 폴더로 한 단계 나간다**'는 뜻의 코드를 추가해야 합니다.

<img src="../images/dog.jpg">

코드를 추가로 입력 및 파일 저장 후
크롬에서 다시 확인하면 사진이 제대로 보입니다.
../는 '**상위 폴더로 한 단계 나간다**'는 의미입니다.

끝으로, img 태그를 사용할 때 반드시 입력해야 하는 코드가 있습니다.

<img src="../images/dog.jpg" alt="복슬복슬한 아기 강아지">

시각 장애인은 웹 사이트를 볼 수 없기 때문에
웹 사이트의 내용을 음성으로 들려주는
'화면 낭독 프로그램(스크린 리더)'의 도움을 받습니다.
화면 낭독 프로그램이 img 태그를 만나면
해당 내용물이 사진인 것만 알고
강아지 사진인지, 고양이 사진인지 까지는 알 수가 없습니다.

그런데 다음과 같이 코드를 추가하면
alt="복슬복슬한 아기 강아지"
화면 낭독 프로그램은 시각 장애인에게 이렇게 설명합니다.
'이 사진은 복슬복슬한 아기 강아지 사진입니다.'

좋은 웹 사이트는
모든 사람이 어떤 상황에서도 쉽게 접근할 수 있도록
다양한 선택지를 제공할 수 있어야 합니다.

한 줄 요약

img

사진을 의미하는 태그다.

01　<img src="cat.jpg" alt="눈 감은 고양이">

02　<img src="rabbit.jpg" alt="잔디에 앉아있는 토끼">

03　<img src="bear.jpg" alt="잠자는 곰">

04　<img src="squirrel.jpg" alt="도토리 먹는 다람쥐">

19
표 만들기

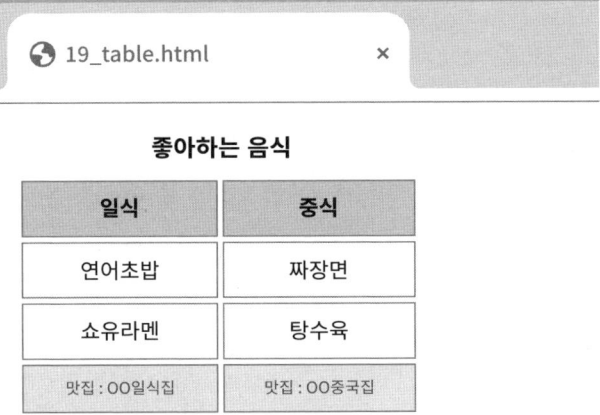

- 상품 후기를 볼 수 있는 **'리뷰 게시판'**
- 웹 사이트 이용 중 궁금한 사항을 남겨놓는 **'문의 게시판'**

  게시판은 웹 사이트를 구성하는 중요한 요소 중 하나로 **'표(Table)'** 의 형태를 하고 있습니다.

  이번 목차에서는 표를 만들 때 사용하는 태그를 알려드립니다.

[예제 19] 표 만들기

```
<table>
    <caption>좋아하는 음식</caption>
    <thead>
        <tr>
            <th>일식</th>
            <th>중식</th>
        </tr>
    </thead>
    <tbody>
        <tr>
            <td>연어초밥</td>
            <td>짜장면</td>
        </tr>
        <tr>
            <td>쇼유라멘</td>
            <td>탕수육</td>
        </tr>
    </tbody>
```

```
            <tfoot>
                <tr>
                    <td>맛집 : OO일식집</td>
                    <td>맛집 : OO중국집</td>
                </tr>
            </tfoot>
</table>
```

1 [메모장]을 새로 열어 위 코드를 입력합니다.

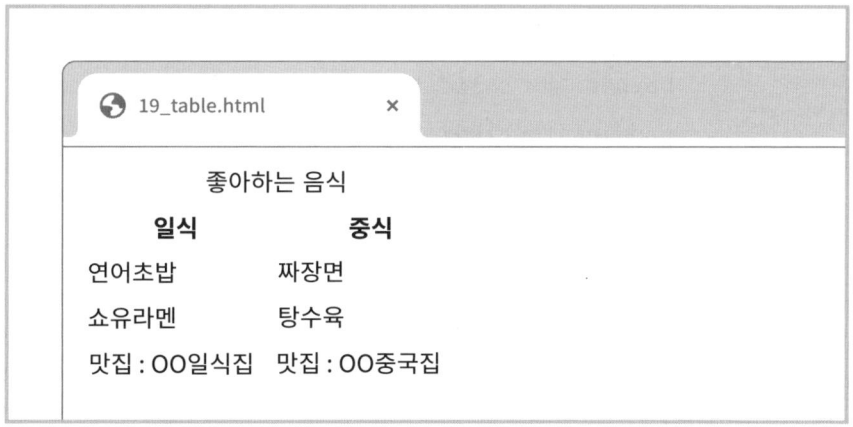

2 파일명을 **19_table.html**로 저장 후 [크롬]에서 확인합니다.
현재 표의 모습으로는 '**표의 구조**'를 직관적으로 이해하기 어려우므로
CSS 코드를 추가하여 우리에게 익숙한 모습으로 바꿔보겠습니다.

```
<style>
    table {
        width:300px;
    }
    caption {
        font-size:18px;
        font-weight:bold;
        margin-bottom:20px;
    }
    th, td {
        border:1px solid #c1c1c1;
        padding-top:10px;
        padding-bottom:10px;
    }
    th {
        background:#dadada;
    }
    td {
        text-align:center;
    }
```

> **CSS 더 알아보기**
>
> 01 **[선택자, 선택자]** 형식의 선택자를 **'그룹 선택자'**라고 합니다.
> 그룹 선택자는 여러 대상에게 동일한 선언을 적용합니다.
>
> 02 글의 정렬을 **'수평 기준으로 가운데 정렬하는 선언'**입니다.

```
    .footbg {
        font-size:14px;
        color:#878787;
        background:#e0e0e0;
    }
</style>
<table>
    <caption>좋아하는 음식</caption>
    ...
    <tfoot>
        <tr>
            <td class="footbg">맛집 : ○○일식집</td>
            <td class="footbg">맛집 : ○○중국집</td>
        </tr>
    </tfoot>
</table>
```

3 [메모장]으로 돌아와서 위 코드들을 추가합니다.

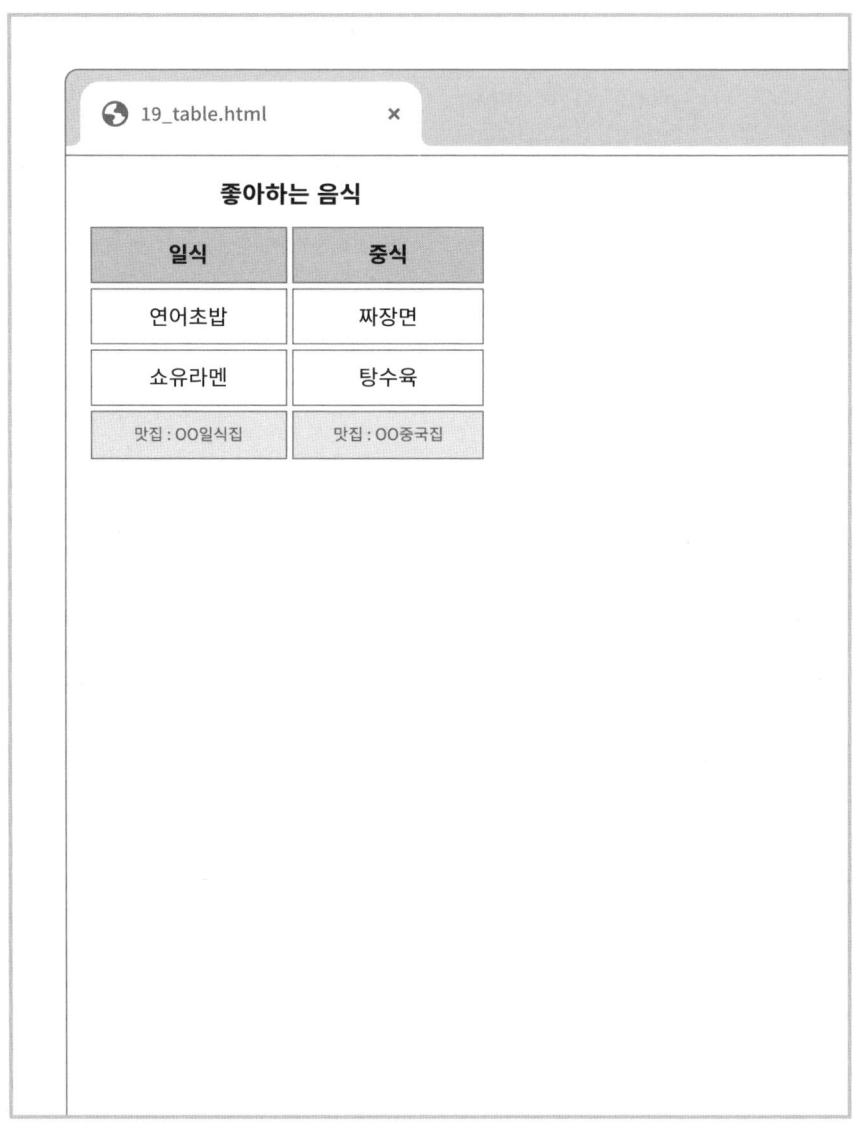

4 파일 저장 후 [크롬]에서 확인합니다. '**표의 스타일**'이 바뀌었습니다.

'**표(Table)**'는 다양한 구성 요소의 조합으로 만들어집니다. 앞서 입력한 태그들의 의미를 하나씩 살펴보겠습니다.

첫 번째.

표를 설명하는 텍스트에는 [01]

caption 태그를 사용합니다.

caption : (사진, 삽화 등에 붙인) 설명

\<caption\>좋아하는 음식\</caption\>

[01] 좋아하는 음식

일식	중식
연어초밥	짜장면
쇼유라멘	탕수육
맛집 : ○○일식집	맛집 : ○○중국집

두 번째.

표의 셀(Cell) 중에서 제목에 해당하는 셀에는 [01]
th 태그를 사용합니다.

th : table header(표의 제목)의 줄임말

\<th\>일식\</th\>

세 번째.

표의 셀(Cell) 중에서 데이터에 해당하는 셀에는 [01] td 태그를 사용합니다.

td : table data(표의 데이터)의 줄임말

<td>연어초밥</td>

좋아하는 음식

일식	중식
연어초밥	짜장면
쇼유라멘	탕수육
맛집 : ㅇㅇ일식집	맛집 : ㅇㅇ중국집

[01]

네 번째.

가로 방향에 있는 셀들이 모여 만들어진 하나의 줄에는 [01]
tr 태그를 사용합니다.

tr : table row(표의 줄)의 줄임말

<tr>
<th>일식</th>
<th>중식</th>
</tr>

다섯 번째.

표에는 01
table 태그를 사용합니다.

<table>
 <caption>좋아하는 음식</caption>
  ...
 </tfoot>
</table>

01

좋아하는 음식	
일식	중식
연어초밥	짜장면
쇼유라멘	탕수육
맛집 : ○○일식집	맛집 : ○○중국집

정리해보겠습니다.

여러 개의 '**셀(th, td)**'이 모이면
하나의 '**가로 줄(tr)**'이 되고
여러 개의 '**가로 줄(tr)**'이 모이면
하나의 '**표(table)**'가 됩니다.

여섯 번째.

표를 완성하고 보니

다음과 같이 크게 세 구역으로 나뉘는 것을 알 수 있습니다.

· 표의 **Header** [01]
· 표의 **Body** [02]
· 표의 **Footer** [03]

01

일식	중식
연어초밥	짜장면
쇼유라멘	탕수육
맛집 : ○○일식집	맛집 : ○○중국집

02

일식	중식
연어초밥	**짜장면**
쇼유라멘	**탕수육**
맛집 : ○○일식집	맛집 : ○○중국집

03

일식	중식
연어초밥	짜장면
쇼유라멘	탕수육
맛집 : ○○일식집	**맛집 : ○○중국집**

19. 표 만들기

표의 Header에는 **'thead 태그'**를 [01]
표의 Body에는 **'tbody 태그'**를 [02]
표의 Footer에는 **'tfoot 태그'**를 [03]
사용합니다.

01 `<thead>`
    `<tr>`
        `<th>`일식`</th>`
        `<th>`중식`</th>`
    `</tr>`
`</thead>`

02 `<tbody>`
    `<tr>`
        `<td>`연어초밥`</td>`
        `<td>`짜장면`</td>`
    `</tr>`
    `<tr>`
        `<td>`쇼유라멘`</td>`
        `<td>`탕수육`</td>`
    `</tr>`
`</tbody>`

03 `<tfoot>`
    `<tr>`
        `<td class="footbg">`맛집 : OO일식집`</td>`
        `<td class="footbg">`맛집 : OO중국집`</td>`
    `</tr>`
`</tfoot>`

표의 셀과 셀을 합칠 수도 있습니다.

일식	중식
연어초밥	짜장면
쇼유라멘	탕수육
맛집 : ○○일식집	맛집 : ○○중국집

＞

일식	중식
연어초밥	짜장면
	탕수육
맛집 : ○○일식집	맛집 : ○○중국집

다음과 같이 **rowspan="2"**를 추가하고 [01]
<td>쇼유라멘</td>를 삭제하면 됩니다. [02]

```
...
<tr>
    <td rowspan="2">연어초밥</td>   [01]
    <td>짜장면</td>
</tr>
<tr>
    <td>쇼유라멘</td>   [02]
    <td>탕수육</td>
</tr>
...
```

rowspan="2"가 의미하는 것은
'**세로 방향**'의 셀 '**2개**'를 [01]
아래 방향으로 합치라는 뜻입니다. [02]

	일식	중식
[01]	**연어초밥**	짜장면
	쇼유라멘	탕수육
	맛집 : ○○일식집	맛집 : ○○중국집

> [02]

	일식	중식
	연어초밥	짜장면
		탕수육
	맛집 : ○○일식집	맛집 : ○○중국집

rowspan="2"를 입력함으로써 [03]
2개였던 셀을 1개로 합쳤으니
기존에 입력했던 **<td>쇼유라멘</td>**는 삭제해야 합니다. [04]

```
...
<tr>
   <td rowspan="2">연어초밥</td>   [03]
   <td>짜장면</td>
</tr>
<tr>
   <del><td>쇼유라멘</td></del>   [04]
   <td>탕수육</td>
</tr>
...
```

이와 마찬가지로
가로 방향의 셀 2개를 합치는 코드도 있습니다.

일식	중식
연어초밥	**짜장면**
쇼유라멘	탕수육
맛집 : ○○일식집	맛집 : ○○중국집

＞

일식	중식
연어초밥	
쇼유라멘	탕수육
맛집 : ○○일식집	맛집 : ○○중국집

다음과 같이 **colspan="2"**를 추가하고 [01]
<td>짜장면</td>를 삭제하면 됩니다. [02]

```
...
<tr>
    <td colspan="2">연어초밥</td>   [01]
    <td>짜장면</td>   [02]
</tr>
<tr>
    <td>쇼유라멘</td>
    <td>탕수육</td>
</tr>
...
```

colspan="2"가 의미하는 것은
'가로 방향'의 셀 '2개'를 [01]
오른쪽으로 합치라는 뜻입니다. [02]

	일식	중식		일식	중식
[01]	연어초밥	짜장면	[02]	연어초밥	
	쇼유라멘	탕수육		쇼유라멘	탕수육
	맛집 : ○○일식집	맛집 : ○○중국집		맛집 : ○○일식집	맛집 : ○○중국집

colspan="2"를 입력함으로써 [03]
2개였던 셀을 1개로 합쳤으니
기존에 입력했던 **\<td\>짜장면\</td\>**는 삭제해야 합니다. [04]

```
  ...
  <tr>
     <td colspan="2">연어초밥</td>    [03]
     <del><td>짜장면</td></del>    [04]
  </tr>
  <tr>
     <td>쇼유라멘</td>
     <td>탕수육</td>
  </tr>
  ...
```

한 줄 요약

table

표를 의미하는 태그다.

table

thead
tr
- th
- th

tbody
tr
- td
- td

tr
- td
- td

tfoot
tr
- td
- td

20
설문 양식 만들기

- 웹 사이트에 로그인할 때 아이디, 비밀번호를 입력하는 일
- 회원가입 시 이름, 아이디 등을 입력하는 일
- 상품 주문 시 배송지, 연락처 등을 입력하는 일

이들의 공통점은
웹 사이트에서 만들어 둔 질문 양식에
답을 작성해서 제출한다는 것입니다.
일종의 '**설문지**'입니다.

이번 목차에서는 '**설문 양식**'을 만들 때 사용하는 태그들을 알려드립니다.

[예제 20] 설문 양식 만들기

```
<form action="">
    <ul>
        <li>
            <label>이름</label>
            <input type="text">
        </li>
        <li>
            <label>나이</label>
            <input type="text">
        </li>
    </ul>
    <button type="submit">제출하기</button>
</form>
```

1 [메모장]을 새로 열어 위 코드를 입력합니다.

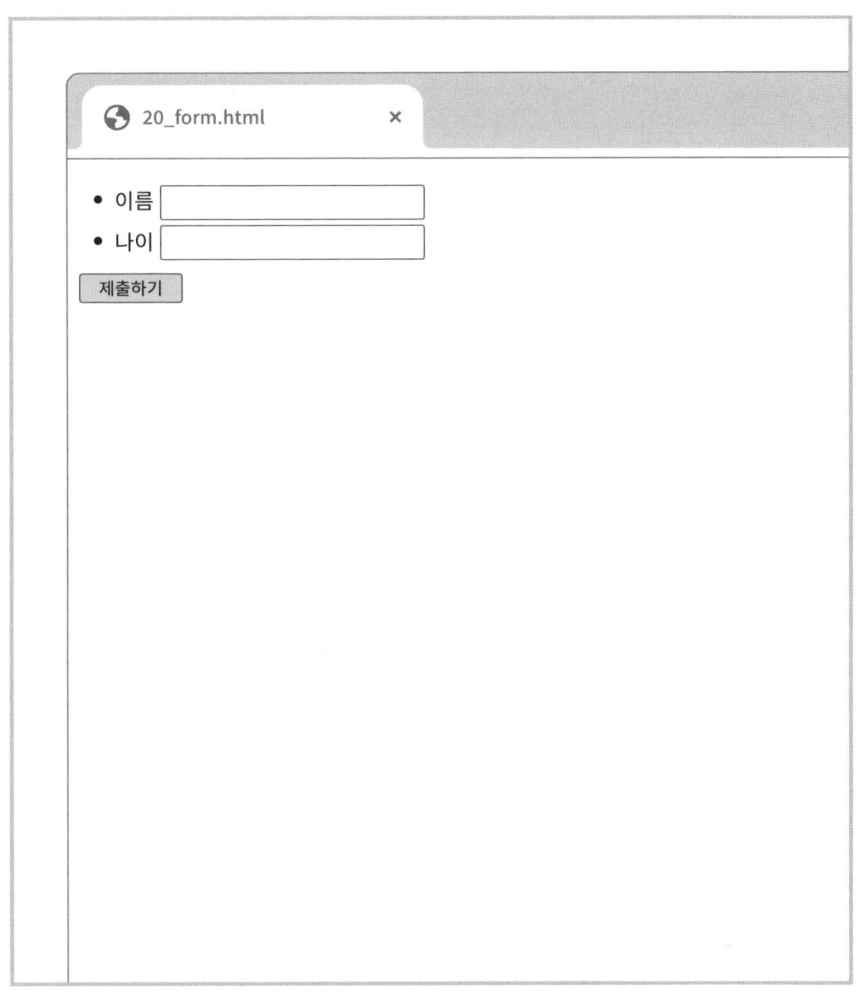

2 파일명을 **20_form.html**로 저장 후 [**크롬**]에서 확인합니다.
현재 설문 양식의 모습은 디자인적으로 미완성 된 상태입니다.
CSS 코드를 추가하여 디자인 완성도를 높여보겠습니다.

≡ 20_form - 메모장

파일   편집   보기

```
<style>
    ul {
        list-style-type:none;
        padding-left:0;
    }
    li {
        margin-bottom:5px;
    }
    label {
        font-weight:bold;
    }
    input {
        border:2px solid #e1e1e1;
        width:180px;
        height:35px;
    }
    button {
        font-size:16px;
        font-weight:bold;
        color:white;
```

```
        background:black;
        width:217px;
        height:45px;
    }
</style>
<form action="">
    <ul>
        <li>
            <label>이름</label>
            <input type="text">
        </li>
        <li>
            <label>나이</label>
            <input type="text">
        </li>
    </ul>
    <button type="submit">제출하기</button>
</form>
```

3 [메모장]으로 돌아와서 **<form>** 코드 위에
설문 양식의 스타일을 바꿔주는 CSS 코드들을 추가합니다.

4 파일 저장 후 [크롬]에서 확인합니다. 설문 양식의 스타일이 바뀌었습니다.

'**설문 양식**'은 다양한 구성 요소의 조합으로 만들어집니다.
앞서 입력한 태그들의 의미를 하나씩 살펴보겠습니다.

첫 번째.
글자 입력 필드를 만들 때 [01]
사용하는 코드는 다음과 같습니다.

<input type="text">

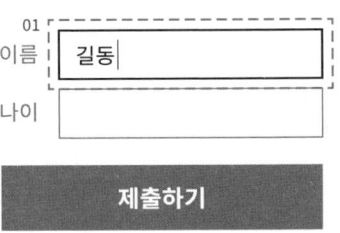

만약, 입력 필드에 쓰는 글자가 암호화 되어 보이길 원한다면 [01] text 대신 password를 입력하면 됩니다.

<input type="password">

text, password 외에도 입력할 수 있는 코드는 많습니다.

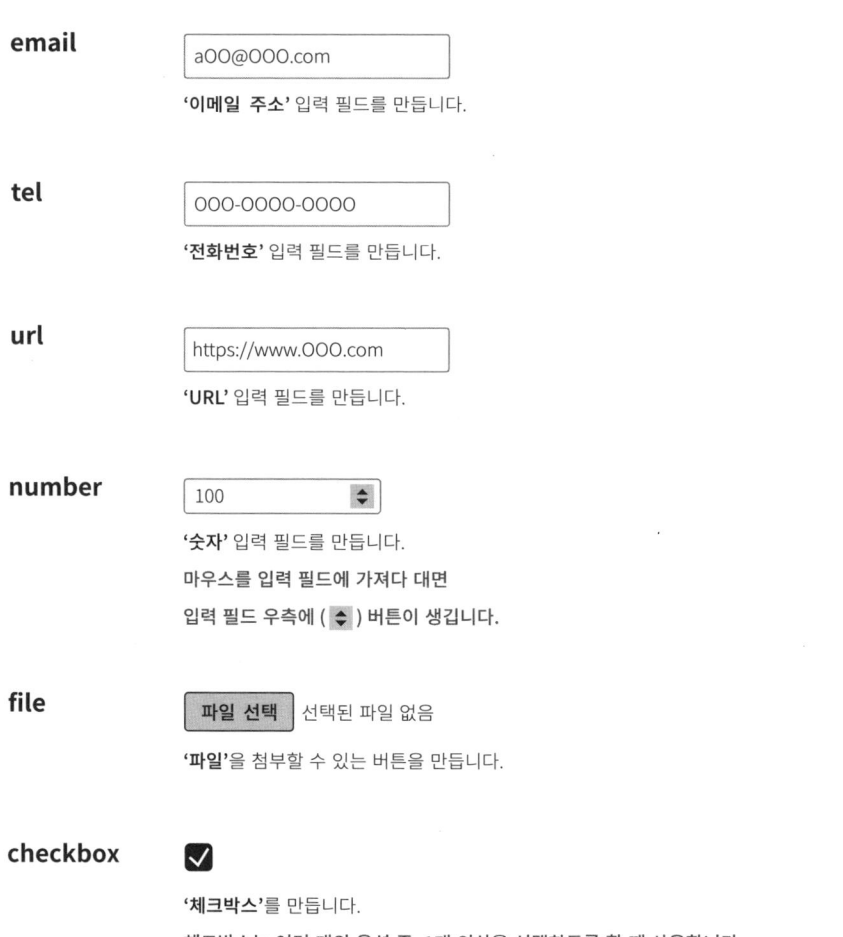

email — '이메일 주소' 입력 필드를 만듭니다.

tel — '전화번호' 입력 필드를 만듭니다.

url — 'URL' 입력 필드를 만듭니다.

number — '숫자' 입력 필드를 만듭니다.
마우스를 입력 필드에 가져다 대면
입력 필드 우측에 (⬍) 버튼이 생깁니다.

file — '파일'을 첨부할 수 있는 버튼을 만듭니다.

checkbox — '체크박스'를 만듭니다.
체크박스는 여러 개의 옵션 중, 1개 이상을 선택하도록 할 때 사용합니다.

radio

'라디오버튼'을 만듭니다.

라디오버튼은 여러 개의 옵션 중, 1개만 선택하도록 할 때 사용합니다.

color

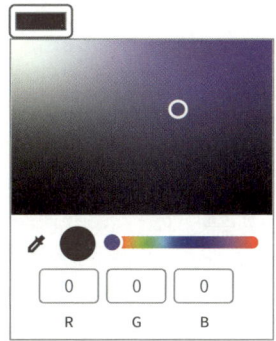

'색상 팔레트'를 열 수 있는 버튼을 만듭니다.

month

'월'을 선택할 수 있는 입력 필드를 만듭니다.

time

'시간'을 선택할 수 있는 입력 필드를 만듭니다.

date

'연도, 월, 일'을 선택할 수 있는 입력 필드를 만듭니다.

datetime-local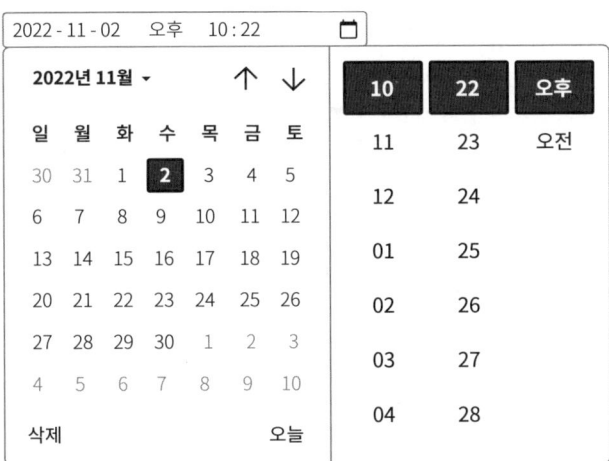

'연도, 월, 일과 시간'을 선택할 수 있는 입력 필드를 만듭니다.

다만, 지금 단계에서 해당 코드를 모두 외울 필요는 없고 이것만 기억하면 됩니다.
'**<input type="text">**의 큰따옴표("") 안에 입력하는 코드에 따라
입력 필드의 타입이 달라진다.'

input 태그에는 name, value 등의 코드를 추가로 입력해야 합니다.
추가 입력해야 하는 여러가지 이유 중 하나만 말씀드리자면
입력 필드가 제대로 작동하지 않을 수 있기 때문입니다.
(예를 들어 **<input type="radio">** 코드만 입력하면
라디오버튼이 제대로 작동하지 않습니다.)
다만, 지금은 다양한 입력 필드의 존재를 살펴보는 것이 주목적이기 때문에
책에서는 추가 입력 코드에 대한 내용을 다루지 않습니다.

두 번째.

입력 필드를 설명하는 글자에는 [01]
label 태그를 사용합니다.

label : (종이 등의 물건에 대한 정보를 적어 붙여놓은) 표

\<label\>이름\</label\>

[01] **이름**
나이

제출하기

다음과 같은 입력 양식이 있을 때

03 ─ 이름 [   ] 01
    └ 나이 [   ] 02

[제출하기   ]

대부분의 사람은
첫 번째 입력 필드에 **'이름'**을 [01]
두 번째 입력 필드에 **'나이'**를 [02]
기입할 것입니다.

이것이 가능한 이유는
'입력 필드 옆에 표시된 글자' [03]
덕분입니다.

이처럼
각각의 입력 필드가 무엇을 의미하는지 알려주는
이름, 나이와 같은 내용물에는
'label 태그'를 사용합니다.

이름이 첫 번째 입력 필드에 대한 라벨이고 **나이**가 두 번째 입력 필드에 대한 라벨임을 코드상에서도 알 수 있도록 해야 합니다.

이를 위해 다음과 같이 코드를 추가합니다.

name, age 대신 다른 단어를 자유롭게 입력해도 됩니다.
다만 **for=""**의 큰따옴표("") 안에 입력하는 단어와
id=""의 큰따옴표("") 안에 입력하는 단어는 서로 일치해야 합니다.

```
...
<label for="name">이름</label>
<input type="text" id="name">
...
<label for="age">나이</label>
<input type="text" id="age">
...
```

세 번째.

버튼을 만들 땐 01

button 태그를 사용합니다.

\<button type="submit"\>
제출하기
\</button\>

입력 양식에 정보를 모두 기입한 후 [01]

'제출하기' 버튼을 누르면 [02]

입력한 정보들이 웹 사이트 측으로 전달됩니다.

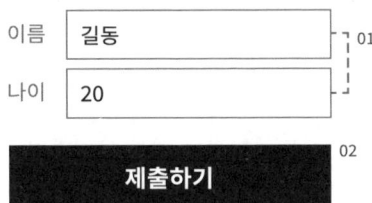

이처럼

버튼의 용도가 **'제출'**인 경우 **'submit'**을 입력합니다.

`<button type="submit">`

만약 버튼을 눌렀을 때
입력한 정보들을 웹 사이트에 제출하지 않고 모두 초기화하고 싶다면
'**reset**'을 입력하면 되고
`<button type="`**`reset`**`">`

버튼의 용도가
입력한 정보들을 웹 사이트에 제출하는 것도 아니고, 초기화하는 것도 아니라면[01]
'**button**'을 입력하면 됩니다.
`<button type="`**`button`**`">`

<예시> 주소검색 버튼

우편번호	**주소검색** [01]

기본주소

상세주소

네 번째.

입력 양식에는 01 form 태그를 사용합니다.

입력 양식에 기입한 내용들은 웹 사이트 측에 전송되어야 합니다. 이를 위해, 어디로 전송할 것인지에 대한 정보를 **action=""**의 큰따옴표("") 안에 입력해 두어야 합니다. 해당 정보는 서버 담당 개발자에게 요청하면 됩니다.

```
<form action="">
    ...
    <label for="name">이름</label>
    <input type="text" id="name">
    ...
</form>
```

20. 설문 양식 만들기

한 줄 요약

form

입력 양식을 의미하는 태그다.

```html
<form>
    <h1>주문서</h1>

    <label for="name">이름</label>
    <input type="text" id="name">

    <label for="call">연락처</label>
    <input type="tel" id="call">

    <label for="mail">이메일</label>
    <input type="email" id="mail">

    <label for="delivery-message">배송메시지</label>
    <input type="text" id="delivery-message">

    <button type="submit">주문하기</button>
</form>
```
위 코드에는 우측 화면과 똑같이 보이기 위해 필요한 CSS 코드는 생략되어 있습니다.

주문서

이름　　　[　　　　　　]

연락처　　[　　　　　　]

이메일　　[　　　　　　]

배송메시지[　　　　　　]

[주문하기]

21
구역 만들기

웹 사이트를 집(공간)에 비유해보겠습니다.
웹 사이트를 구성하는 링크, 사진, 제목 등은
집 안을 채우는 가구, 전자 제품 등과 같습니다.

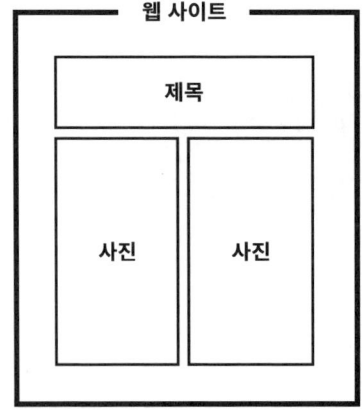
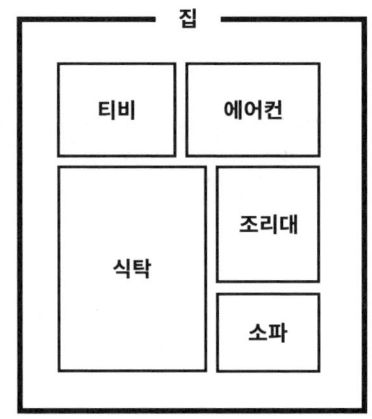

집이 공간의 목적에 따라
거실, 화장실, 주방, 침실 등으로 나뉘는 것처럼 [01]
웹 사이트도 목적에 따라 구역을 나누고
해당 구역 안에 필요한 구성 요소들을 넣어야 합니다.

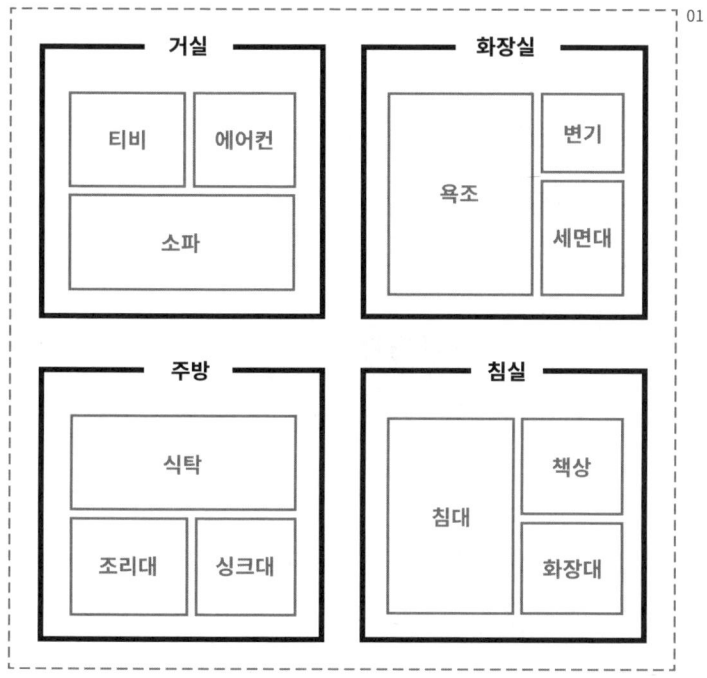

[01]

이번 목차에서는
'구역'을 만들 때 사용하는 태그들을 알려드립니다.

첫 번째.

header 태그입니다.

```html
<header>
    <img src="logo.jpg">
    <input type="search">
    <nav>
        <a href="1.html">Product</a>
        <a href="2.html">Brand</a>
        <a href="3.html">Review</a>
        <a href="4.html">Board</a>
        <a href="5.html">News</a>
    </nav>
</header>
```

웹 사이트의 최상단에는
대체로 로고, 검색창, 내비게이션 바(Navigation Bar)등이 모여 있습니다. 01
해당 구역을 '**헤더(header)**'라고 부릅니다.
헤더 구역에는 header 태그를 사용합니다.

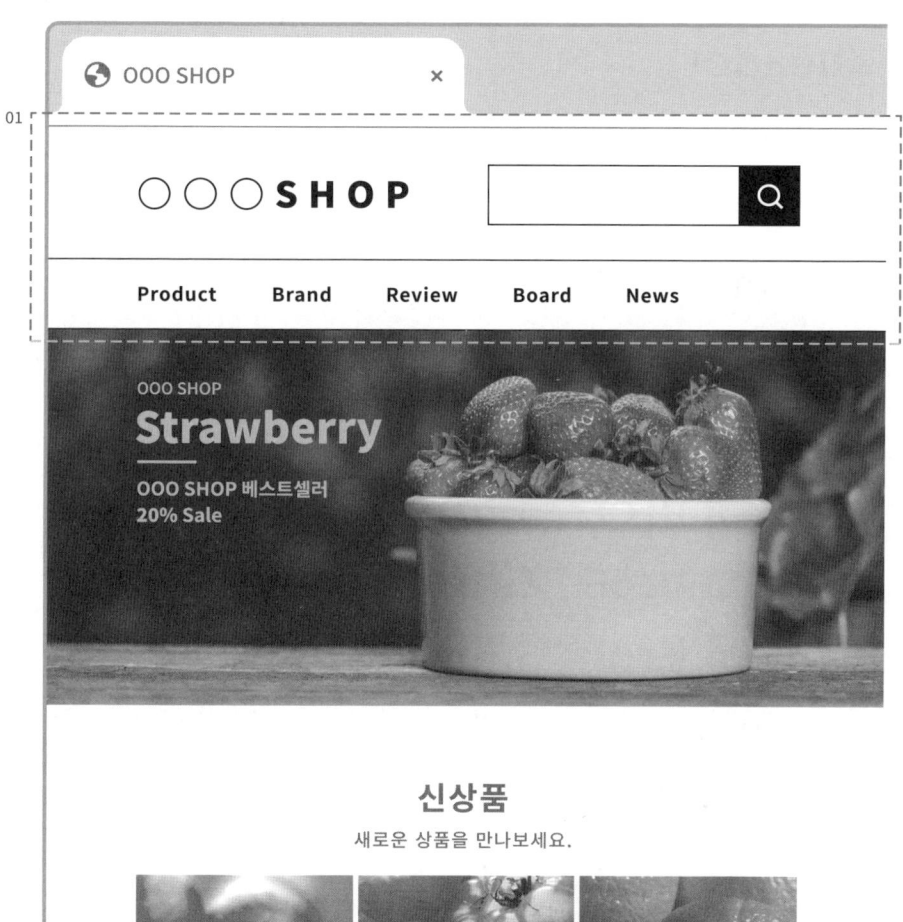

01

두 번째.
nav 태그입니다.

```
<header>
    <img src="logo.jpg">
    <input type="search">
    <nav>
        <a href="1.html">Product</a>
        <a href="2.html">Brand</a>
        <a href="3.html">Review</a>
        <a href="4.html">Board</a>
        <a href="5.html">News</a>
    </nav>
</header>
```

링크들을 모아놓은 메뉴를 [01]
'내비게이션 바(Navigation Bar)' 라고 부릅니다.
내비게이션 바 구역에는 nav 태그를 사용합니다.

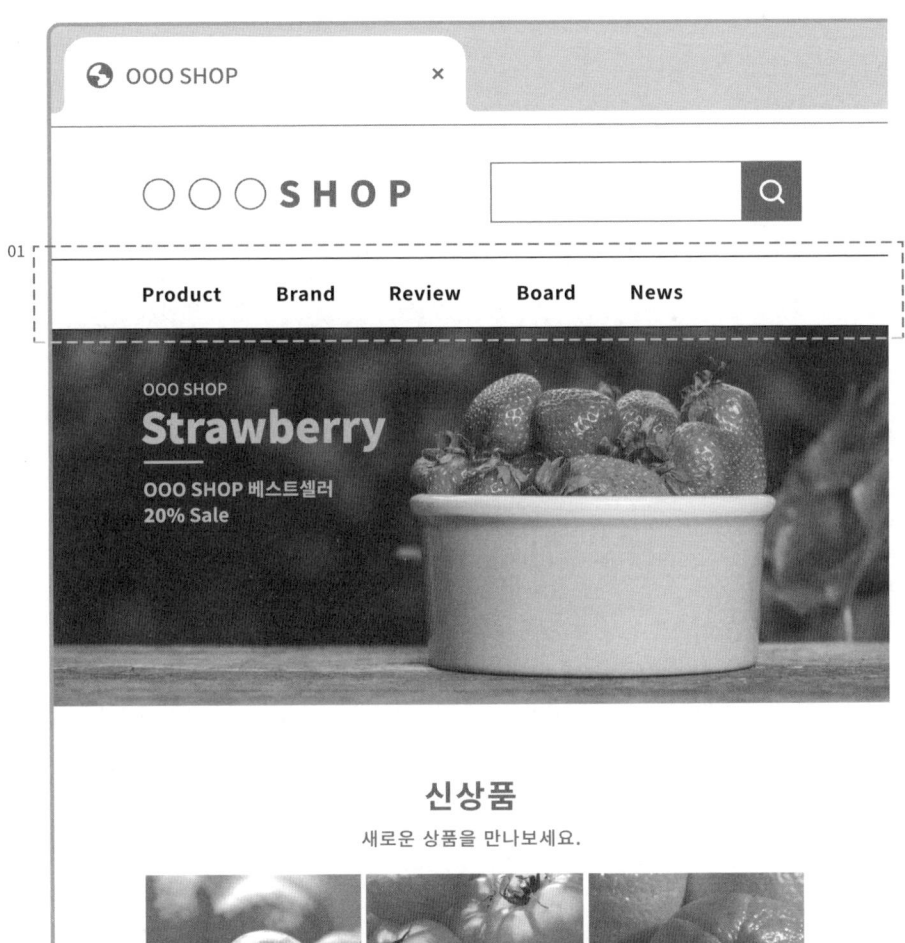

01

세 번째.

section 태그입니다.

```
01  <section>
        <img src="banner.jpg">
    </section>
02  <section>
        <h2>신상품</h2>
        ...
    </section>
```

웹 사이트의 컨텐츠는 주제별로 구역을 나눌 수 있습니다.
광고용 이미지들을 모아둔 배너 구역과 [01]
신상품 구역이 [02]
그 예시입니다.
section 태그는 '**주제별로 나뉜 컨텐츠 구역**'을 표시할 때 사용합니다.

네 번째.
footer 태그입니다.

```
<footer>
    <span>(주)○○○ SHOP</span>
    <address>
        주소 : 서울특별시 강동구<br>
        고객센터 : ○○-○○○○-○○○○
    </address>
    <span>
        Copyright:(주)○○○ SHOP
    </span>
</footer>
```

웹 사이트의 최하단에는
사이트의 저작권 정보, 연락처, 사이트맵 등의 정보가 모여 있습니다. [01]
해당 구역을 '**푸터(Footer)**'라고 부릅니다.
푸터 구역에는 footer 태그를 사용합니다.

01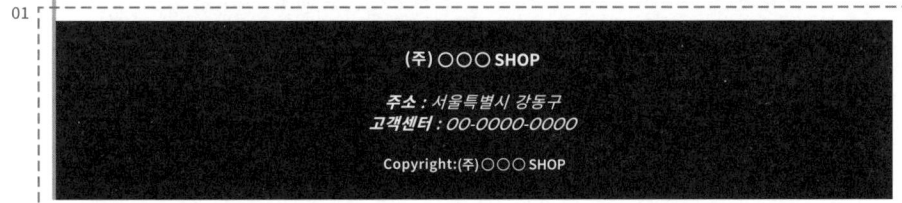

21. 구역 만들기

다섯 번째.
address 태그입니다.

```
<footer>
    <span>(주)○○○ SHOP</span>
    <address>
        주소 : 서울특별시 강동구<br>
        고객센터 : ○○-○○○○-○○○○
    </address>
    <span>
        Copyright:(주)○○○ SHOP
    </span>
</footer>
```

이메일, 주소, 전화번호, URL 등의 **'연락처 정보를 담고 있는 구역'**에는 01 address 태그를 사용합니다.

address 태그 안에 입력한 글자는 웹 브라우저에서 **이탤릭체**로 표시됩니다. 글자의 기울임이 없도록 하려면, CSS의 font-style 속성을 사용하면 됩니다.

<예시> **address { font-style:normal; }**

- **header 태그**
- **nav 태그**
- **section 태그**
- **footer 태그**
- **address 태그**

이들을 '**시맨틱 태그**(Semantic Tag)'라고 부릅니다.
시맨틱 태그에는 위 5가지 태그 외에도
main 태그, article 태그, aside 태그 등이 있습니다.

한 줄 요약

header
nav
section
footer
address

구역을 만드는 태그다.

header

| img | input |

nav

| a | a | a | a |

section

p

| img | img | img |

footer

address

p

22
HTML 문법

```
<a href="URL">바로가기</a>
```

`목차 15` ~ `목차 21` 에서는 다양한 HTML 태그를 배웠습니다.
이번 목차에서는 해당 태그들의 **'문법'**을 알려드리면서
HTML 공부를 마무리하겠습니다.

첫 번째.
HTML의 구성 요소별 명칭은 다음과 같습니다.

<a href="URL">
바로가기
</a>

홑화살괄호	<a href="URL">바로가기</a>
태그명	<a href="URL">바로가기</a>
속성	<a href="URL">바로가기</a>
등호	<a href="URL">바로가기</a>
큰따옴표	<a href="URL">바로가기</a>
속성값	<a href="URL">바로가기</a>
내용물	<a href="URL">바로가기</a>
시작태그	<a href="URL">바로가기</a>
종료태그	<a href="URL">바로가기</a>

두 번째.

HTML 코드의 표기 방법은 다음과 같습니다.

태그는 **시작태그**와 **종료태그**로 구성됩니다.
예외적으로 img 태그, input 태그 등의 일부 태그는 시작태그만 있습니다.

<a href="URL"> 바로가기 </a>
　　시작태그　　　　　　　　　　종료태그

시작태그는 **홑화살괄호(<>)** 안에 입력합니다.

<a href="URL"> 바로가기 </a>
　　시작태그

종료태그는 **홑화살괄호(<>)** 안에 입력하되, 태그명 앞에 **빗금(/)**을 붙여야 합니다.

<a href="URL"> 바로가기 </a>
　　　　　　　　　　　　　　　종료태그

시작태그에는 **속성**과 **속성값**을 입력할 수 있습니다.

<a href="URL"> 바로가기 </a>
　　시작태그

속성과 속성값은 **등호(=)**로 연결합니다.

<a href="URL"> 바로가기 </a>
　　　속성　　　속성값

속성값은 **큰따옴표("")** 안에 입력합니다.

<a href="URL"> 바로가기 </a>
　　　　　　속성값

태그끼리는 포함이 가능합니다.
다른 태그를 포함하는 태그를 **부모태그** [01]
다른 태그에 포함된 태그를 **자식태그**[02] 라고 합니다.
부모태그에 CSS 속성을 적용하면 자식태그에도 상속됩니다.
ul 태그(부모태그)에 `color:red;` 코드를 적용하면
li 태그(자식태그)에도 해당 코드가 적용되는 것을 의미합니다.
다만, 상속이 적용되지 않는 예외의 경우도 있습니다.

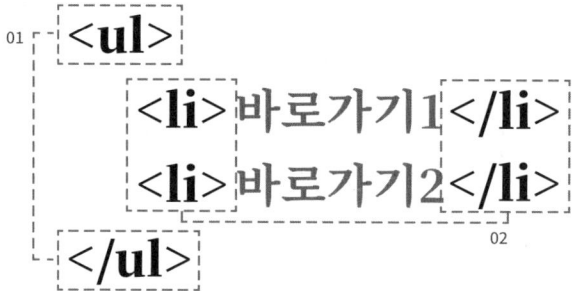

세 번째.

HTML 구성 요소 중

'**태그**'는 내용물이 무엇을 의미하는지 표시해 둔 일종의 이름표입니다.

각 태그의 의미는 목차 15 ~ 목차 21 에서 모두 배웠습니다.

<a href="URL">
바로가기
</a>

h1~h6	제목1 ~ 제목6
p	문단
ol	순서 있는 목록
ul	순서 없는 목록
li	항목
a	링크
img	사진
table	표
caption	표의 설명
⋮	⋮

이처럼 대부분의 태그는 의미가 있으나, 그렇지 않은 태그도 있습니다.
`목차 3` ~ `목차 13`의 예제에서 줄곧 사용했던 '**div 태그**'가 이에 해당합니다.

```
<style>
    div { font-size:80px; }
</style>
<div>나무</div>
```

다음의 두 태그는 큰 의미 없이
'**CSS 코드를 적용하기 위한 목적**'으로 사용합니다.

· div 태그

· span 태그

예를 들어 다음과 같이
바랬다의 글자 색만 회색으로 바꾸고 싶을 수 있습니다.

빛이 바랬다

하지만 해당 내용물(**바랬다**)은
제목, 문단 등과 같이 의미 있는 내용물이 아니다 보니
마땅히 사용할 태그가 없습니다.
내용물이 태그로 감싸져 있지 않으면
CSS 코드 적용을 위한 '**선택자**'를 지정할 수 없습니다.

이럴 때 'CSS 선택자를 지정하기 위한 목적'으로
div 태그 또는 span 태그를 사용합니다.
두 태그의 차이점은 이번 목차에서 곧 다룰 예정입니다.

```
<style>
    span { color:grey; }
</style>
빛이 <span>바랬다</span>
```

네 번째.
'속성'과 '속성값'에 대해 알아보겠습니다.

<a href="URL">
바로가기
</a>

속성과 속성값은 태그를 '**보충 설명**'할 때 사용하는 코드입니다.

예를 들어
a 태그를 사용할 때 다음과 같이 코드를 입력하면
<a>바로가기</a>
내용물(**바로가기**)을 클릭했을 때 특정 웹 사이트로 이동할 수 없습니다.

href 속성을 사용해서
웹 사이트의 주소를 입력해 두어야 합니다.
<a **href="OOO.com"**>바로가기1</a>
<a **href="OOOOO.com"**>바로가기2</a>

마찬가지로

img 태그를 사용할 때 다음과 같이 코드를 입력하면

<img>

웹 브라우저에 이미지를 불러올 수 없습니다.

src 속성을 사용해서

이미지 경로를 입력해 두어야 합니다.

<img **src="images/flower.jpg">**

<img **src="images/tree.jpg">**

이를 통해 두 가지 내용을 알 수 있습니다.

· **태그마다 사용할 수 있는 속성이 다를 수 있습니다.**
· **하나의 속성에는 다양한 속성값이 존재할 수 있습니다.**

다섯 번째.
태그의 성질을 알아보겠습니다.

각 태그는 '**블럭(Block)**' 또는 '**인라인(Inline)**' 중
하나의 성질을 가집니다.
다음의 내용을 따라 해보며
두 성질의 차이점을 살펴보세요.

웹 브라우저에 배경색이 회색인 **나무** 글자를 써보겠습니다.

한 번은 div 태그를 [01]

한 번은 span 태그를 사용해보겠습니다. [02]

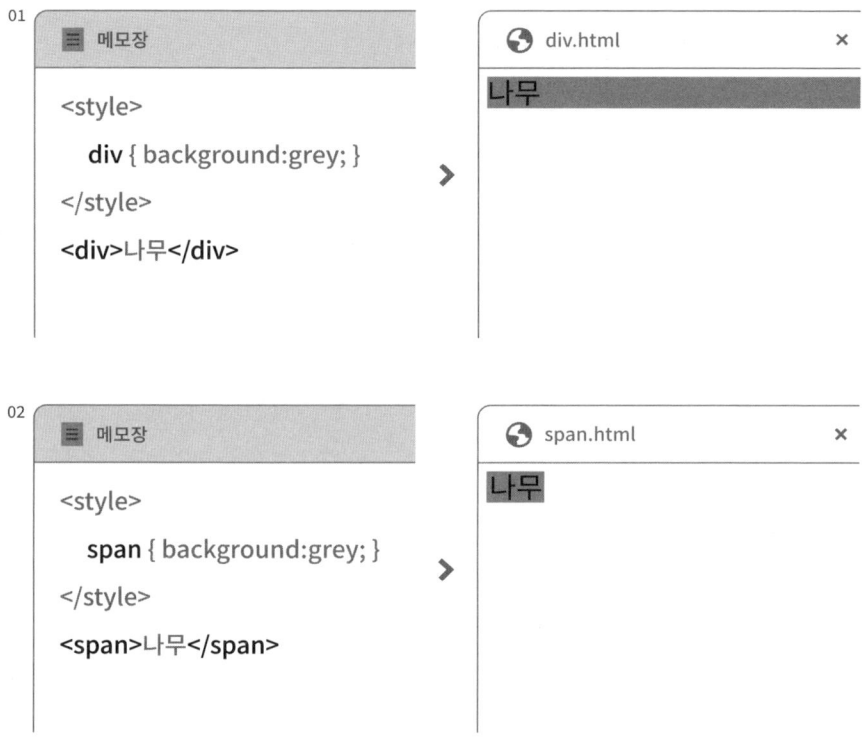

22. HTML 문법

div 태그를 사용하면
내용물(**나무**)의 크기와 상관없이
웹 브라우저의 가로 길이만큼 배경색이 적용되는 반면
span 태그를 사용하면
내용물(**나무**)의 크기만큼만 배경색이 적용됩니다.

동일한 CSS 코드(**background:grey;**)를 적용했음에도
결과 화면이 다른 이유는
div 태그와 span 태그의 성질이 다르기 때문입니다.

div 태그는 '**블럭**' 성질이고
span 태그는 '**인라인**' 성질입니다.

태그가 블럭 성질인 경우
다음과 같은 특징이 있습니다.

· 내용물의 크기와 상관없이 인터넷 창에서 한 줄의 공간을 차지합니다.
  이에 따라 앞, 뒤에 있는 내용물이 줄 바꿈 되어 배치됩니다.

· CSS의 width 속성과 height 속성을 사용해서
  내용물의 가로, 세로 길이를 변경할 수 있습니다.

태그가 인라인 성질인 경우
다음과 같은 특징이 있습니다.

· 내용물은 본인의 크기만큼만 공간을 차지합니다.
  이에 따라 앞, 뒤에 있는 요소와 줄 바꿈 없이 나란히 배치됩니다.

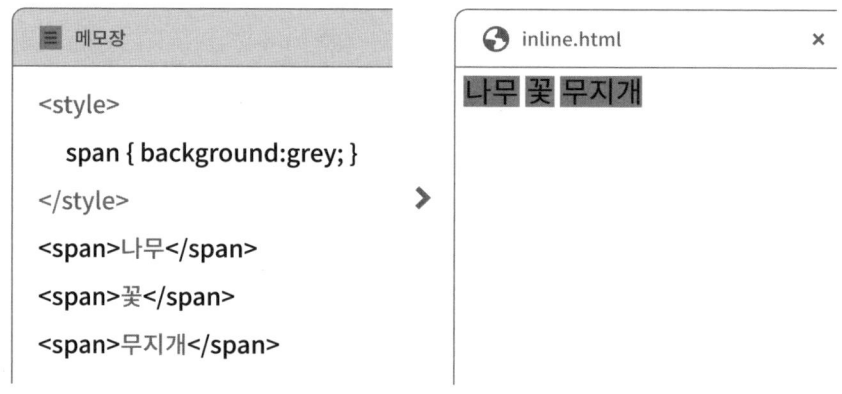

· CSS의 width 속성과 height 속성을 사용해도
  내용물의 가로, 세로 길이를 변경할 수 없습니다.

다음의 표를 통해 목차 15 ~ 목차 21 에서 다룬 태그들의 성질을 살펴보세요.

블럭 성질 태그

address　div　footer　form

h1~h6　header　li　nav

ol　p　section　table

tfoot　ul

인라인 성질 태그

a　button　img　input

label　span

여섯 번째.

HTML 코드는 반드시 정해진 **'기본 형식'**에 맞춰서 작성해야 합니다.
해당 형식은 암기해두는 것이 좋습니다.

style 태그는 [01]
HTML 내용물에 CSS 코드를 적용할 경우에만 입력하면 됩니다.

```
<!doctype html>
<html>
    <head>
        <meta charset="utf-8">
        <title>GIL-DONG</title>
        <style>
            a { color:green; }
        </style>
    </head>
    <body>
        <a href="URL">바로가기</a>
    </body>
</html>
```

01 — style block

'title 태그' 안에는 웹 사이트의 이름을 입력합니다.
입력한 내용은 웹 브라우저의 상단 탭에 [01] 표시됩니다.
title 태그를 사용하지 않으면, 메모장 저장 시 입력한 파일명이 자동으로 표시됩니다.

```
...
<meta charset="utf-8">
<title>GIL-DONG</title>
<style>
    a { color:green; }
</style>
...
```

'**style 태그**' 01 안에는 CSS 코드를
'**body 태그**' 02 안에는 웹 사이트에 실제로 보이는 내용물을 입력해야 합니다.
목차 15 ~ 목차 21 에서 다룬 태그들은 모두 body 태그 안에 입력하도록 합니다.

```
...
    <meta charset="utf-8">
    <title>GIL-DONG</title>
01  <style>
        a { color:green; }
    </style>
  </head>
02  <body>
      <a href="URL">바로가기</a>
    </body>
</html>
```

이로써 HTML 공부를 모두 마쳤습니다.
다음부터는 CSS 심화 공부를 시작하겠습니다.

23
배치하기(1)

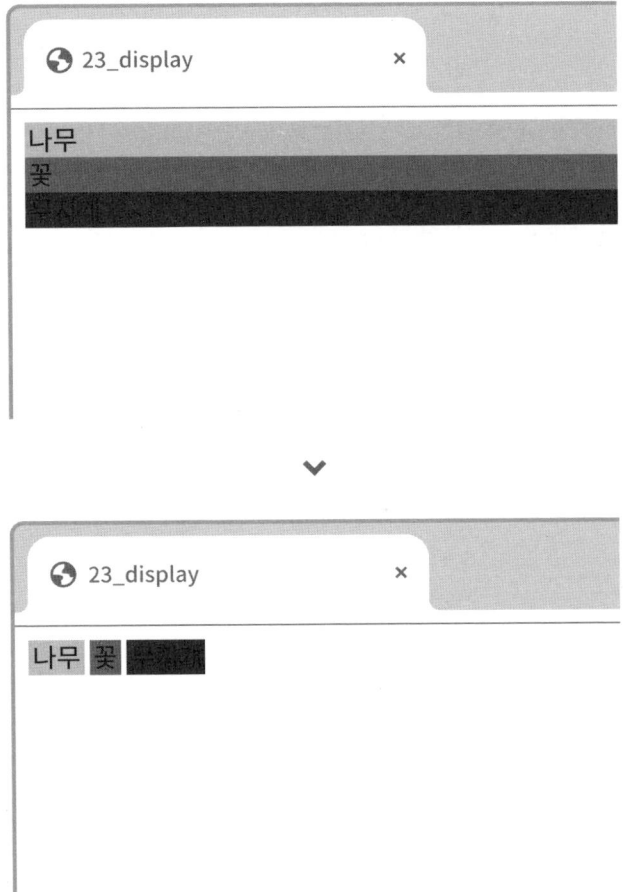

컨텐츠에 대한 집중도는
내용물을 어떻게 배치하느냐에 따라 달라집니다.
경우에 따라, 상 → 하의 흐름이 좋을 수도 있고
좌 → 우의 흐름이 효과적일 수도 있습니다.

내용물의 진열 방향을 최초로 결정하는 것은
태그의 기본 성질입니다.
필요에 따라, 기본 성질을 다른 성질로 변경할 수 있어야 합니다.

[예제 23] 태그의 성질 바꾸기

```
<!doctype html>
<html>
    <head>
        <meta charset="utf-8">
        <title>23_display</title>
    </head>
    <body>
    </body>
</html>
```

1 **[메모장]**을 새로 열어 '**HTML 문서의 기본 형식**'을 입력합니다.
  HTML 문서의 기본 형식은 **목차 22** 를 참고하세요.

```
<!doctype html>
<html>
    <head>
        <meta charset="utf-8">
        <title>23_display</title>
    ❶ <style>
            #tree { background:#dadada; }
            #flower { background:#9d9d9d; }
            #rainbow { background:#575757; }
        </style>
    </head>
    ❷ <body>
        <div id="tree">나무</div>
        <div id="flower">꽃</div>
        <div id="rainbow">무지개</div>
    </body>
</html>
```

2 'style 태그(❶)' 안에는 CSS 코드를 입력하고
'body 태그(❷)' 안에는 HTML 코드를 입력합니다.

3 파일명을 **23_display.html**로 저장 후 [크롬]에서 확인합니다. 3개의 내용물이 생겼습니다. '**나무(①)**', '**꽃(②)**', '**무지개(③)**'

```
23_display - 메모장
파일    편집    보기

<!doctype html>
<html>
    <head>
        <meta charset="utf-8">
        <title>23_display</title>
        <style>
            div { display:inline; }
            #tree { background:#dadada; }
            #flower { background:#9d9d9d; }
            #rainbow { background:#575757; }
        </style>
    </head>
    <body>
        <div id="tree">나무</div>
        <div id="flower">꽃</div>
        <div id="rainbow">무지개</div>
    </body>
</html>
```

4 세로 방향으로 나열된 **나무, 꽃, 무지개**를 가로 방향으로 배치하기 위해 [**메모장**]에 위 코드를 추가합니다.

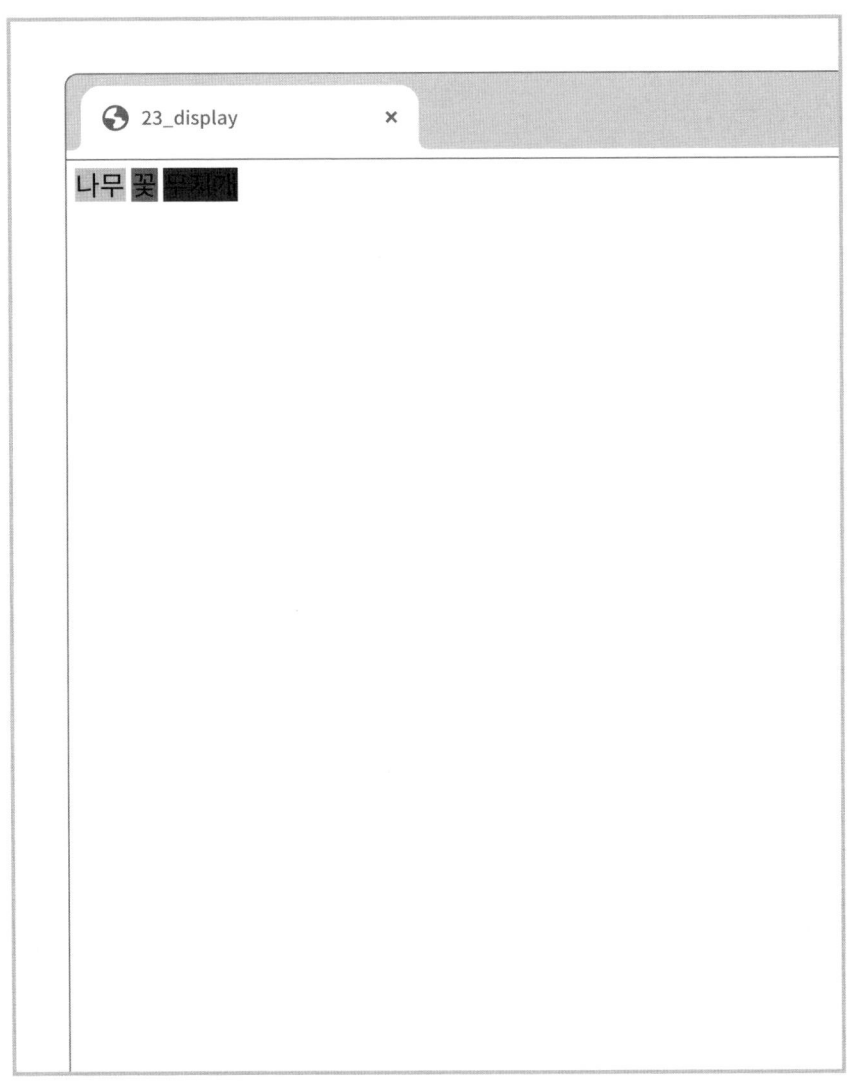

5 파일 저장 후 [크롬]에서 확인합니다.
　나무, 꽃, 무지개의 배치 방향이 바뀌었습니다.

태그의 성질을 인라인으로 변경하는 코드는 다음과 같습니다.
태그의 성질이 인라인인 경우, 내용물이 가로 방향으로 나열됩니다.

div { **display:inline;** }

display는 **'진열한다'**는 의미로
해당 코드를 해석하면 다음과 같습니다.
'div 태그의 내용물을 인라인 성질과 같이 진열한다.'

display 속성값으로는
inline 외에도 block, inline-block, none 등을 입력할 수 있습니다.

inline
'**인라인**' 성질과 같이
진열합니다.

block
'**블럭**' 성질과 같이
진열합니다.

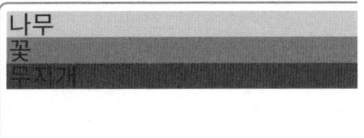

inline-block
'**인라인-블럭**' 성질과 같이
진열합니다.
인라인-블럭의 의미는
다음 페이지를 통해 살펴보세요.

none
'**아무것도 없도록**'
진열합니다.
none을 입력할 경우
웹 브라우저에서 내용물이
사라집니다.

inline-block(인라인-블럭) 성질은

태그가 인라인과 블럭 성질을 동시에 지니는 것을 의미합니다.

이에 따라, 내용물의 크기만큼만 영역을 차지하는 **'인라인 성질'**을 지님과 동시에 내용물의 가로, 세로 길이를 변경할 수 있는 **'블럭 성질'**도 가지게 됩니다.

한 줄 요약

display

내용물의 진열 방식을 변경한다.

01 `#coffee { display:inline; }`

02 `#radio { display:inline; }`

03 `#book { display:inline; }`

04 `#storage-box { display:block; }`

05 `#table { display:block; }`

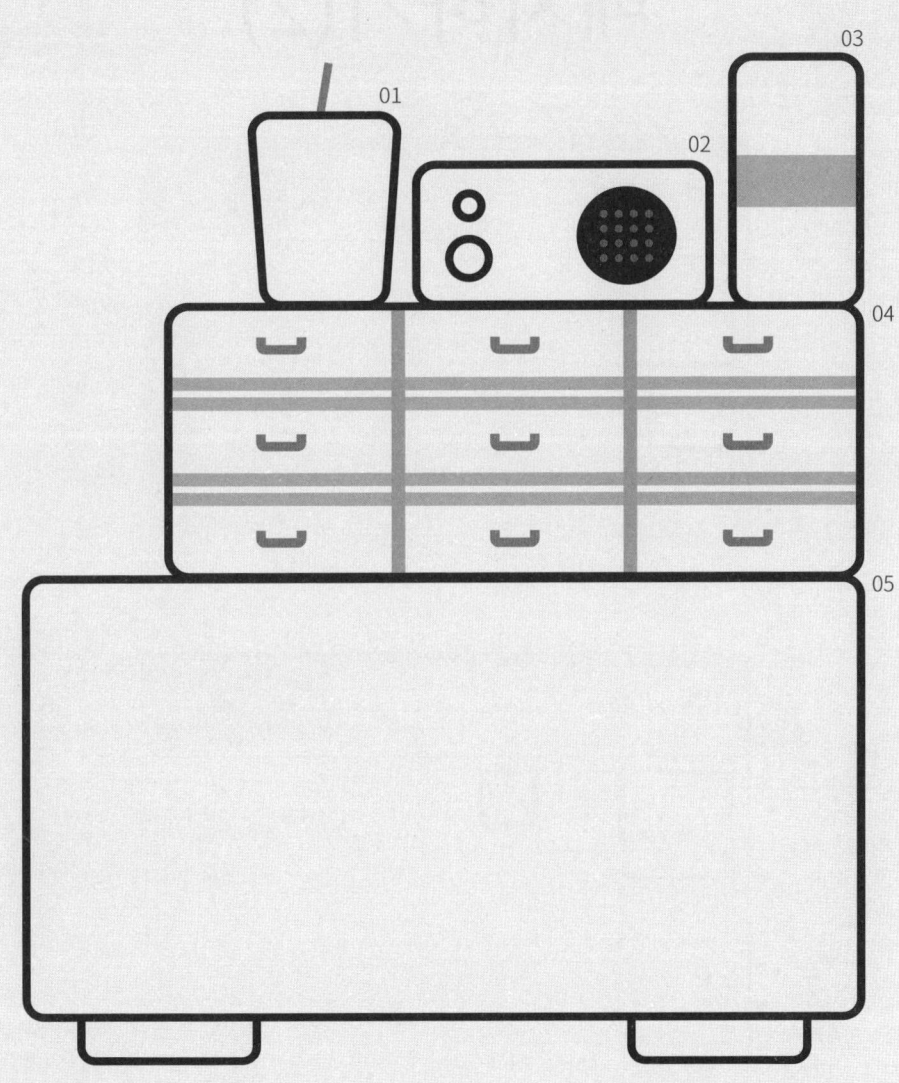

24
배치하기(2)

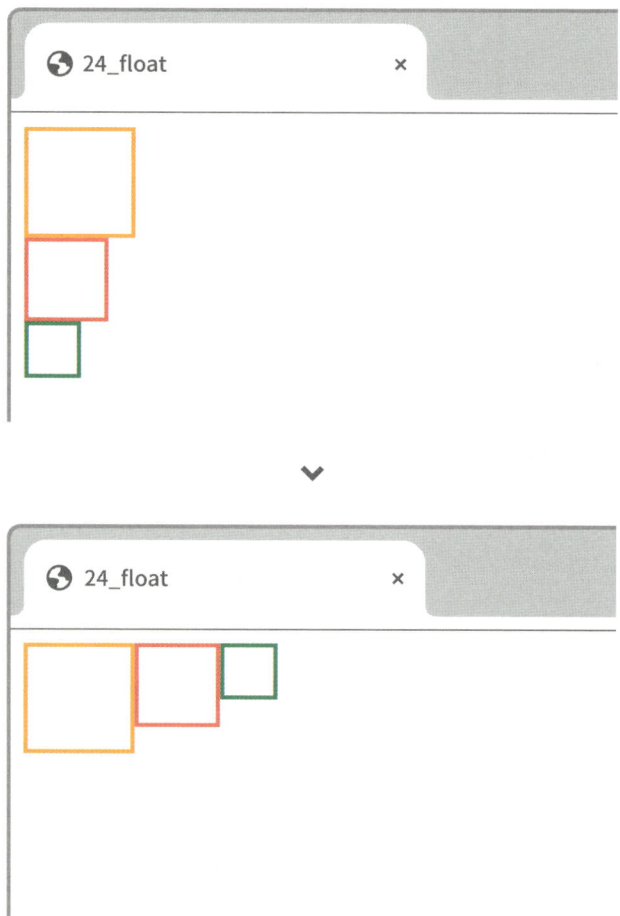

이번 목차에서는
세로 방향으로 나열된 내용물을 가로 방향으로 배치하는
두 번째 방법을 알려드립니다.

[예제 24] 세로 방향으로 나열된 내용물을 가로 방향으로 배치하기

```
<!doctype html>
<html>
    <head>
        <meta charset="utf-8">
        <title>24_float</title>
    </head>
    <body>
    </body>
</html>
```

1 [메모장]을 새로 열어 'HTML 문서의 기본 형식'을 입력합니다.

```
■ 제목 없음 - 메모장
파일    편집    보기
            ...
            <title>24_float</title>
❶   ┌── <style>
    │       #box-a { width:70px; height:70px;
    │                   border:3px solid #fdc75f; }
    │       #box-b { width:50px; height:50px;
    │                   border:3px solid #f18c94; }
    │       #box-c { width:30px; height:30px;
    │                   border:3px solid #4cb691; }
    └── </style>
        </head>
❷   ┌── <body>
    │       <div id="box-a"></div>
    │       <div id="box-b"></div>
    │       <div id="box-c"></div>
    └── </body>
        </html>
```

2 'style 태그(❶)' 안에는 CSS 코드를 입력하고
'body 태그(❷)' 안에는 HTML 코드를 입력합니다.

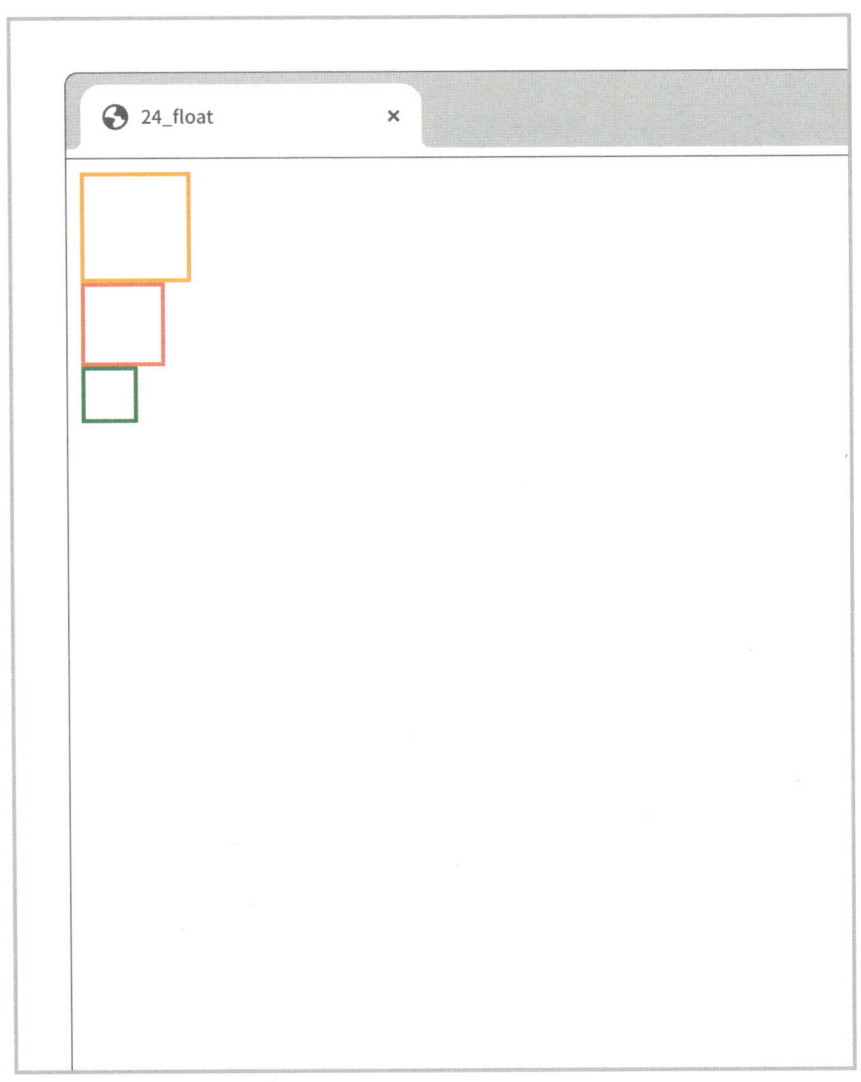

3 파일명을 **24_float.html**로 저장 후 **[크롬]**에서 확인합니다.
3개의 사각형이 세로 방향으로 나열되어 있습니다.

```
24_float - 메모장
파일   편집   보기
            ...
         <style>
            #box-a { width:70px; height:70px;
                     border:3px solid #fdc75f;
                     float:left; }
            #box-b { width:50px; height:50px;
                     border:3px solid #f18c94;
                     float:left; }
            #box-c { width:30px; height:30px;
                     border:3px solid #4cb691;
                     float:left; }
         </style>
      </head>
      <body>
         <div id="box-a"></div>
         <div id="box-b"></div>
         <div id="box-c"></div>
      </body>
</html>
```

4 [메모장]으로 돌아와서 위 코드를 추가합니다.

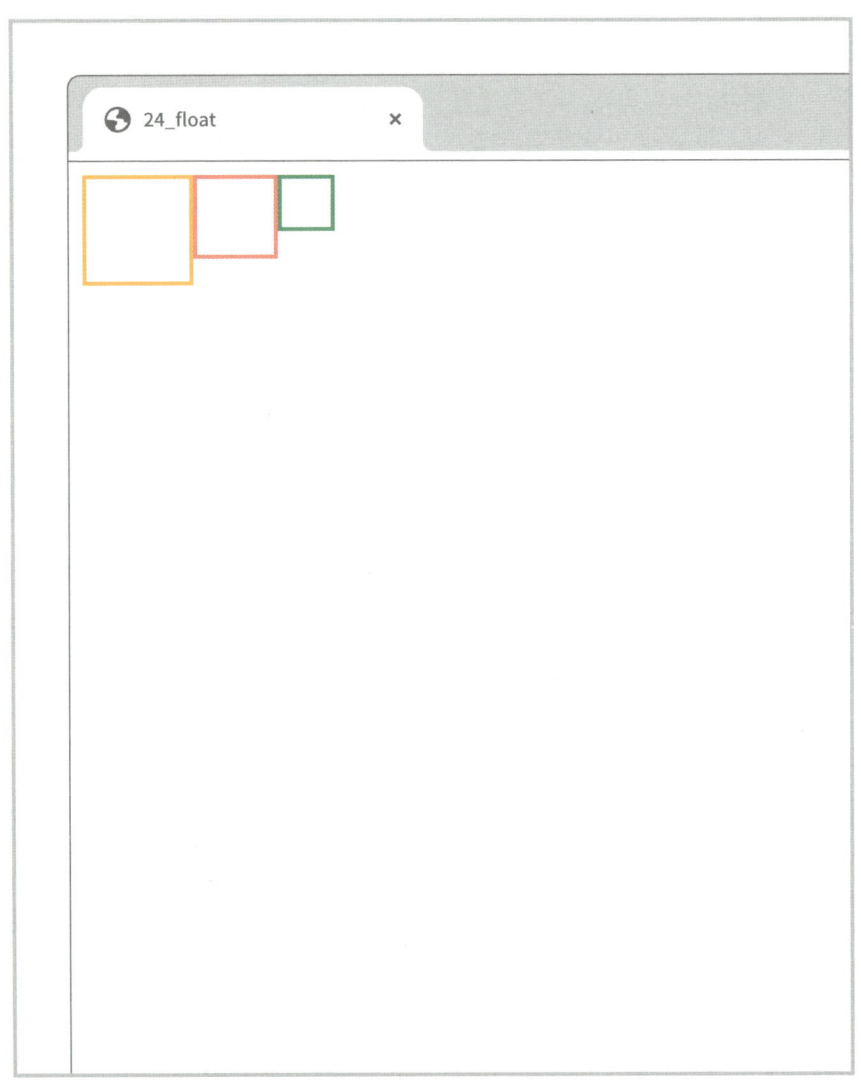

5 파일 저장 후 **[크롬]**에서 확인합니다.
   사각형 3개의 배치 방향이 가로로 바뀌었습니다.

세로 방향으로 나열된 내용물을
가로 방향으로 배치하는 코드는 다음과 같습니다.
`float:left;`의 의미는 다음 페이지를 통해 살펴보세요.

...

\#box-a { ··· **float:left;** }

\#box-b { ··· **float:left;** }

\#box-c { ··· **float:left;** }

...

1
웹 브라우저에
3개의 사각형이 있습니다.

☐ **A 사각형**
☐ **B 사각형**
☐ **C 사각형**

2
이 모습을
다른 각도에서 바라보면
다음과 같습니다.

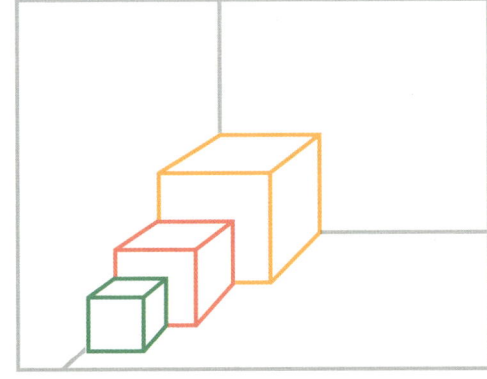

3
이 상태에서
A 사각형에 [01]
`float:left;` 코드를
적용합니다.
float: (공중에서) 떠돌다.

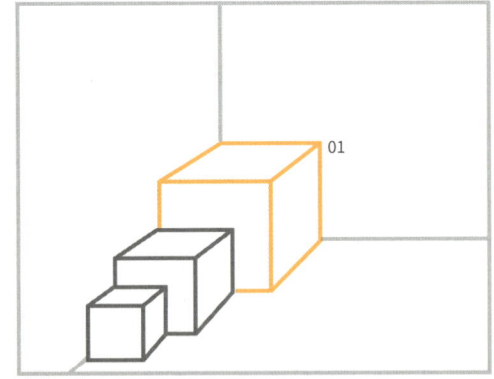

4
그러면
A 사각형이 [01]
왼쪽으로 떠오릅니다. [02]

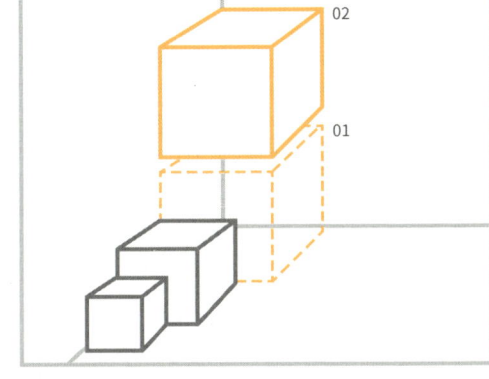

5
그 결과
B, C 사각형은 [01]
A 사각형이 있던 곳으로 [02]
이동합니다. [03]

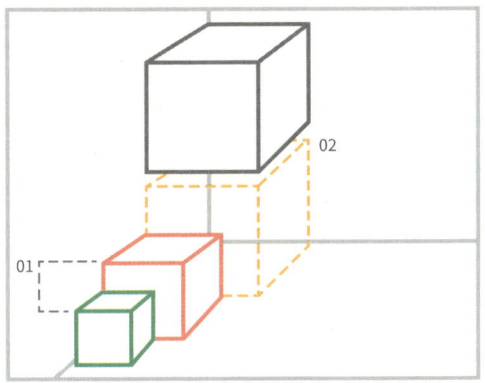

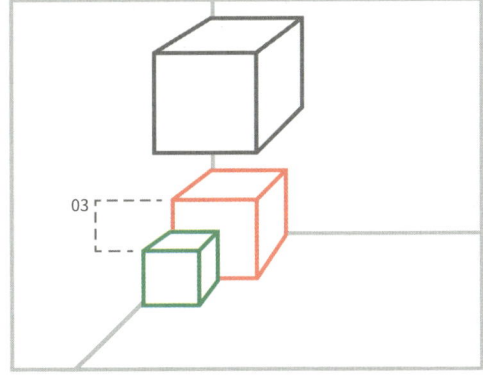

6
B, C 사각형이
이동한 모습은
다음과 같습니다.

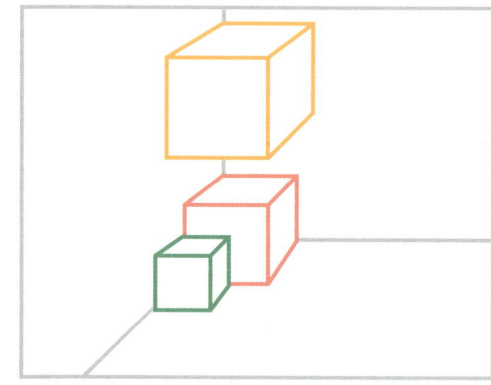

7
이 모습을
위에서 바라보면
다음과 같습니다.

8
이번에는
B 사각형에 [01]
`float:left;` 코드를
적용합니다.

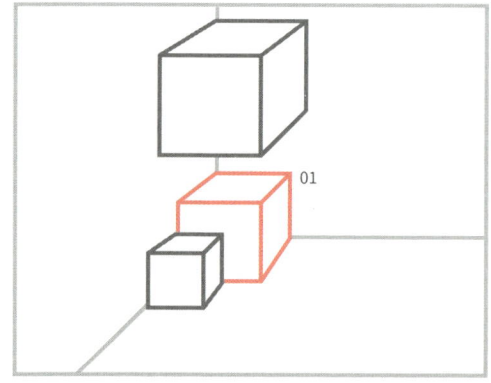

9
그러면
B 사각형이 [01]
왼쪽으로 떠오르면서 [02]
A 사각형 [03] 옆에
붙게 됩니다.

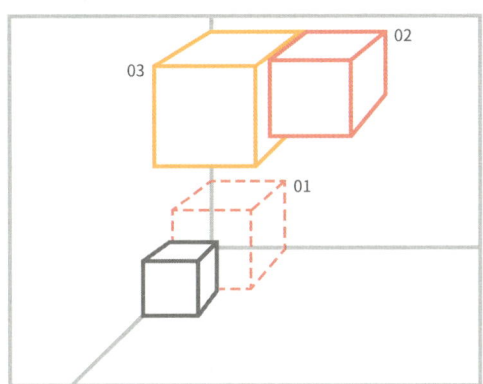

10
그 결과
C 사각형은 [01]
B 사각형이 있던 곳으로 [02]
이동합니다. [03]

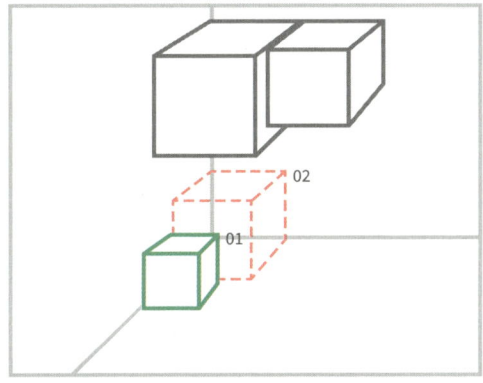

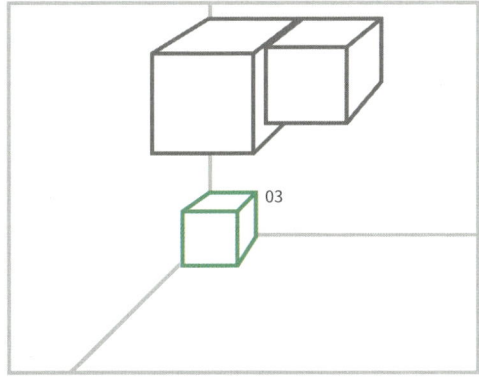

11
C 사각형이
이동한 모습은
다음과 같습니다.

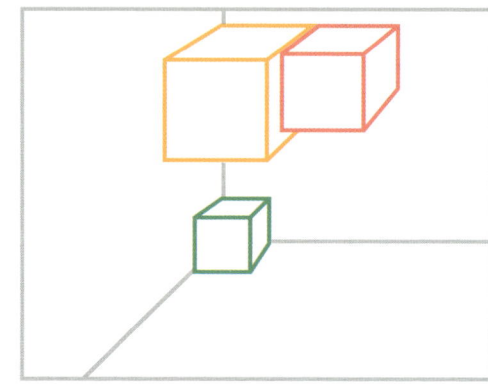

12
이 모습을
위에서 바라보면
다음과 같습니다.

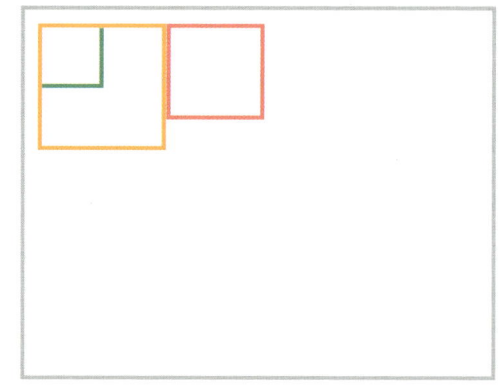

13
마지막으로
C 사각형에 [01]
`float:left;` 코드를
적용합니다.

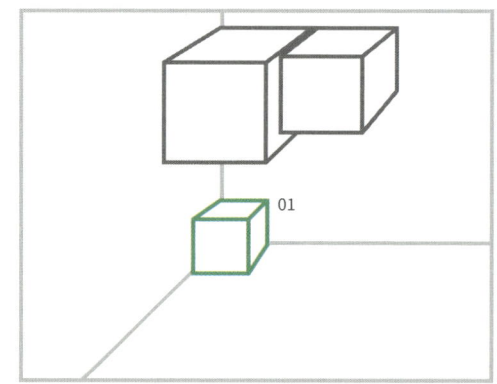

14
그러면
C 사각형이 [01]
왼쪽으로 떠오르면서 [02]
B 사각형 [03] 옆에
붙게 됩니다.

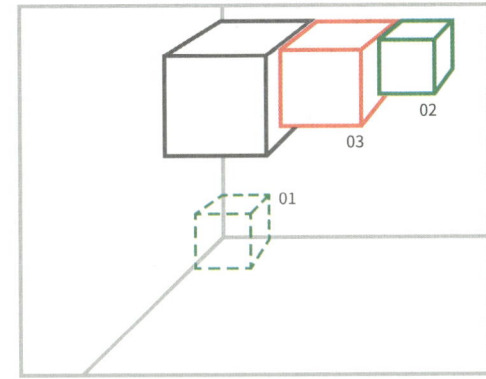

15
C 사각형이
왼쪽으로 떠오른 모습은
다음과 같습니다.

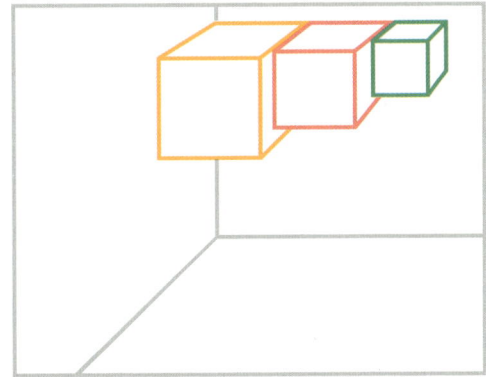

16
이 모습을
위에서 바라보면
다음과 같습니다.

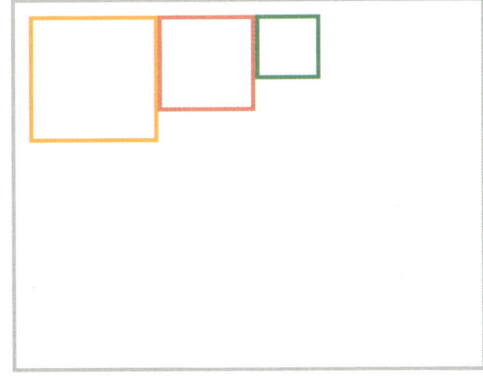

`float:left;`

위 코드를 해석하면 다음과 같습니다.

'**내용물을 왼쪽으로 떠오르게 한다.**'

만약 오른쪽으로 떠오르게 하고 싶다면 left 대신 right를 입력하면 됩니다.

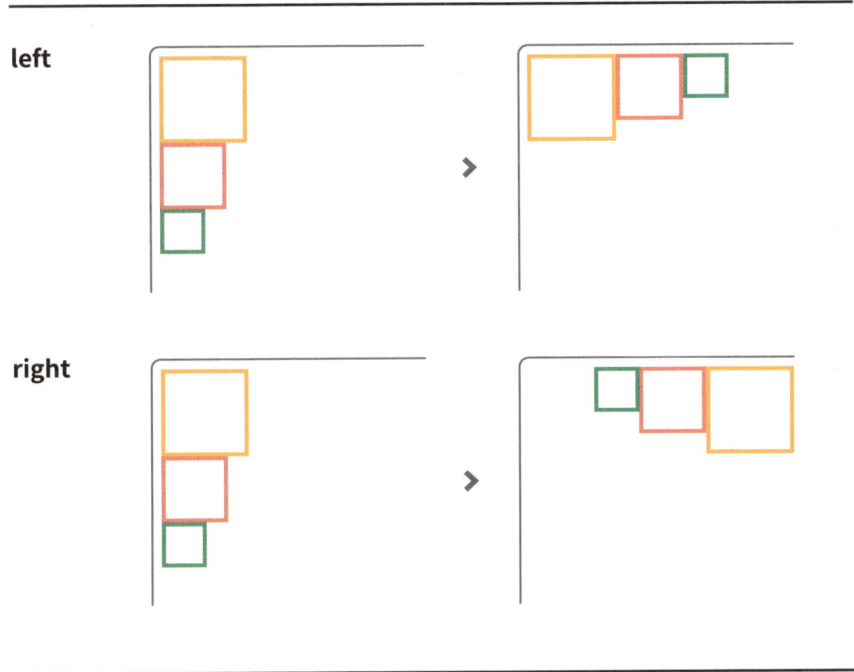

[예제 24]를 통해
세로 방향으로 나열된 3개의 사각형을
가로 방향으로 배치했습니다.

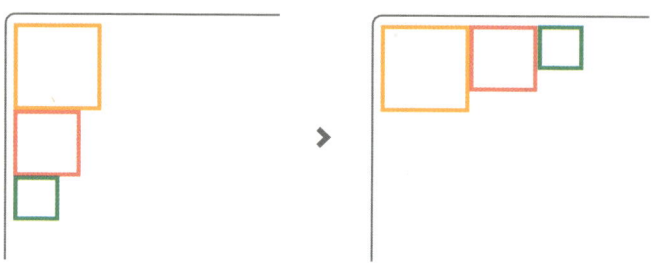

지금부터는 여기에

D 사각형 01 을 다음과 같이 추가해보겠습니다.

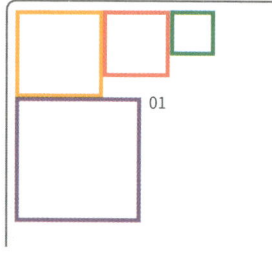

[예제 24]에서 만들어 둔 **24_float.html** 파일 안에 다음의 코드를 추가합니다.

```
...
#box-a { ... float:left; }
#box-b { ... float:left; }
#box-c { ... float:left; }
#box-d { width:100px; height:100px; border:3px solid #a687b8; }
...
<div id="box-a"></div>
<div id="box-b"></div>
<div id="box-c"></div>
<div id="box-d"></div>
...
```

그런데
파일을 저장한 후 크롬에서 확인해 보니
우리가 원하는 **D 사각형**의 위치는 다음과 같은데

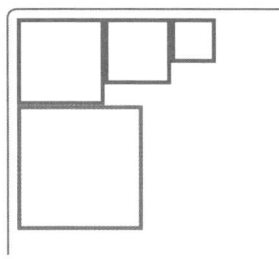

A, B, C 사각형에 적용했던 `float:left;` 코드의 영향으로
D 사각형이 다음과 같이 보입니다.

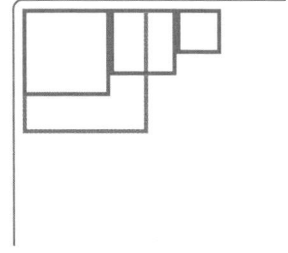

이럴 땐

'**D 사각형부터는 `float:left;` 코드의 영향을 받지 않겠다**'는 의미의
`clear:left;` 코드를 추가하면 됩니다.

clear: 취소하다, 제거하다

```
...
#box-d {
    width:100px;
    height:100px;
    border:3px solid #a687b8;
    clear:left;
}
...
```

만약 **float:right;** 코드의 영향을 받고 싶지 않다면 **clear:right;** 코드를 사용하고 **float:left;**와 **float:right;** 코드의 영향을 모두 받고 싶지 않다면 **clear:both;** 코드를 사용하면 됩니다.

한 줄 요약

float

내용물을 떠오르게 한다.

```
float:right;
```

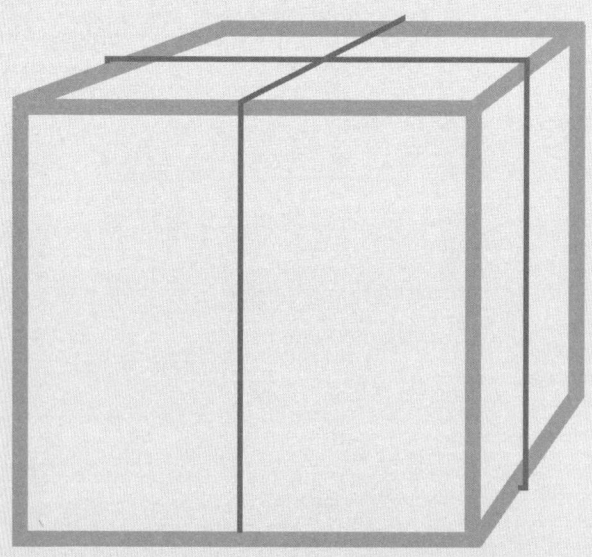

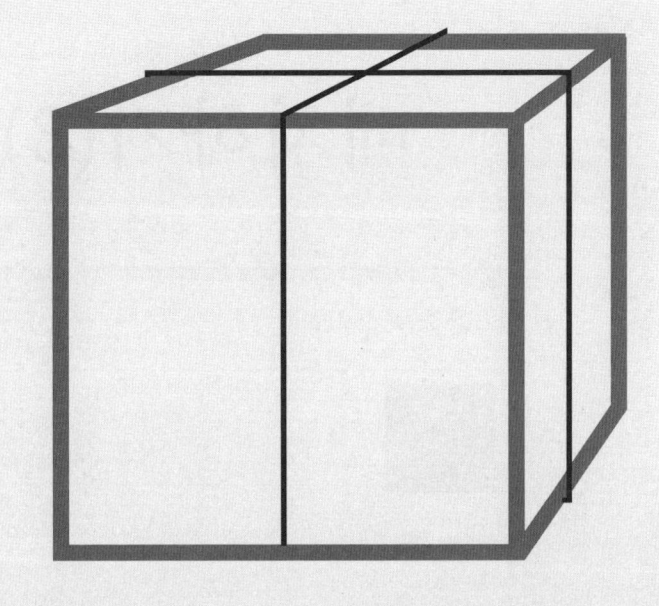

25
배치하기(3)

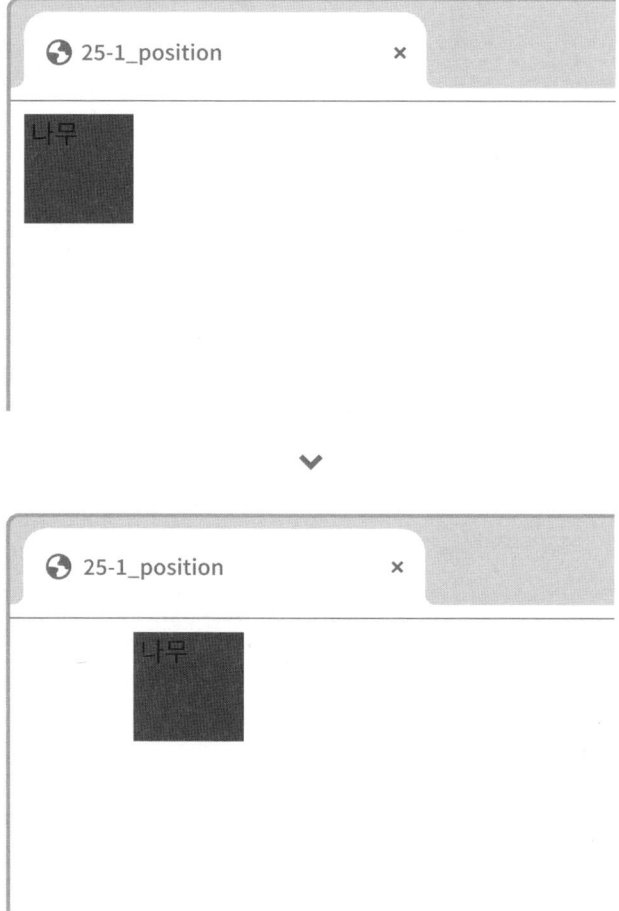

목차 23 ~ 목차 24 에서 다룬 display, float 속성은
내용물을 배치하는 방향(수평 또는 수직)만 조정할 수 있습니다. [01]
이번 목차에서 다루게 될 **'position 속성'**은
내용물의 위치를 자유롭게 지정할 수 있습니다. [02]

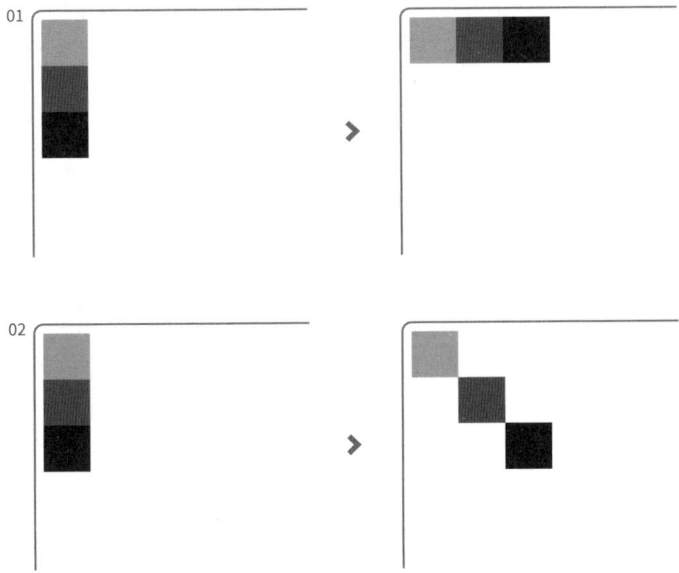

[예제 25-1] 이동하기

```
제목 없음 - 메모장
파일    편집    보기

<!doctype html>
<html>
    <head>
        <meta charset="utf-8">
        <title>25-1_position</title>
    </head>
    <body>
    </body>
</html>
```

1 [메모장]을 새로 열어 'HTML 문서의 기본 형식'을 입력합니다.

```
<!doctype html>
<html>
    <head>
        <meta charset="utf-8">
        <title>25-1_position</title>
        ❶ <style>
            div {
                width:50px;
                height:50px;
                background:grey;
            }
           </style>
    </head>
    ❷ <body>
        <div>나무</div>
       </body>
</html>
```

2 'style 태그(❶)' 안에는 CSS 코드를 입력하고
 'body 태그(❷)' 안에는 HTML 코드를 입력합니다.

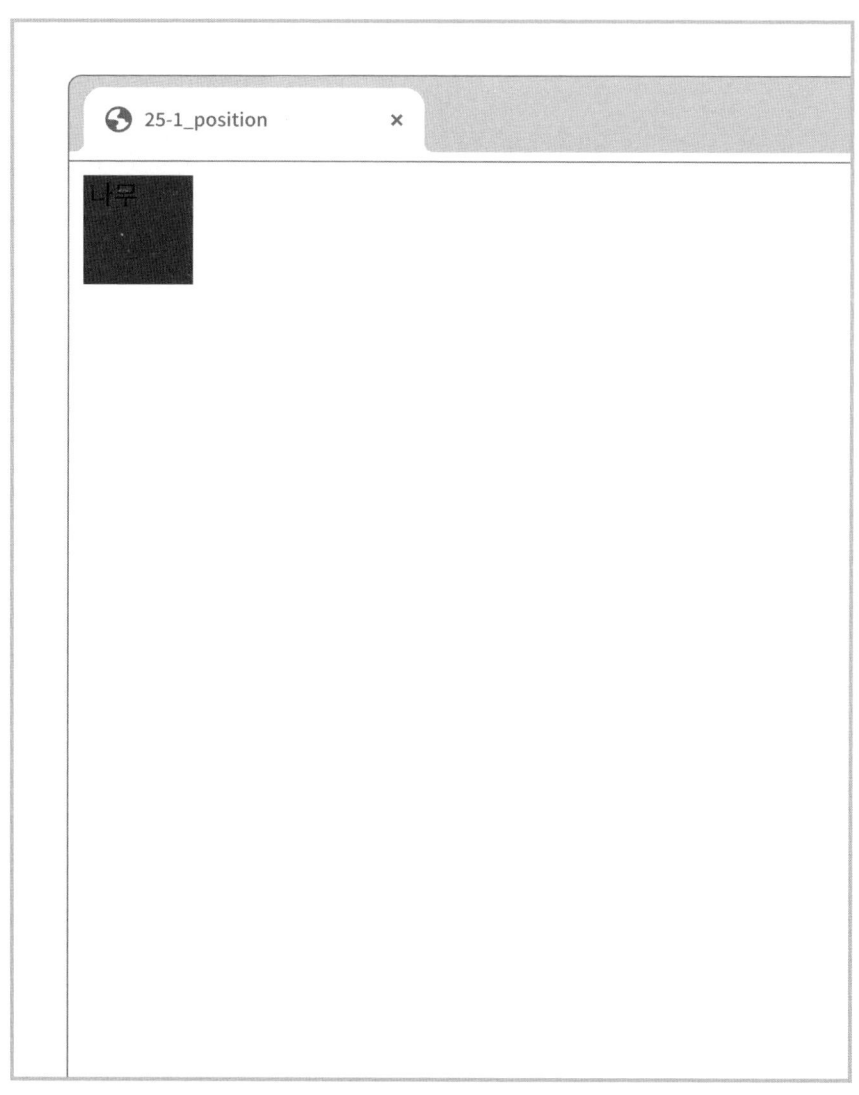

3 파일명을 **25-1_position.html**로 저장 후 **[크롬]**에서 확인합니다.
사각형이 생겼습니다.

```
25-1_position - 메모장
파일   편집   보기

<!doctype html>
<html>
    <head>
        <meta charset="utf-8">
        <title>25-1_position</title>
        <style>
            div {
                width:50px;
                height:50px;
                background:grey;
                position:relative;
                left:50px;
            }
        </style>
    </head>
        ...
    </body>
</html>
```

4 [메모장]으로 돌아와서 위 코드를 추가합니다.

5 파일 저장 후 [크롬]에서 확인합니다. 사각형이 이동했습니다.

내용물을 이동할 때 사용하는 코드는 다음과 같습니다.

```
...
div {
    width:50px;
    height:50px;
    background:grey;
    position:relative;
    left:50px;
}
...
```

position:relative; left:50px;

해당 코드의 의미는

'현재 위치'를 기준으로 이동하라는 뜻입니다.

내용물을 01

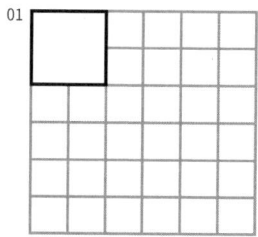

현재 위치를 기준으로
왼쪽에서부터 3칸 이동한다는 것의 의미는
다음과 같습니다.

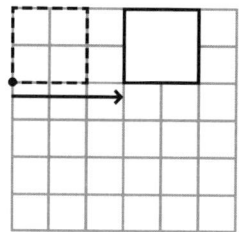

position:relative; left:50px;

해당 코드의 의미는 '**왼쪽에서부터 50px 이동한다**'는 뜻입니다.
left 대신 right, top, bottom을 입력할 수도 있습니다.
입력하는 코드에 따라 내용물의 이동 방향이 달라집니다.

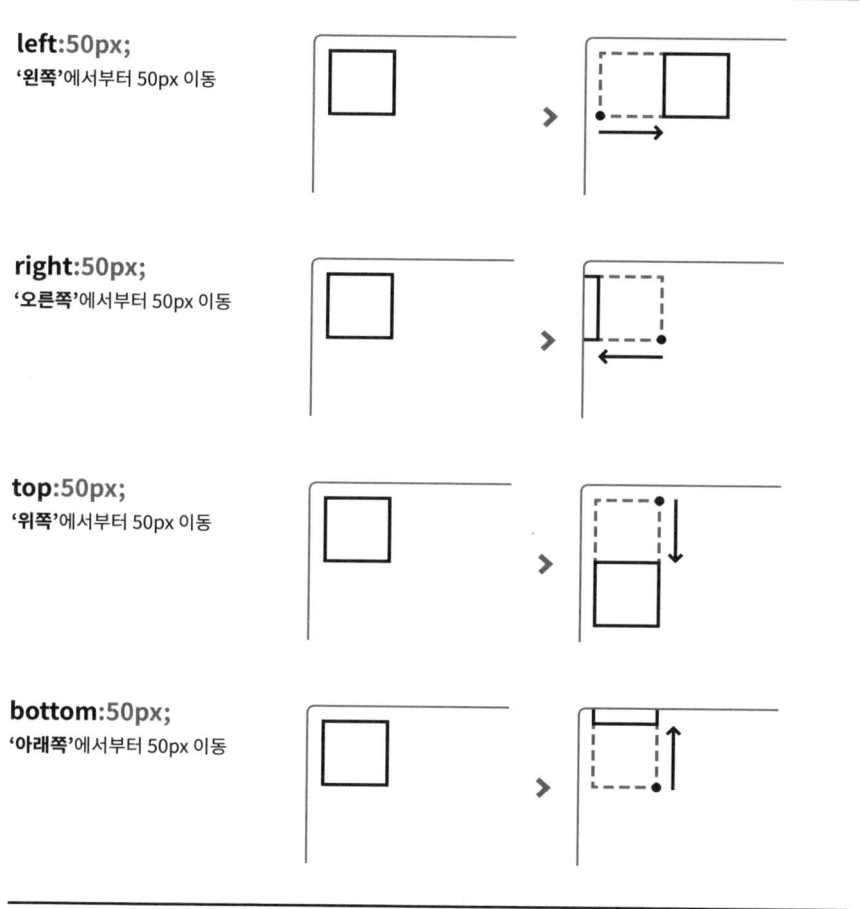

left:50px;
'**왼쪽**'에서부터 50px 이동

right:50px;
'**오른쪽**'에서부터 50px 이동

top:50px;
'**위쪽**'에서부터 50px 이동

bottom:50px;
'**아래쪽**'에서부터 50px 이동

50px 외에도
70px, 90px, 110px 등의 원하는 숫자 값을 입력해서
내용물의 이동 거리를 변경할 수 있습니다.

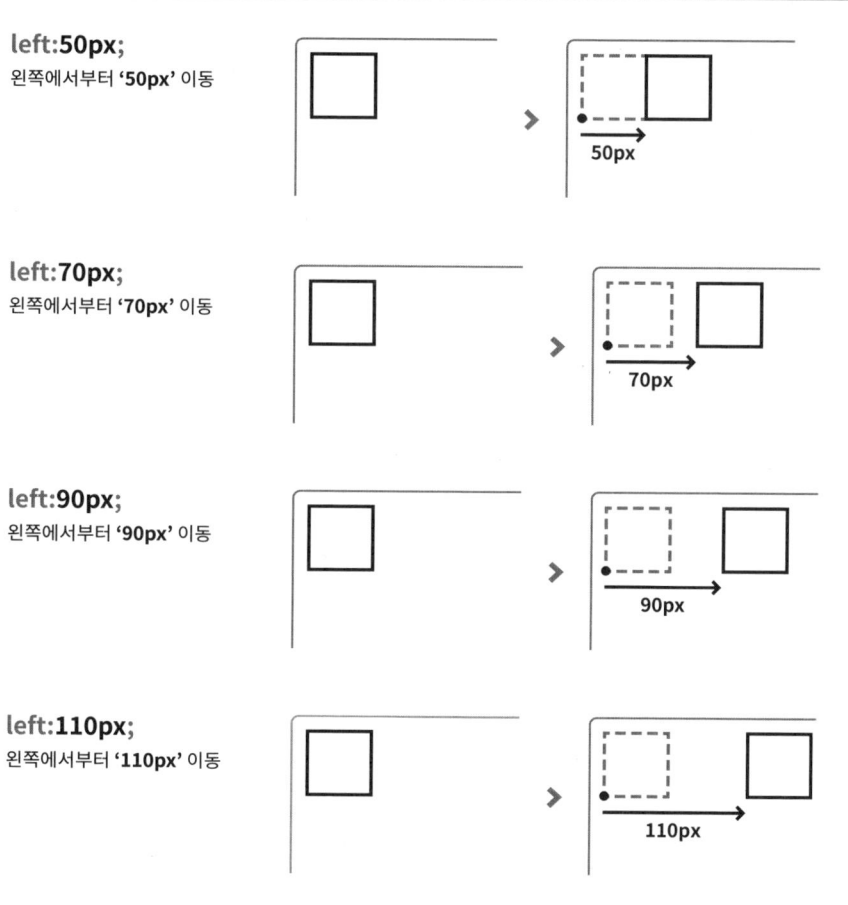

내용물을 이동할 때
현재 위치를 기준점으로 하지 않고
'부모 요소의 위치'를 기준점으로 할 수도 있습니다.

예를 들어보겠습니다.

A 사각형(부모 요소) [01] 안에
B 사각형(자식 요소) [02] 이 있습니다.

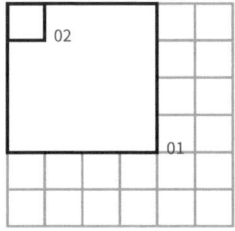

B 사각형(자식 요소)을
A 사각형(부모 요소)의 위치를 기준으로 오른쪽에서부터 1칸 [03]
A 사각형(부모 요소)의 위치를 기준으로 아래쪽에서부터 1칸 [04]
이동하는 것의 의미는 다음과 같습니다.

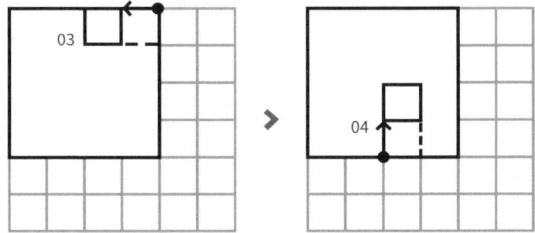

[예제 25-2]를 통해 '부모 요소의 위치'를 기준으로
자식 요소를 이동하는 법을 따라 해 보세요.

[예제 25-2] 이동하기

```
<!doctype html>
<html>
    <head>
        <meta charset="utf-8">
        <title>25-2_position</title>
    </head>
    <body>
    </body>
</html>
```

1 [메모장]을 새로 열어 '**HTML 문서의 기본 형식**'을 입력합니다.

```
제목 없음 - 메모장
파일    편집    보기

<!doctype html>
<html>
    <head>
        <meta charset="utf-8">
        <title>25-2_position</title>
❶       <style>
            #parent { width:100px; height:100px;
                    background:black; }
            #child { width:30px; height:30px;
                    background:grey; }
        </style>
    </head>
❷   <body>
        <div id="parent">
            <div id="child"></div>
        </div>
    </body>
</html>
```

2 'style 태그(❶)' 안에는 CSS 코드를 입력하고
  'body 태그(❷)' 안에는 HTML 코드를 입력합니다.

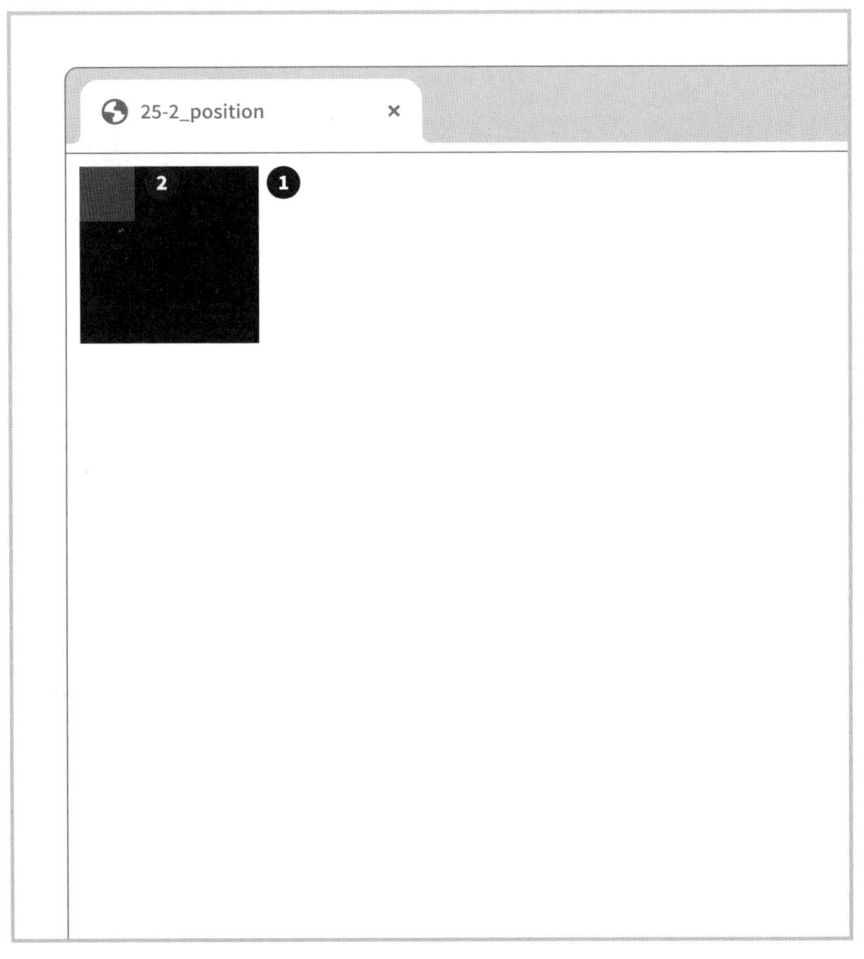

3 파일명을 **25-2_position.html**로 저장 후 [크롬]에서 확인하면
2개의 사각형이 생겼습니다.
'**큰 사각형(❶)**'은 부모 요소, '**작은 사각형(❷)**'은 자식 요소입니다.
부모 요소와 자식 요소를 결정하는 기준은 내용물의 크기가 아니라
태그 간의 포함 관계입니다. 해당 내용은 목차22 를 통해 확인할 수 있습니다.

≡ 25-2_position - 메모장

파일   편집   보기

```html
<!doctype html>
<html>
    <head>
        <meta charset="utf-8">
        <title>25-2_position</title>
        <style>
            #parent { width:100px; height:100px;
                    background:black;
                    position:relative; }
            #child { width:30px; height:30px;
                    background:grey;
                    position:absolute;
                    right:20px;
                    bottom:20px; }
        </style>
        ...
```

4 [메모장]으로 돌아와서 위 코드를 추가합니다.

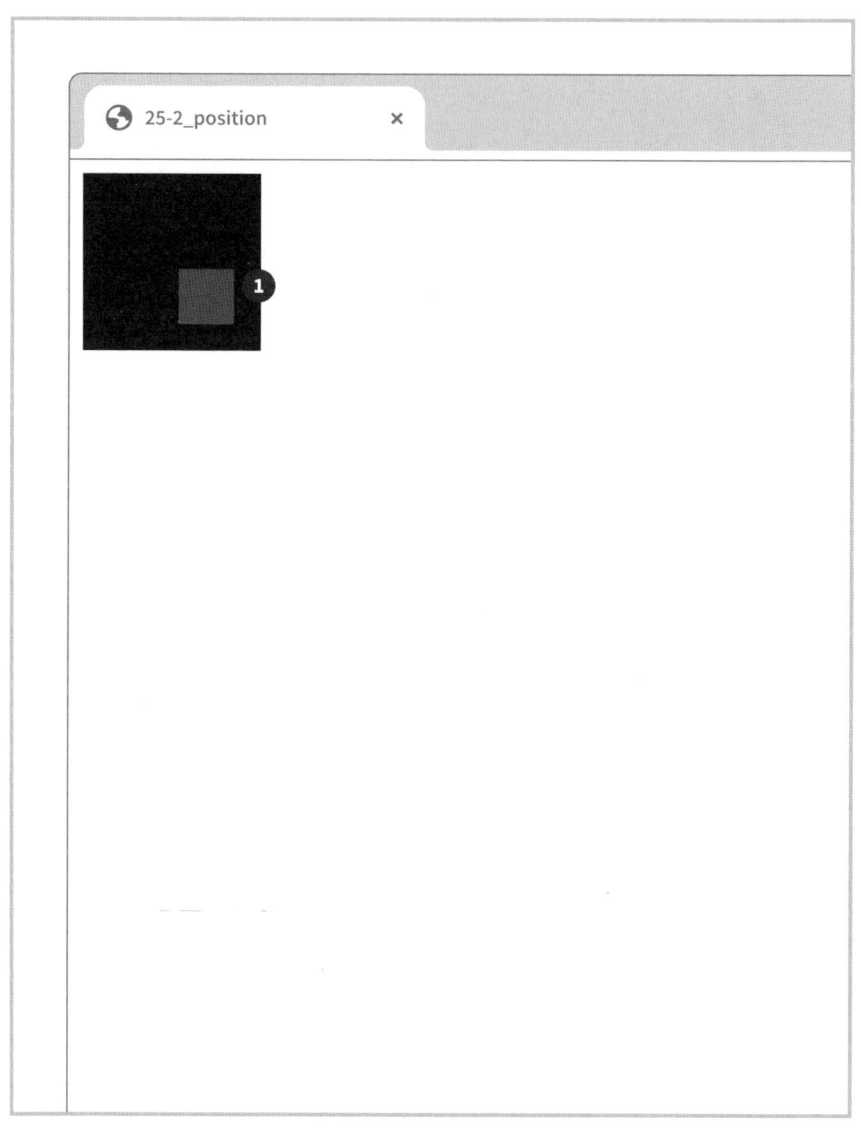

5 파일 저장 후 [크롬]에서 확인합니다. **'작은 사각형(❶)'**이 이동했습니다.

자식 요소를 부모 요소의 위치를 기준으로 이동하려면
부모 요소에 **position:relative;** 코드를 [01]
자식 요소에 **position:absolute;** 코드를 입력한 후 [02]
이동 방향과 이동 거리를 설정하면 됩니다. [03]

```
...
#parent {
    ...
    position:relative;  [01]
}
#child {
    ...
    position:absolute;  [02]
    right:20px;         ⎤
    bottom:20px;        ⎦ [03]
}
...
```

한 줄 요약

position

이동의 기준점을 정한다.

left · right
top · bottom

이동 방향을 정한다.

```
position:relative;
left:90px;
```

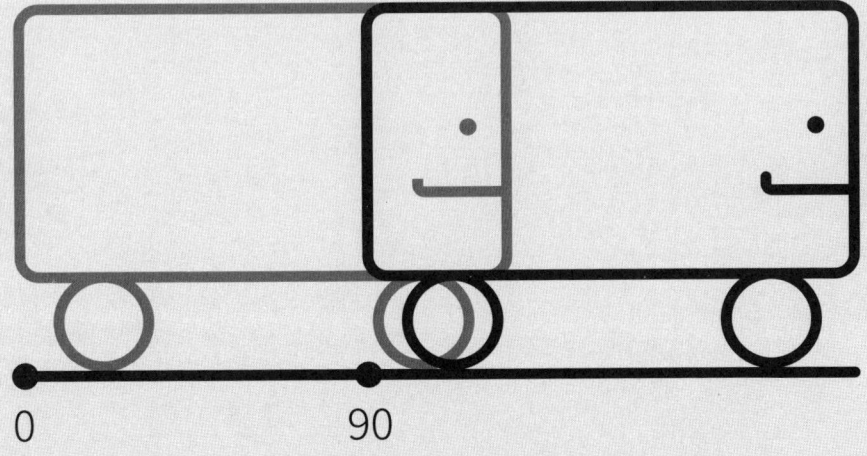

이로써 CSS 심화 공부를 모두 마쳤습니다.
다음부터는 그동안 학습한 내용을 바탕으로
반응형 웹 사이트를 만들어 보겠습니다.

26
반응형 웹 만들기(1)
- 소스 코드 에디터 설치 -

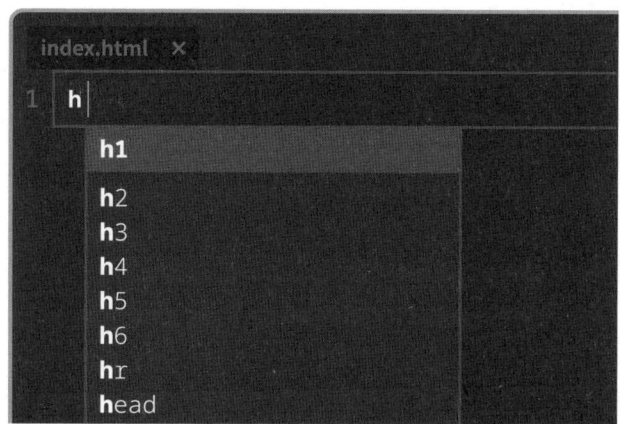

반응형 웹 사이트를 만들기 전에 준비할 것이 있습니다.
지금까지는 코드를 작성할 때 **'메모장'**을 사용했으나
처음부터 끝까지 직접 입력하다 보면
실수할 수도 있고 시간도 오래 걸립니다.

이번 목차부터는
'소스 코드 에디터(Source Code Editor)'를 사용해서
쉽고, 빠르게 코드를 입력해 보겠습니다.
앞으로는 '소스 코드 에디터'를 '에디터'로 줄여서 부르겠습니다.

책에서는 무료 에디터 중 하나인
'비주얼 스튜디오 코드(Visual Studio Code)'의 사용 방법을 알려드립니다.

[예제 26-1] '비주얼 스튜디오 코드' 설치 및 사용하기

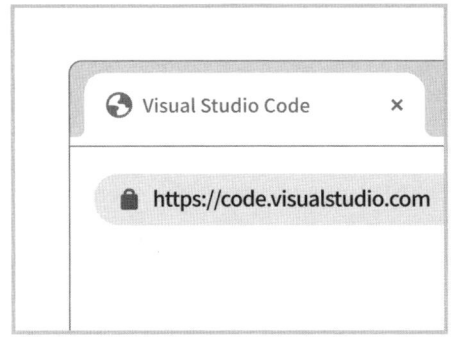

1
'비주얼 스튜디오 코드 사이트'에 접속합니다.
(URL : https://code.visualstudio.com)

2
메인 페이지의 중간 영역에 있는 **[Download for Windows]** 버튼을 클릭하여 **'비주얼 스튜디오 코드'**를 설치합니다

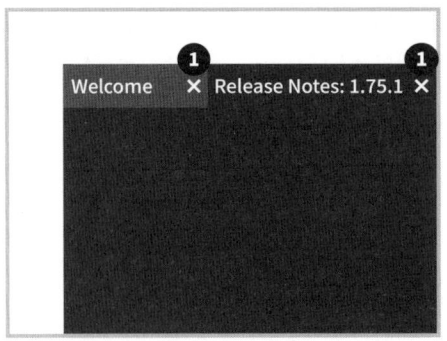

3
설치 완료한 에디터를 열면 여러 개의 탭이 있습니다. '🗙(**1**)' 버튼을 클릭하여 해당 탭들을 닫습니다.

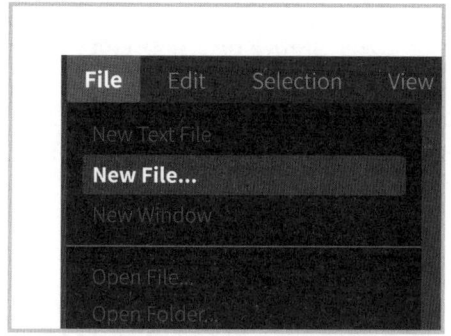

4
에디터의 상단 메뉴 중
[File]>[New File...]을
클릭합니다.

5
그러면 파일명을 입력할 수 있는
창이 열립니다.
파일명을 **index**로 입력한 후
Enter 를 누릅니다.

6
저장 위치를 지정하기 위해
바탕 화면에 **반응형 웹** 폴더를
새로 만든 후
해당 폴더를 선택합니다.

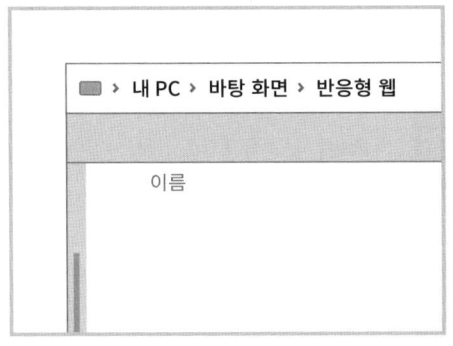

7
그러면 상단에
저장 위치(**내 PC > 바탕 화면 >
반응형 웹**)가 표시됩니다.

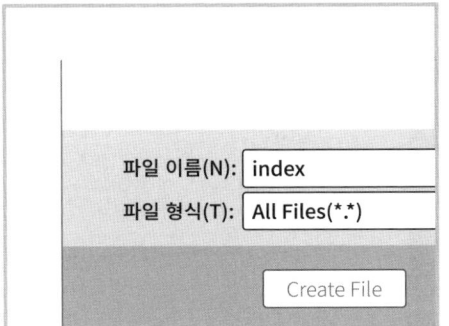

8
[**파일 이름(N)**] 입력 칸에는
5 에서 입력한 파일명(**index**)이
자동으로 표시되어 있고
[**파일 형식(T)**]도 **All Files(*.*)**로
선택되어 있습니다.

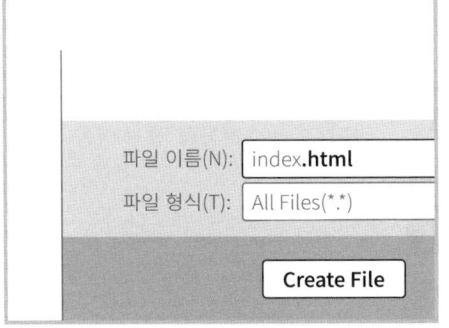

9
파일명 뒤에 **.html**을 입력한 후
[**Create File**] 버튼을 누릅니다.

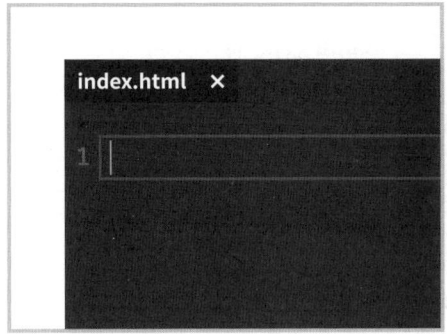

10
그러면
파일명이 **index.html**인
코드 입력 화면이 생성됩니다.

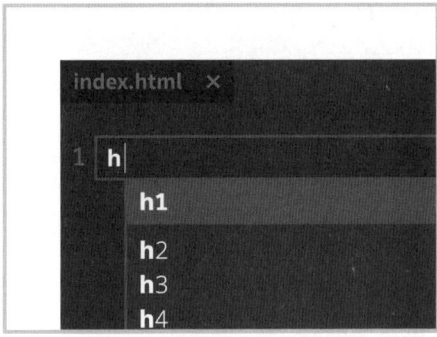

11
코드 입력란에 **h**를 입력하면
바로 아래에
h로 시작하는 태그들이 표시됩니다.

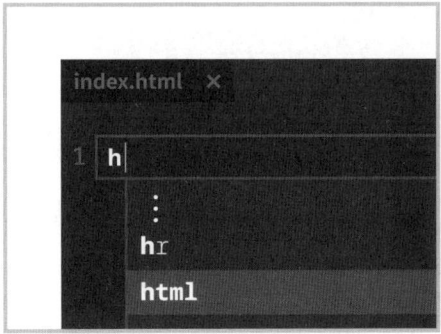

12
이 중 **html**을 클릭합니다.

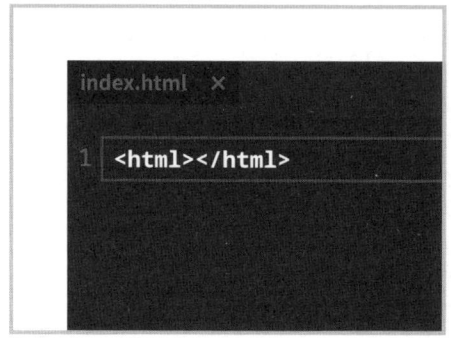

13

그러면 html 태그가
자동으로 입력 및 완성됩니다.

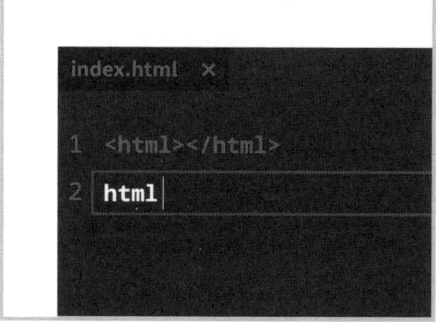

14

또는
html을 입력한 후
`Enter`를 누릅니다.

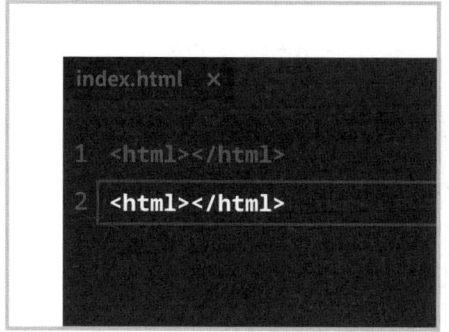

15

그러면 html 태그가
자동으로 입력 및 완성됩니다.

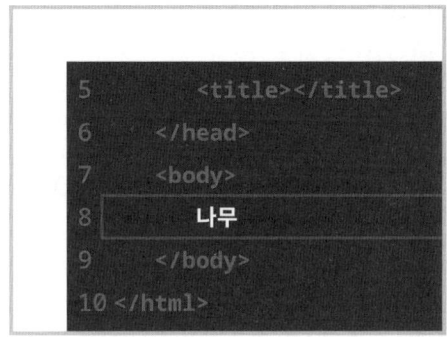

16
위와 같은 방법으로
'**HTML 문서의 기본 형식**'을
완성한 후, body 태그 안에
나무를 입력합니다.

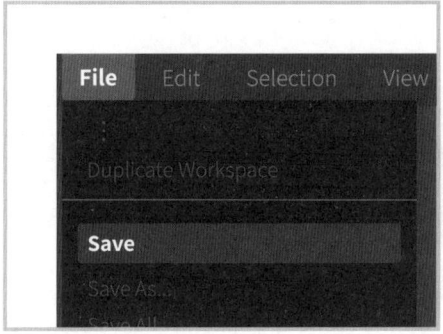

17
에디터의 상단 메뉴 중
[File]>[Save] 메뉴를 클릭하여
파일을 저장합니다.

18
6 에서 만들어 둔
반응형 웹 폴더에
index.html 파일이 저장된 것을
확인할 수 있습니다.

[예제 26-2] '비주얼 스튜디오 코드'에서 HTML 파일 수정하기

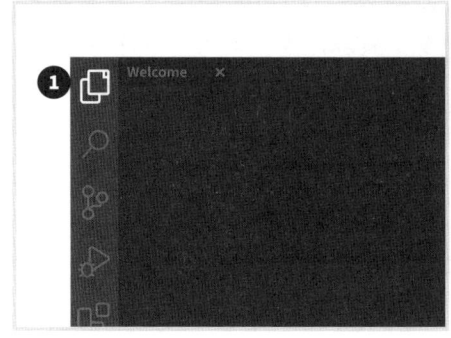

1
'비주얼 스튜디오 코드'를 새로 열어
좌측 상단에 있는
'🗐(❶)' 아이콘을 클릭합니다.

2
[Open Folder] 버튼을 클릭합니다.
[Open Folder] 버튼을 클릭하여
폴더를 한 번 열고 나면
해당 버튼은 보이지 않게 됩니다.
그럴 땐 상단 메뉴바에 있는
[File]>[Open Folder...] 메뉴를
클릭하여 또 다른 폴더를 열 수 있습니다.

3
바탕 화면에 있는
반응형 웹 폴더를 불러오기 위해
해당 폴더를 선택합니다.

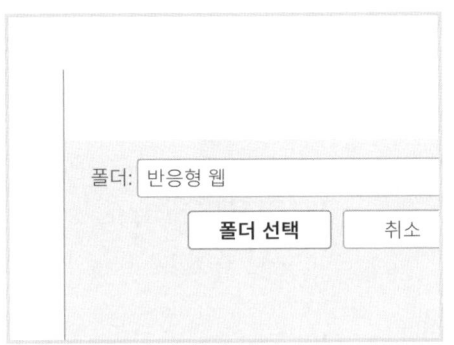

4
[폴더 선택] 버튼을 클릭합니다.

5
그러면 에디터의 좌측 화면에 **반응형 웹** 폴더가 표시됩니다.

6
반응형 웹 폴더 안에 있는 **index.html** 파일을 클릭하면 에디터에서 해당 파일이 열리고 코드를 수정할 수 있습니다.

한 줄 요약

Editor

HTML, CSS 코드를 쉽고 빠르게 입력 및 수정할 수 있는 프로그램이다.

01   메모장

02   에디터

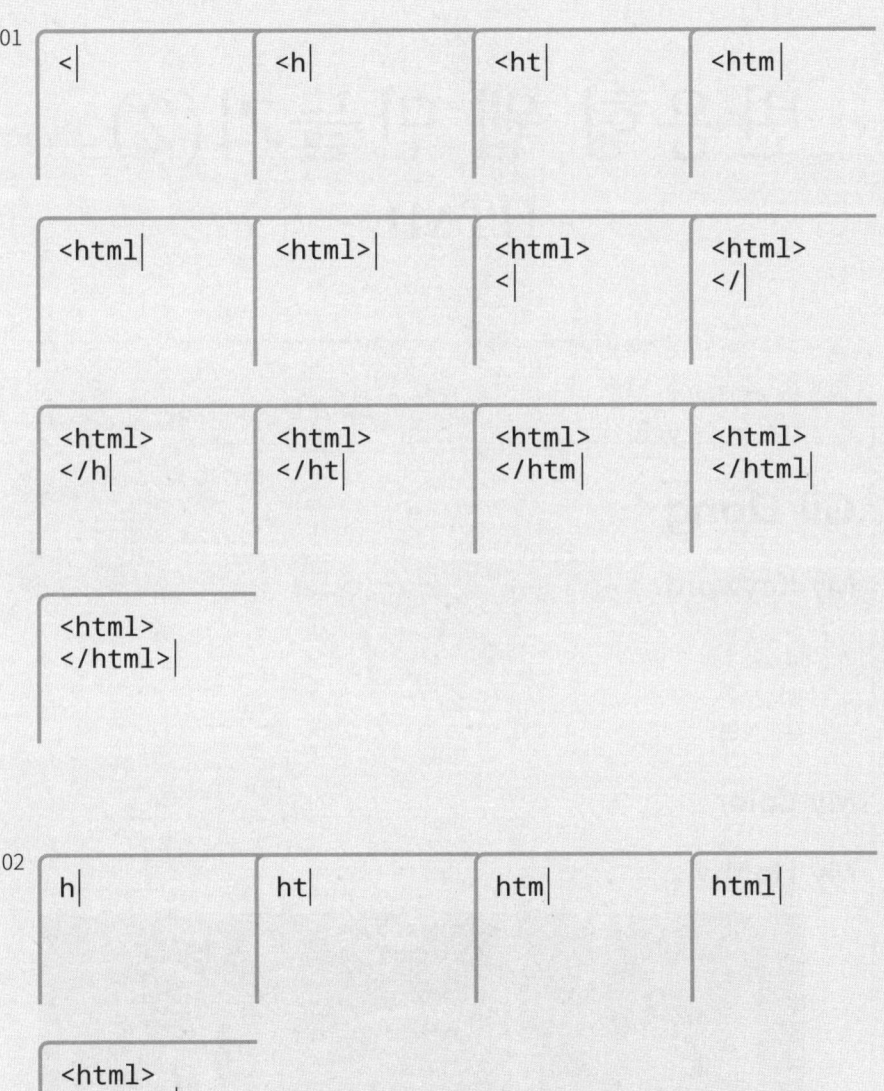

27

반응형 웹 만들기(2)
- HTML -

에디터 준비를 완료한 후
반응형 웹 사이트를 만들기 위해 첫 번째로 할 일은
HTML 태그를 사용하여
'웹 사이트의 구성 요소들을 만드는 것'입니다.
반응형 웹 사이트는 접속하는 기기(PC, 태블릿 PC, 스마트폰 등)의 화면 크기에 따라 웹 사이트 내용물의 디자인과 배치가 자동으로 변하는 사이트를 의미합니다.

Step 1. 디자인 시안 확인 및 이미지 소스 준비하기

01 My Name 구역

본인의 이름을 소개하는 구역입니다.

예) Choon Hyang, Sim Cheong

02 My Keyword 구역

본인의 성격을 나타내는 4개의 키워드를 소개하는 구역입니다.

예) 발랄한, 수줍은, 소심한

03 My Color 구역

본인을 표현할 수 있는 2개의 색상을 골라

그라데이션 색상 바(Gradation Color Bar)를 통해 소개하는 구역입니다.

04 My Hobby 구역

본인이 좋아하는 4개의 취미생활을 소개하는 구역입니다.

해당 구역 코딩 시 필요한 이미지 소스는 456~457쪽을 참고하여 준비하도록 합니다.

05 My Food 구역

본인이 좋아하는 4개의 음식을 소개하는 구역입니다.

해당 구역 코딩 시 필요한 이미지 소스는 458~459쪽을 참고하여 준비하도록 합니다.

06 Contact 구역

본인의 연락처와 이메일을 안내하는 구역입니다.

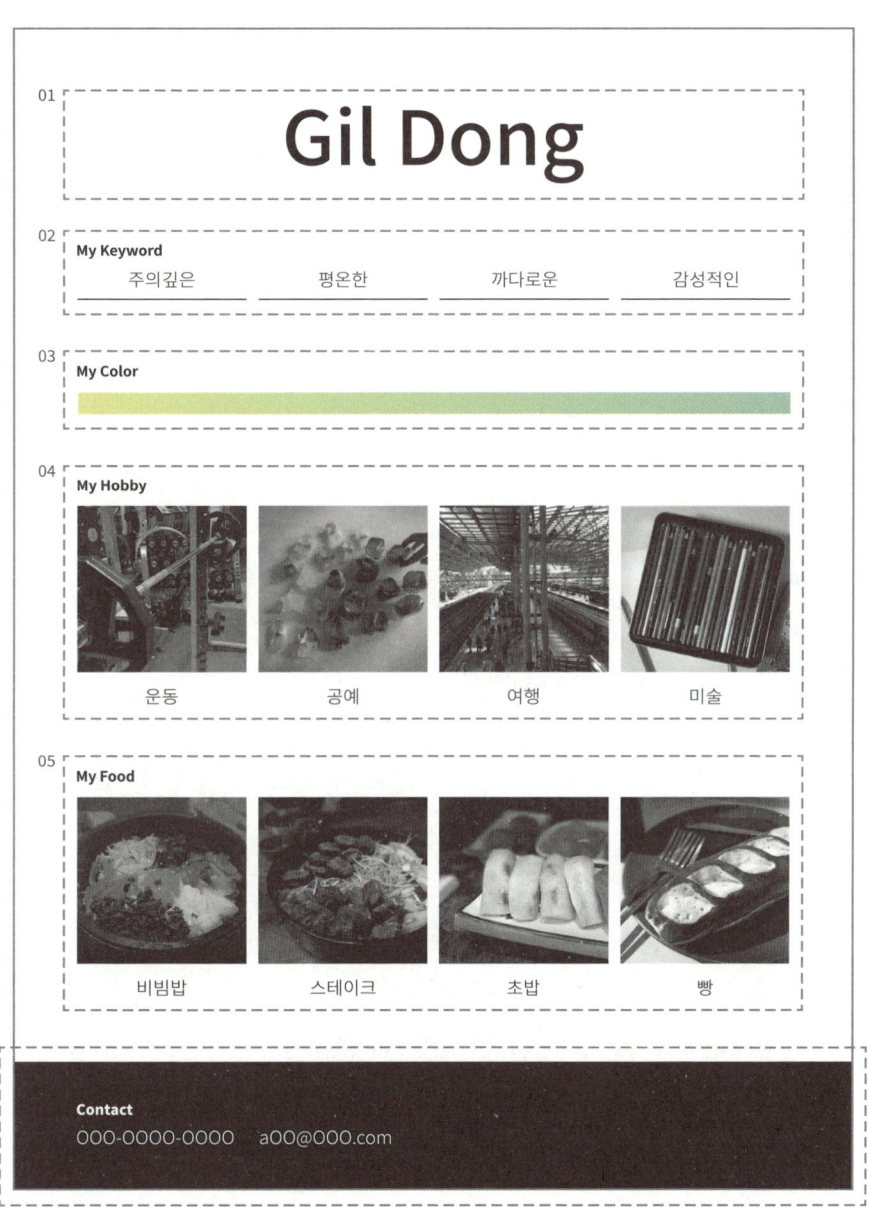

[**표1. 취미생활**]을 참고하여

My Hobby 구역에서 소개할 4개의 취미생활을 고릅니다.

* 사진 파일은 다음의 URL에 접속하면 다운로드 할 수 있습니다.
   URL : http://www.arcadiabook.co.kr/book2.html

* 본인이 사용할 사진 파일은 다음 예시와 같이
   목차 26 에서 만들어 둔 **반응형 웹** 폴더 안에 미리 넣어둡니다.

바탕 화면 › 반응형 웹

- drawing
- exercise
- index
- make
- travel

[표1. 취미생활]

미술
drawing.jpg

여행
travel.jpg

사진
photo.jpg

음악
music.jpg

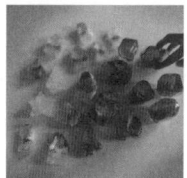
공예
make.jpg

운동
exercise.jpg

요리
cook.jpg

휴식
rest.jpg

독서
reading.jpg

[표2. 음식]을 참고하여

My Food 구역에서 소개할 4개의 음식을 고릅니다.

* 사진 파일은 다음의 URL에 접속하면 다운로드 할 수 있습니다.
URL : http://www.arcadiabook.co.kr/book2.html

* 본인이 사용할 사진 파일은 다음 예시와 같이
목차 26 에서 만들어 둔 **반응형 웹** 폴더 안에 미리 넣어둡니다.

바탕 화면 › 반응형 웹

- bibimbap
- bread
- drawing
- exercise
- index
- make
- steak
- sushi
- travel

[표2. 음식]

비빔밥
bibimbap.jpg

초밥
sushi.jpg

냉면
cold-noodles.jpg

빵
bread.jpg

돈까스
pork-cutlet.jpg

스테이크
steak.jpg

햄버거
hamburger.jpg

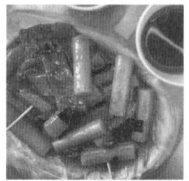
떡볶이
tteokbokki.jpg

쌀국수
rice-noodles.jpg

Step 2. 시맨틱 태그 입력하기

01 **My Name** 구역은 웹 사이트의 헤더이므로 '**header 태그**'를 사용합니다.

02 **My Keyword** 구역은
특정 주제(본인의 성격을 키워드로 소개하기)가 있는 컨텐츠이므로
'**section 태그**'를 사용합니다.

03 **My Color** 구역은
특정 주제(본인의 성격을 색상으로 소개하기)가 있는 컨텐츠이므로
'**section 태그**'를 사용합니다.

04 **My Hobby** 구역은
특정 주제(좋아하는 취미생활 소개하기)가 있는 컨텐츠이므로
'**section 태그**'를 사용합니다.

05 **My Food** 구역은
특정 주제(좋아하는 음식 소개하기)가 있는 컨텐츠이므로
'**section 태그**'를 사용합니다.

06 **Contact** 구역은 웹 사이트의 푸터이므로 '**footer 태그**'를 사용합니다.

07 **Contact** 구역 중 연락처, 이메일을 표기한 글자 영역은
연락 정보를 담고 있으므로 '**address 태그**'를 사용합니다.

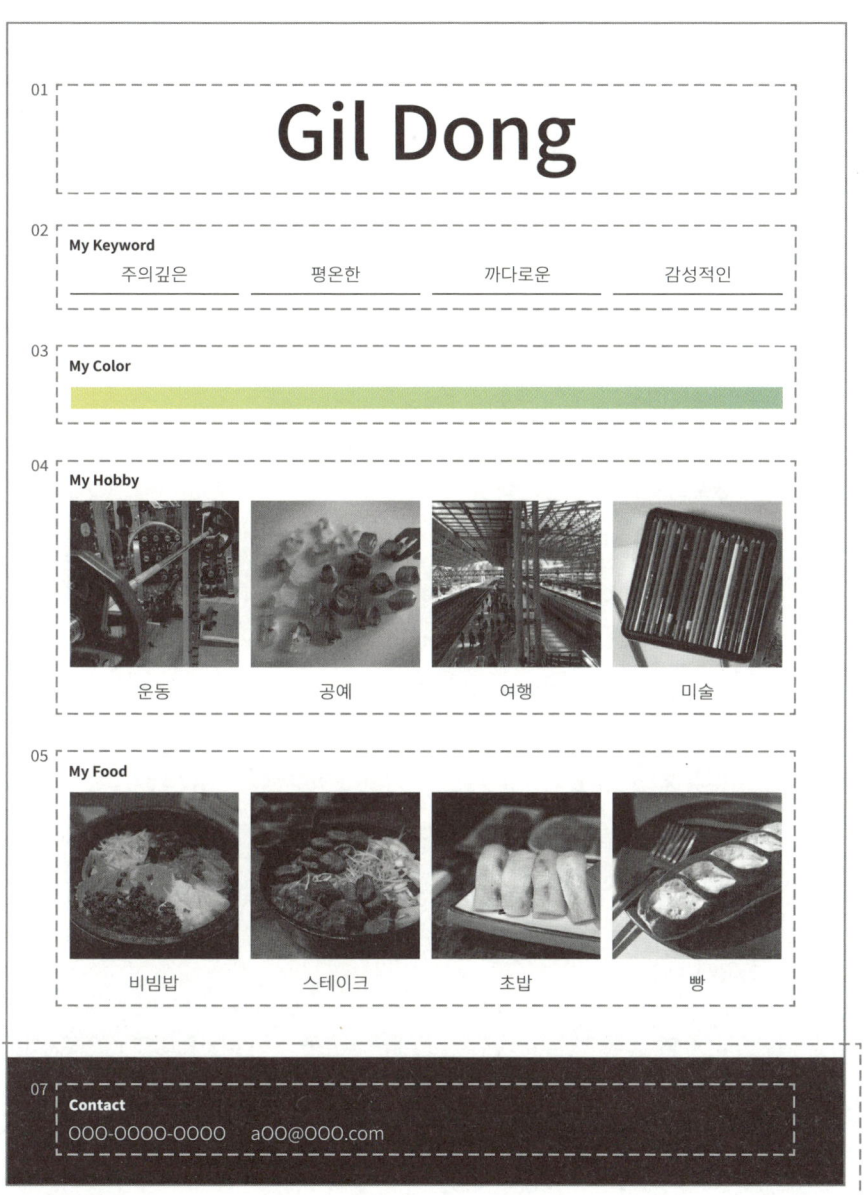

[예제 27] 반응형 웹 만들기 - HTML 태그 작성하기

```
index.html
    ...
  <head>
      <meta charset="utf-8">
      <title></title>
  </head>
  <body>
  ❶ 나무
     <header></header>
     <section></section>
     <section></section>
     <section></section>
     <section></section>
     <footer>
        <address></address>
     </footer>
  </body>
</html>
```

1 **목차 26**의 [예제 26-1]에서 만들어 둔 **index.html** 파일을 열어 **<body>**와 **</body>** 사이에 위 코드를 입력합니다.
[예제 26-1]에서 입력해 두었던 '나무(❶)'는 삭제합니다.

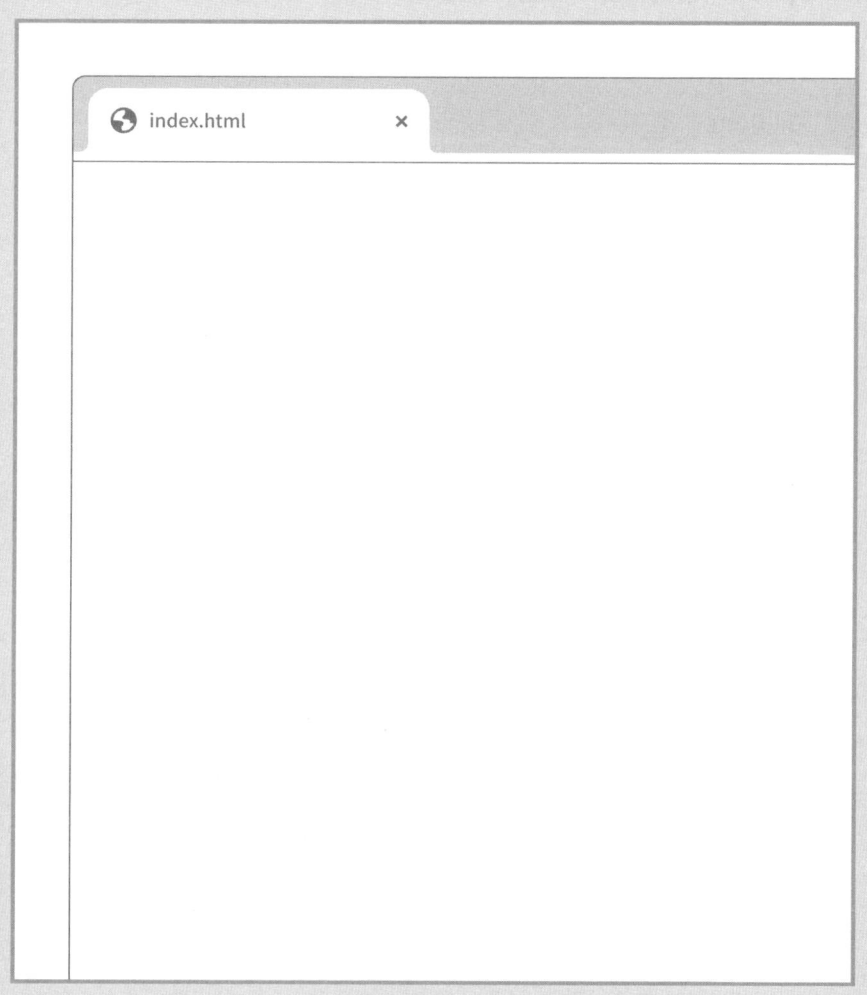

2 파일 저장 후 [크롬]에서 확인합니다.
내용물 없이 태그만 입력했기 때문에 아직은 빈 화면으로 보입니다.

Step 3. 제목 태그 입력하기

01　**Gil Dong**은 웹 사이트의 대제목이므로 'h1 태그'를 사용합니다.

02　**My Keyword**는 소제목이므로 'h2 태그'를 사용합니다.

03　**My Color**는 소제목이므로 'h2 태그'를 사용합니다.

04　**My Hobby**는 소제목이므로 'h2 태그'를 사용합니다.

05　**My Food**는 소제목이므로 'h2 태그'를 사용합니다.

06　**Contact**는 소제목이므로 'h2 태그'를 사용합니다.

01
Gil Dong

02 **My Keyword**

| 주의깊은 | 평온한 | 까다로운 | 감성적인 |

03 **My Color**

04 **My Hobby**

운동　　　　　공예　　　　　여행　　　　　미술

05 **My Food**

비빔밥　　　　스테이크　　　　초밥　　　　　빵

06 **Contact**

000-0000-0000　　a00@000.com

index.html

```
...
<body>
    <header>
        <h1>Gil Dong</h1>
    </header>
    <section>
        <h2>My Keyword</h2>
    </section>
    <section>
        <h2>My Color</h2>
    </section>
    <section>
        <h2>My Hobby</h2>
    </section>
    <section>
        <h2>My Food</h2>
    </section>
    <footer>
        <address>
            <h2>Contact</h2>
        </address>
    ...
```

3 index.html 파일로 돌아와서 위 코드를 추가합니다.

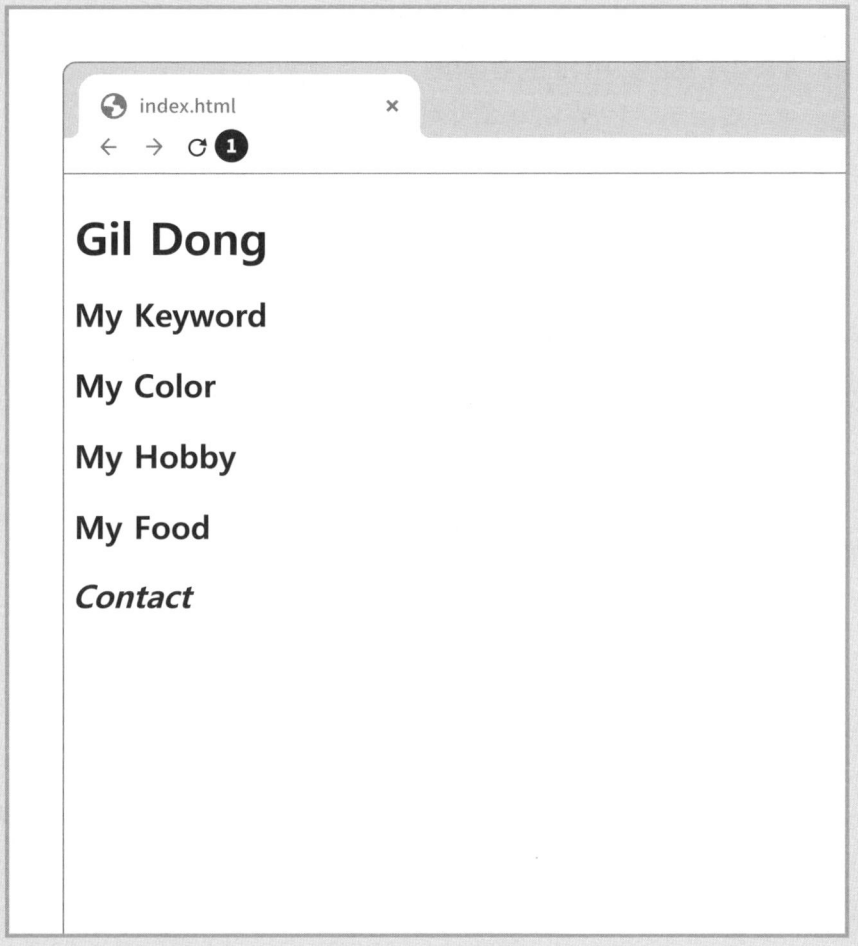

4 파일 저장 후 [크롬]에서 확인합니다. '**제목**'에 해당하는 내용물이 생겼습니다.
index.html 파일에서 업데이트한 코드의 결과물은
[크롬]의 상단에 있는 '새로고침(❶)' 버튼을 클릭하면 바로 확인할 수 있습니다.

Step 4. 목록 태그 입력하기

01 **주의깊은, 평온한, 까다로운, 감성적인**은
   순서 없는 목록이므로 '**ul 태그, li 태그**'를 사용합니다.

02 **운동, 공예, 여행, 미술**은
   순서 없는 목록이므로 '**ul 태그, li 태그**'를 사용합니다.

03 **비빔밥, 스테이크, 초밥, 빵**은
   순서 없는 목록이므로 '**ul 태그, li 태그**'를 사용합니다.

04 **000-0000-0000, a00@000.com**은
   순서 없는 목록이므로 '**ul 태그, li 태그**'를 사용합니다.

index.html

```
    ...
<section>
    <h2>My Keyword</h2>
    <ul>
        <li>주의깊은</li>
        <li>평온한</li>
        <li>까다로운</li>
        <li>감성적인</li>
    </ul>
</section>
    ...
<section>
    <h2>My Hobby</h2>
    <ul>
        <li>운동</li>
        <li>공예</li>
        <li>여행</li>
        <li>미술</li>
    </ul>
</section>
```

html 유의사항

01 **<li>**와**</li>** 사이에 입력하는 취미와 음식의 이름은 456쪽, 458쪽에서 **반응형 웹** 폴더에 본인이 넣어둔 사진과 매칭되는 이름을 입력합니다.

```html
            <section>
                <h2>My Food</h2>
                <ul>
                    <li>비빔밥</li>
                    <li>스테이크</li>
                    <li>초밥</li>
                    <li>빵</li>
                </ul>
            </section>
            <footer>
                <address>
                    <h2>Contact</h2>
                    <ul>
                        <li>OOO-OOOO-OOOO</li>
                        <li>aOO@OOO.com</li>
                    </ul>
                </address>
            </footer>
        </body>
</html>
```

01

5 index.html 파일로 돌아와서 위 코드를 추가합니다.

 index.html

Gil Dong

My Keyword
- 주의깊은
- 평온한
- 까다로운
- 감성적인

My Color

My Hobby
- 운동
- 공예
- 여행
- 미술

My Food
- 비빔밥
- 스테이크
- 초밥
- 빵

Contact
- 000-0000-0000
- a00@000.com

6 파일 저장 후 [크롬]에서 확인합니다.
'**목록**'에 해당하는 내용물이 생겼습니다.

Step 5. 그 외 태그 입력하기

01 **그라데이션 색상 바(Gradation Color Bar)**는
    제목, 목록 등과 같이 별도의 의미를 가진 내용물이 아니므로
    '**div 태그**'를 사용합니다.

02 **운동, 공예, 여행, 미술에 해당하는 사진**을 넣기 위해
    '**img 태그**'를 사용합니다.

03 **비빔밥, 스테이크, 초밥, 빵에 해당하는 사진**을 넣기 위해
    '**img 태그**'를 사용합니다.

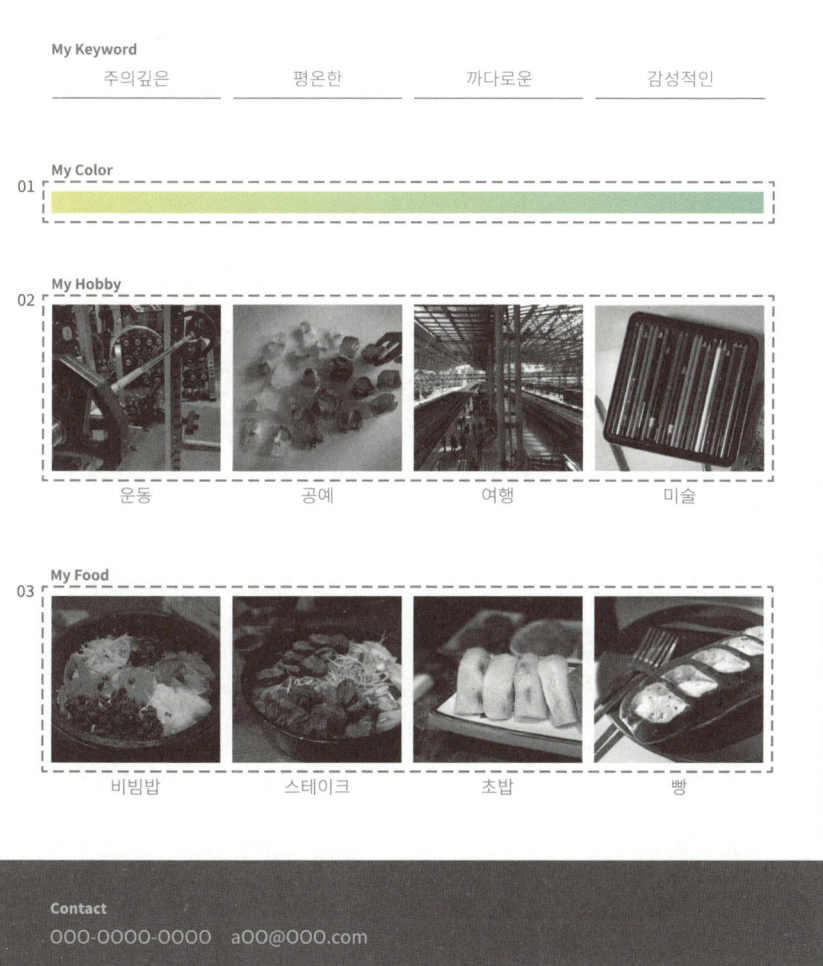

index.html

```
...
<h2>My Color</h2>
<div></div>
...
<h2>My Hobby</h2>
<ul>
   01 <li><img src="exercise.jpg" alt="">운동</li>
      <li><img src="make.jpg" alt="">공예</li>
      <li><img src="travel.jpg" alt="">여행</li>
      <li><img src="drawing.jpg" alt="">미술</li>
</ul>
...
<h2>My Food</h2>
<ul>
   01 <li><img src="bibimbap.jpg" alt="">비빔밥</li>
      <li><img src="steak.jpg" alt="">스테이크</li>
      <li><img src="sushi.jpg" alt="">초밥</li>
      <li><img src="bread.jpg" alt="">빵</li>
</ul>
...
```

html 유의사항

01 **<img src="">** 코드에서 **큰따옴표("")** 안에 입력하는 사진의 파일명은 456쪽, 458쪽에서 **반응형 웹** 폴더에 본인이 넣어둔 사진의 파일명을 정확히 입력해야 합니다.

7 **index.html** 파일로 돌아와서 위 코드를 추가합니다.

img 태그의 alt 속성값에는 해당 사진을 설명하는 글을 자유롭게 입력합니다.
그러면 화면 낭독 프로그램이 시각 장애인에게 해당 글을 음성으로 들려줍니다.

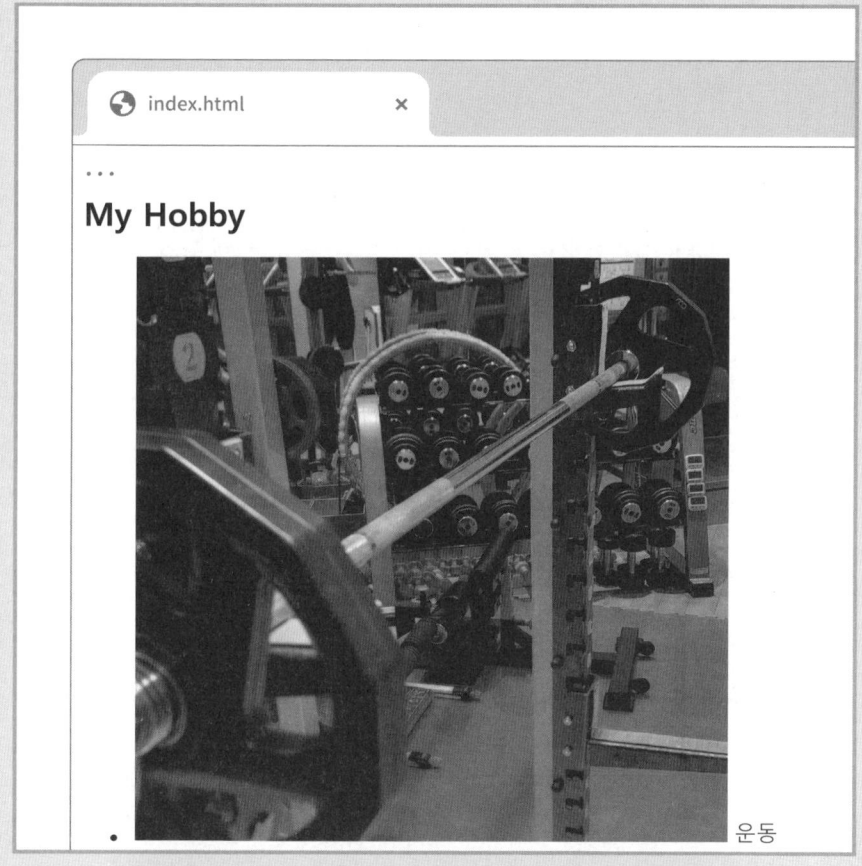

8 파일 저장 후 [크롬]에서 확인하면 **'사진'**이 모두 삽입되었습니다.
그라데이션 색상 바를 만들기 위해 입력한 div 태그는
아직 CSS 코드를 입력하지 않았기 때문에 보이지 않습니다.

한 줄 요약

HTML

웹 사이트의 구성 요소를 만든다.

```
01  <Living Room>
02      <TV>TV</TV>
03      <Sofa>Sofa</Sofa>
04  </Living Room>
05  <Bedroom>
06      <Bed>Bed</Bed>
07      <Desk>Desk</Desk>
08  </Bedroom>
09  <Kitchen>
10      <Sink>Sink</Sink>
11      <Table>Table</Table>
12  </Kitchen>
13  <Washroom>
14      <Washstand>Washstand</Washstand>
15      <Closet>Closet</Closet>
16  </Washroom>
```

위 코드는 실제로 존재하는 태그는 아닙니다.

02 TV	01, 04
03 Sofa	**Living Room**
06 Bed	05, 08
07 Desk	**Bedroom**
10 Sink	09, 12
11 Table	**Kitchen**
14 Wash stand	13, 16
15 Closet	**Washroom**

28

반응형 웹 만들기(3)
- CSS -

 index.html

Gil Dong

My Keyword

주의깊은   평온한   까다로운   감성적인

My Color

My Hobby

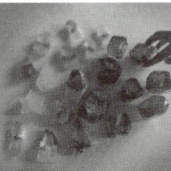

운동   공예   여행   미술

반응형 웹 사이트를 만들기 위해 두 번째로 할 일은 CSS 코드를 사용하여 **'웹 사이트 구성 요소의 크기, 색상, 여백 등을 디자인 시안과 동일하게 바꾸는 것'**입니다.

Step 1. CSS 코드 초기화하기

목차 27 에서 만들어 둔 **index.html** 파일을 웹 브라우저에서 열어보면
CSS 코드를 입력하지 않았음에도
글자 크기, 두께, 기울기, 여백 값 등의 스타일이 자동으로 적용되어 있습니다.
그 이유는 웹 브라우저가 각 태그의 성격에 맞게
내용물의 스타일을 변경하여 보여주기 때문입니다.
의도하지 않은 스타일이 적용되어 있으면
디자인 시안과 동일하게 맞추는 과정이 까다로워집니다.
이러한 이유로, 자동 적용된 스타일 값을 초기화하는 CSS 코드들을
가장 먼저 입력해 두는 것이 좋습니다.

<예시>
h1 태그를 사용하면 내용물의 상, 하에 여백이 생깁니다.
이럴 때 **h1 { margin-top:0; margin-bottom:0; }** 을 입력하여 여백을 없애는 일을
'CSS 코드를 초기화한다'고 합니다.

 index.html

Gil Dong

My Keyword
- 주의깊은
- 평온한
- 까다로운
- 감성적인

My Color

My Hobby

-
운동

[예제 28] 반응형 웹 만들기 - CSS 코드 작성하기

index.html

```
<!doctype html>
<html>
    <head>
        <meta charset="utf-8">
        <title></title>
❶       <style>
          ❷ /* 1. CSS 코드 초기화하기 */
            html, body, div, span, applet, object,
            iframe, h1, h2, h3, h4, h5, h6, p,
            ...
            table {
                border-collapse: collapse;
                border-spacing: 0;
            }
        </style>
    </head>
    <body>
        <header>
            <h1>Gil Dong</h1>
            ...
```

1 목차 27 에서 만들어 둔 **index.html** 파일 안에 '**style 태그를 입력한 후(①)**', **reset.css** 파일 안에 있는 코드 전체를 복사하여 '**style 태그 안에 붙여 넣습니다.(②)**'

   * **reset.css** 파일은 다음의 URL에 접속하면 다운로드 할 수 있습니다.
   URL : http://www.arcadiabook.co.kr/book2.html

   * 지금 단계에서는 **reset.css** 파일에 있는 코드의 뜻을 모두 숙지하지 않아도 괜찮습니다.

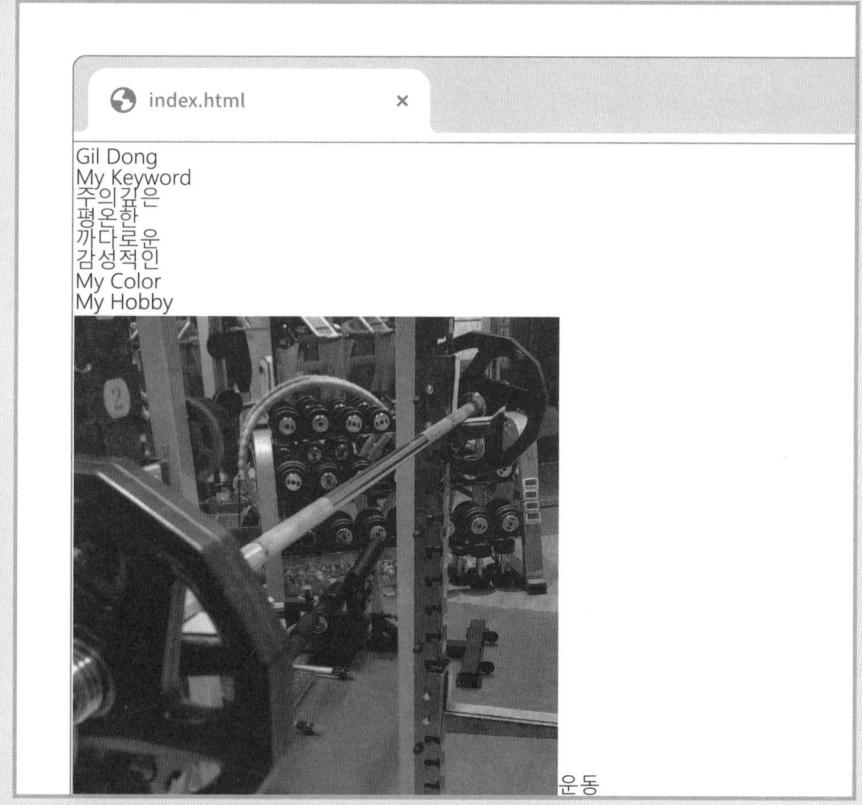

운동

2 파일 저장 후 [크롬]에서 확인합니다. CSS 값이 초기화 되었습니다.

Step 2. 구역 태그의 스타일 지정하기

01 **header 태그, section 태그, address 태그**에는
'가로 길이를 1020px'로 하는 스타일을 적용합니다.
width 속성을 사용합니다.

02 **header 태그, section 태그, address 태그**에는
웹 브라우저의 수평을 기준으로 중앙 정렬하는 스타일을 적용합니다.
이를 다르게 말하면 다음과 같습니다.
'바깥쪽의 좌측 여백 값(❶)과 우측 여백 값(❷)을 동일하게 한다.'
margin 속성을 사용합니다.

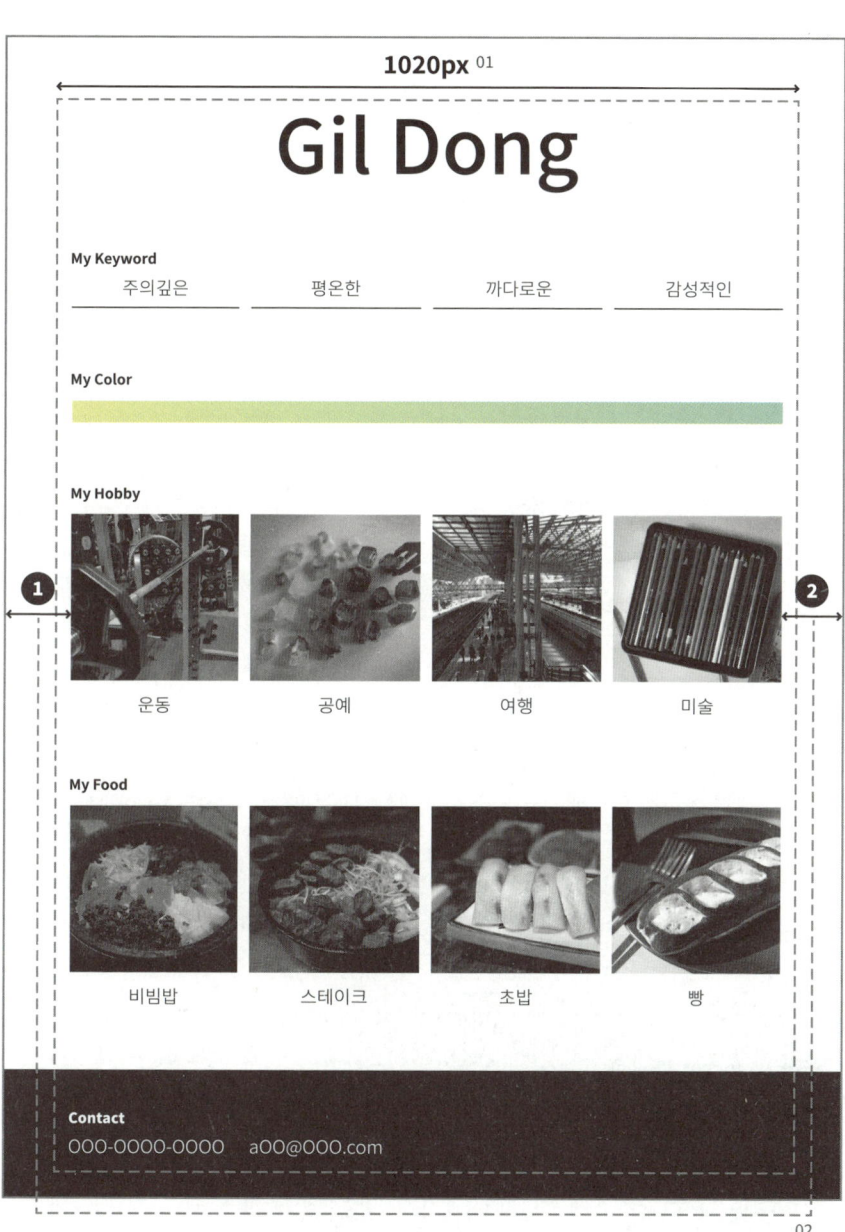

index.html

```
    ...
    table {
        border-collapse:collapse;
        border-spacing:0;
    }
01  /* 2. 구역 태그의 스타일 */
    header, section, address {
        width:1020px;
02      margin-right:auto;
        margin-left:auto;
     ❶ background:pink;
    }
</style>
    ...
```

> **CSS 더 알아보기**
>
> 01 CSS 코드를 입력할 때 /* 와 */ 사이에 입력하는 텍스트는 에디터에서만 표시될 뿐 웹 브라우저의 내용물에는 아무런 영향을 미치지 않습니다.
> 따라서, CSS 코드에 대한 부연 설명(=주석)을 작성할 때 /* 와 */ 사이에 입력하면 됩니다.
> HTML 코드를 주석으로 표기하고 싶을 땐 <!-- 와 --> 사이에 입력해야 합니다.
> <예시>
> <!--<div>나무</div>-->
>
> 02 좌,우 여백을 동일하게 하고 싶을 땐 margin-right 속성값과 margin-left 속성값에 **auto**를 입력합니다.

3 **index.html** 파일로 돌아와서 위 코드를 추가합니다.
header 태그, section 태그, address 태그의 내용물이 흰색 배경이다보니 `width:1020px;` 코드를 입력했을 때, 가로 길이가 바뀌었는지 한눈에 알 수가 없습니다. 가로 길이의 변화를 시각적으로 확인하기 위해 '**해당 코드**(❶)'를 임시로 입력합니다.

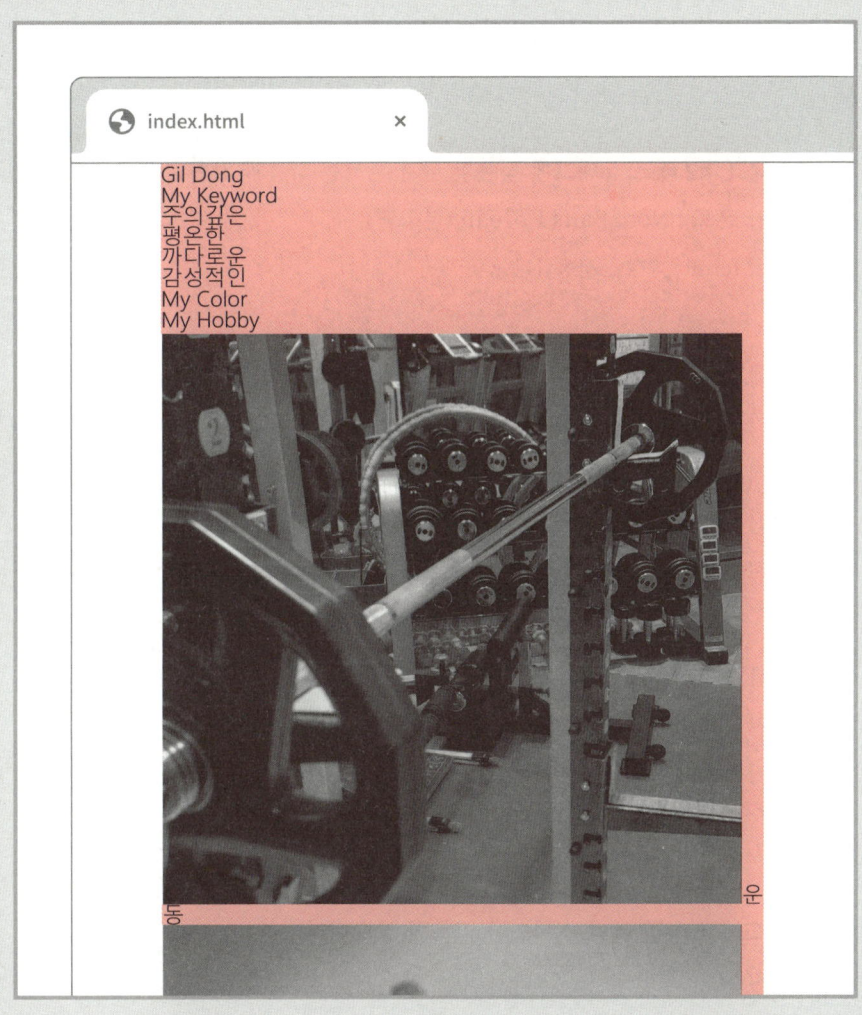

4 파일 저장 후 [크롬]에서 확인합니다.

Step 3. 글자 스타일 지정하기

01 **h1 태그, h2 태그, li 태그**에 적용할 글자 폰트는 다음과 같습니다.
- 글자 폰트 : Noto Sans Korean (본고딕)

  font-family 속성을 사용합니다.

02 **h1 태그**에 적용할 글자 스타일은 다음과 같습니다.
- 글자 크기 : 110px
- 글자 두께 : 400
- 글자 정렬 : 수평을 기준으로 가운데 정렬

  font-size, font-weight, text-align 속성을 사용합니다.

03 **h2 태그**에 적용할 글자 스타일은 다음과 같습니다.
- 글자 크기 : 20px
- 글자 두께 : 700

  단, **footer** 태그 안에 있는 **h2** 태그의 글자 색은 white로 합니다.

04 **li 태그**에 적용할 글자 스타일은 다음과 같습니다.
- 글자 크기 : 26px
- 글자 두께 : 300
- 글자 정렬 : 수평을 기준으로 가운데 정렬

  단, **footer** 태그 안에 있는 **li** 태그의 글자 색은 white로, 글자 정렬은 좌측 정렬합니다.

Gil Dong

My Keyword

주의깊은   평온한   까다로운   감성적인

My Color

My Hobby

운동   공예   여행   미술

My Food

비빔밥   스테이크   초밥   빵

Contact
000-0000-0000   a00@000.com

index.html

```html
...
<head>
   <meta charset="utf-8">
   <title></title>
   <link rel="preconnect" href="https://fonts.googleapis.com">
   <link rel="preconnect" href="https://fonts.gstatic.com" crossorigin>
   <link href="https://fonts.googleapis.com/css2?family=Noto+Sans+KR:wght@100;300;400;500;700;900&display=swap" rel="stylesheet">
   <style>
...
   /* 2. 구역 태그의 스타일 */
   header, section, address {
      width:1020px;
      margin-right:auto;
      margin-left:auto;
      /*background:pink;*/
   }
```

> **CSS 더 알아보기**
>
> 01 구글 웹 폰트 사용을 위해 복사 붙여넣는 **<link rel="preconn···">** 코드는 반드시 **'head 태그'** 안에 입력해야 합니다.
> 구글 웹 폰트 사용법은 목차 5 를 참고하세요.

① /*background:pink;*/

```css
/* 3. 글자 스타일 */
h1, h2, li {
    font-family:'Noto Sans
    KR', sans-serif;
}
h1 {
    font-size:110px;
    font-weight:400;
    text-align:center;
}
h2 {
    font-size:20px;
    font-weight:700;
}
li {
    font-size:26px; font-weight:300;
    text-align:center;   ①
}
② 
footer h2 { color:white; }
footer li { color:white; text-align:left; }
</style>
    ...
```

> **CSS 더 알아보기**
>
> 01 글자의 가로 정렬은 **text-align** 속성을 사용하여 조정할 수 있습니다. 속성값으로는 **center**(가운데정렬), **left**(좌측정렬), **right**(우측정렬) 등을 입력할 수 있습니다.
>
> 02 **footer h2**가 의미하는 것은 '**footer 태그 안에 있는 모든 h2 태그**'를 선택자로 지정하겠다는 뜻이고, **footer li**가 의미하는 것은 '**footer 태그 안에 있는 모든 li 태그**'를 선택자로 지정하겠다는 뜻입니다.

5 **index.html** 파일로 돌아와서 위 코드를 추가하고 ' 3 에서 임시로 입력해 둔 코드(①)'는 주석 처리합니다.

 index.html ×

Gil Dong

My Keyword
주의깊은
평온한
까다로운
감성적인

My Color
My Hobby

운동

6 파일 저장 후 [크롬]에서 확인하면, 글자 크기와 두께 등이 바뀌어 있습니다.
   Contact, 000-0000-0000, a00@000.com은 해당 내용물의 글자 색을 흰 색으로 적용하였기 때문에 웹 브라우저에서 사라진 것 처럼 보입니다.
   '해당 영역을 마우스로 드래그하면(❶)', 여전히 존재하는 것을 확인할 수 있습니다.

Step 4. My Keyword 구역의 스타일 지정하기

My Keyword 구역에 있는 **li 태그**에는 5가지 스타일을 적용합니다.

01 **'하단 테두리 선'**을 만듭니다.
- 두께 : 1px
- 스타일 : solid
- 색상 : black

border 속성을 사용합니다.

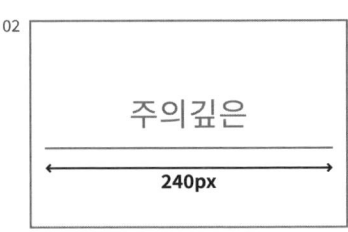

02 **'가로 길이는 240px'**로 합니다.
width 속성을 사용합니다.

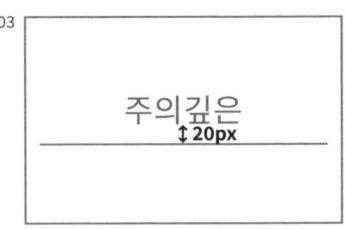

03 **'안쪽 하단에 20px의 여백'**을 둡니다.
padding 속성을 사용합니다.

Gil Dong

My Keyword

| 주의깊은 | 평온한 | 까다로운 | 감성적인 |

My Color

My Hobby

운동   공예   여행   미술

My Food

비빔밥   스테이크   초밥   빵

Contact
000-0000-0000   a00@000.com

04 세로 방향으로 기본 배치되는
    li 태그의 내용물을
    '가로 방향으로 배치'합니다.
    display 속성을 사용합니다.

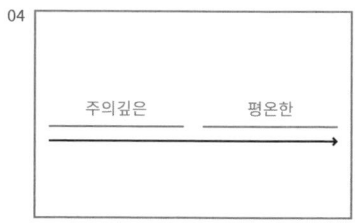

05 4개의 li 태그 중
    1~3번째 li 태그에만
    '바깥쪽 우측 여백을 14px'로 합니다.
    margin 속성을 사용합니다.

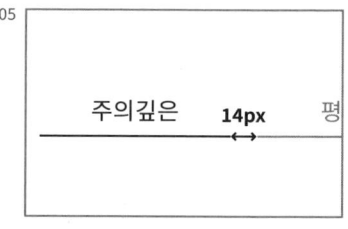

index.html

```
...
footer li {
    color:white;
    text-align:left;
}
/* 4. My Keyword 구역의 스타일 */
.keyword-list {
    border-bottom:1px solid black;
    width:240px;
    padding-bottom:20px;
    display:inline-block;
}
.keyword-list:nth-child(-n+3) {  /* 01 */
    margin-right:14px;
}
</style>
...
<li class="keyword-list">주의깊은</li>
<li class="keyword-list">평온한</li>
<li class="keyword-list">까다로운</li>
<li class="keyword-list">감성적인</li>
...
```

> **CSS 더 알아보기**
>
> 01 **.keyword-list:nth-child(-n+3)**이 의미하는 것은 클래스명이 keyword-list인 태그들 중, 1~3번째 태그를 선택자로 지정하겠다는 뜻입니다.
>
> **.keyword-list:nth-child(-n+3)**에서 콜론(:)은 공란 없이 입력해야 합니다.

7 **index.html** 파일로 돌아와서 위 코드를 추가합니다.

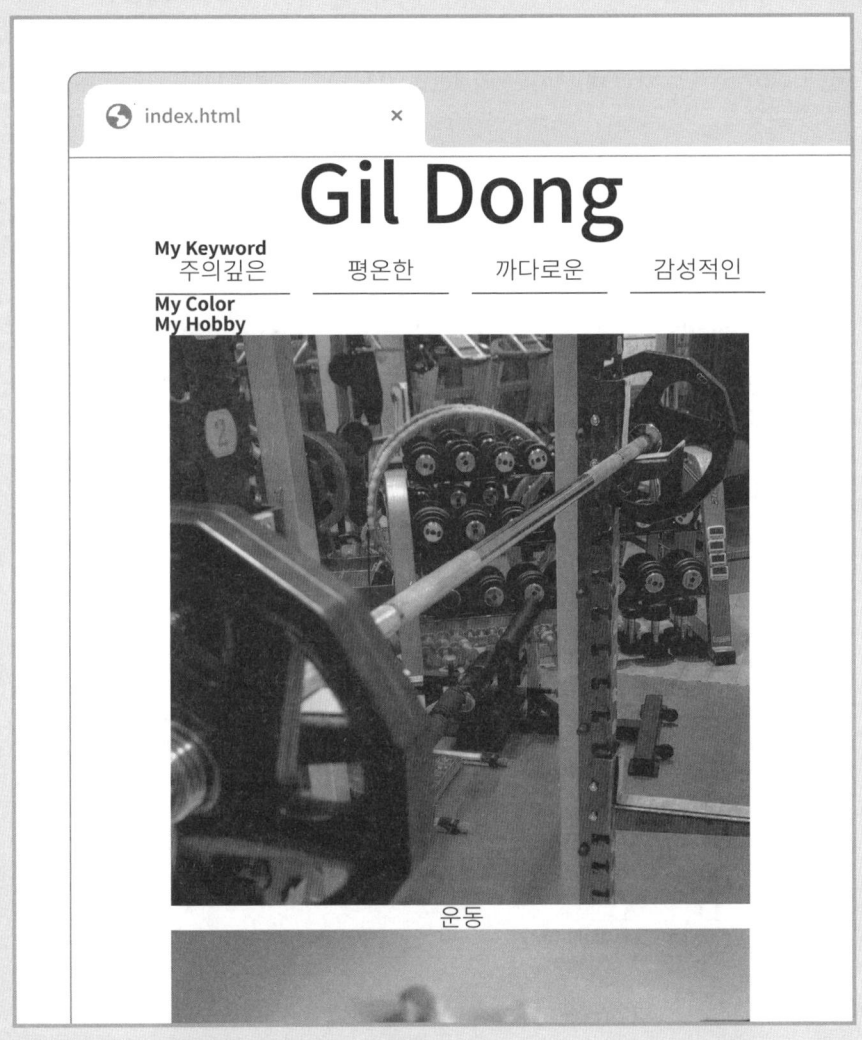

8 파일 저장 후 [크롬]에서 확인하면 My Keyword 구역의 스타일이 바뀌었습니다.

Step 5. My Color 구역의 스타일 지정하기

My Color 구역에 있는 **div** 태그에는 2가지 스타일을 적용합니다.

01 다음의 두 색상으로
  '**직선 그라데이션 배경**'을 적용합니다.
  - 🟡 #f5f588
  - 🟢 #9afcc2

  background 속성을 사용합니다.

02 '**가로 길이는 1020px,
  세로 길이는 34px**'로 합니다.
  width, height 속성을 사용합니다.

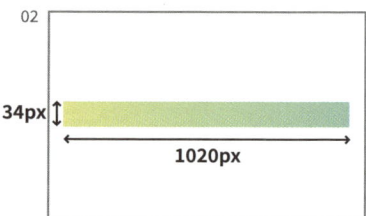

Gil Dong

My Keyword

| 주의깊은 | 평온한 | 까다로운 | 감성적인 |

My Color

My Hobby

운동   공예   여행   미술

My Food

비빔밥   스테이크   초밥   빵

Contact
000-0000-0000   a00@000.com

```
index.html

    ...
.keyword-list:nth-child(-n+3) {
    margin-right:14px;
 }
/* 5. My Color 구역의 스타일 */
.gradient-bar {
    width:1020px;
    height:34px;
    background:linear-gradient(to right, #f5f588,
    #9afcc2);
}
</style>
    ...
<section>
    <h2>My Color</h2>
    <div class="gradient-bar"></div>
</section>
<section>
    <h2>My Hobby</h2>
    <ul>
    ...
```

9 **index.html** 파일로 돌아와서 위 코드를 추가합니다.

10 파일 저장 후 [크롬]에서 확인하면 My Color 구역의 스타일이 바뀌었습니다.

Step 6. My Hobby, My Food 구역의 스타일 지정하기

My Hobby, My Food 구역에 있는 **li 태그**에는 3가지 스타일을 적용합니다.

01 **'가로 길이는 240px'**로 합니다.
   width 속성을 사용합니다.

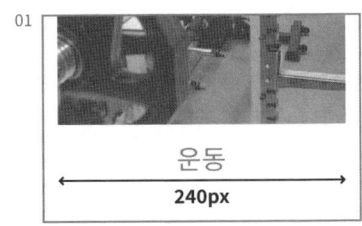

02 세로 방향으로 기본 배치되는 li 태그의 내용물을 **'가로 방향으로 배치'**합니다.
   display 속성을 사용합니다.

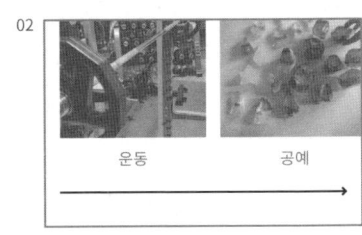

03 4개의 **li 태그** 중 1~3번째 **li 태그**에만 **'바깥쪽 우측 여백을 14px'**로 합니다.
   margin 속성을 사용합니다.

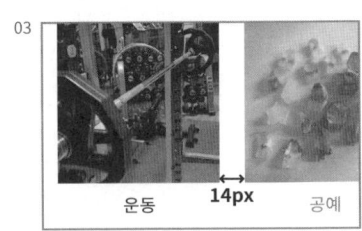

Gil Dong

My Keyword

| 주의깊은 | 평온한 | 까다로운 | 감성적인 |

My Color

My Hobby

  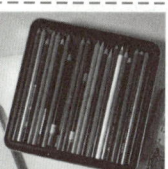

운동　　　　　공예　　　　　여행　　　　　미술

My Food

비빔밥　　　스테이크　　　초밥　　　　빵

Contact
000-0000-0000　　a00@000.com

My Hobby, My Food 구역에 있는 **img 태그**에는 2가지 스타일을 적용합니다.

01   img 태그 내용물의 가로 길이는 부모 요소인 li 태그 내용물의 **'가로 길이(240px)와 동일'**합니다.
width 속성을 사용합니다.

02   **'바깥쪽 하단 여백을 20px'**로 합니다.
margin 속성을 사용합니다.

index.html

```
    ...
/* 5. My Color 구역의 스타일 */
.gradient-bar {
    width:1020px;
    height:34px;
    background:linear-gradient
    (to right, #f5f588, #9afcc2);
}
/* 6. My Hobby, My Food 구역의 스타일 */
.like-list {
    width:240px;
    display:inline-block;
}
.like-list:nth-child(-n+3) {
    margin-right:14px;
}
.like-list img {
    width:100%;
    margin-bottom:20px;
}
```

> **CSS 더 알아보기**
>
> 01 **.like-list:nth-child(-n+3)**에서 콜론(:)은 공란 없이 입력해야 합니다.
>
> 02 **width:100%;** 코드 중 %의 의미는 536쪽에서 자세히 다룹니다.

```
    </style>
       ...
    <h2>My Hobby</h2>
    <ul>
        <li class="like-list"><img src=…>운동</li>
        <li class="like-list"><img src=…>공예</li>
        <li class="like-list"><img src=…>여행</li>
        <li class="like-list"><img src=…>미술</li>
    </ul>
       ...
    <h2>My Food</h2>
    <ul>
        <li class="like-list"><img src=…>비빔밥</li>
        <li class="like-list"><img src=…>스테이크</li>
        <li class="like-list"><img src=…>초밥</li>
        <li class="like-list"><img src=…>빵</li>
    </ul>
       ...
```

11 **index.html** 파일로 돌아와서 위 코드를 추가합니다.

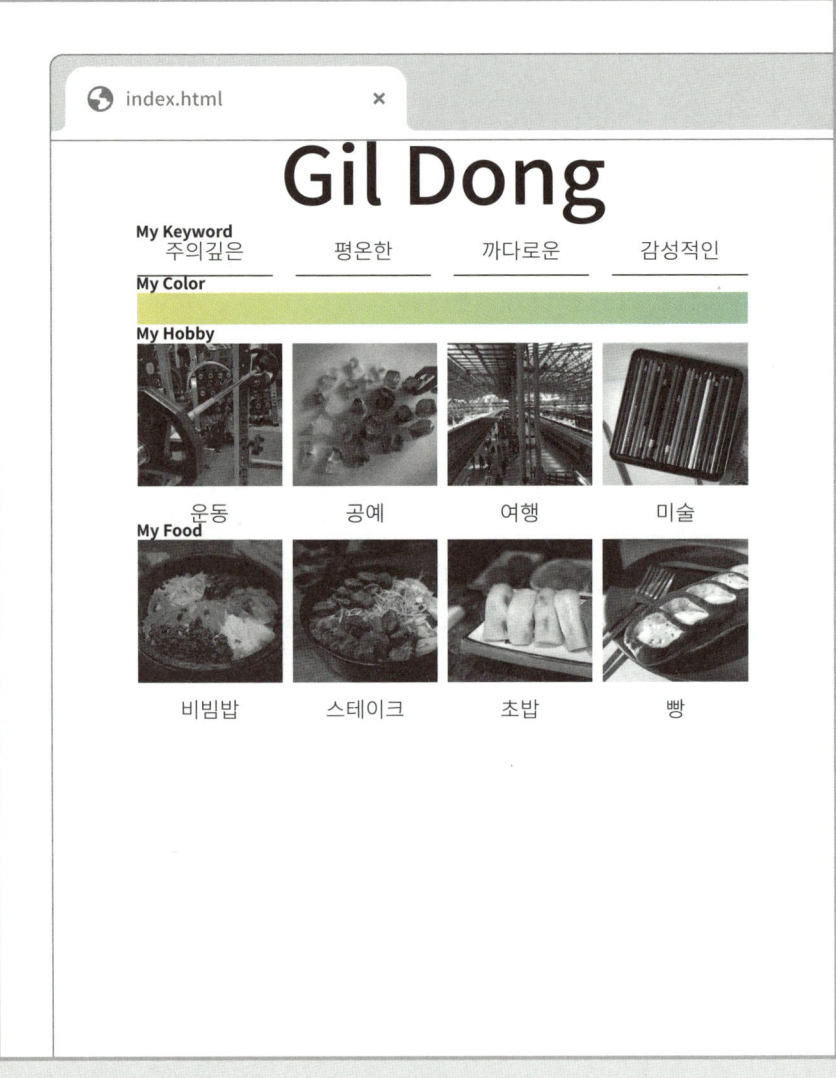

12 파일 저장 후 [크롬]에서 확인합니다.

My Hobby 구역과 My Food 구역의 스타일이 바뀌었습니다.

Step 7. Contact 구역의 스타일 지정하기

01 **footer 태그**에는
'**배경색을 black**'으로 하는
스타일을 적용합니다.
background 속성을 사용합니다.

02 **footer 태그**에는
'**안쪽 상단 여백과 하단 여백을
50px**'로 하는 스타일을 적용합니다.
padding 속성을 사용합니다.

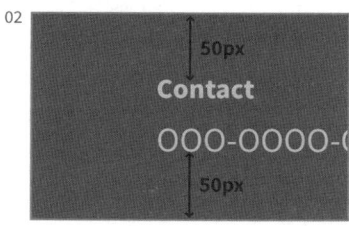

03 **footer 태그** 안에 있는 **li 태그**에는
내용물을 '**가로 방향으로 배치**'하는
스타일과 '**바깥 우측 여백을 20px**'로
하는 스타일을 적용합니다.
display, margin 속성을 사용합니다.

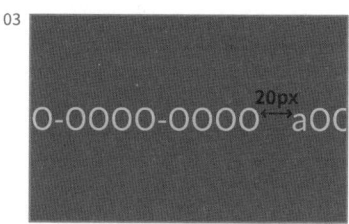

Gil Dong

My Keyword

| 주의깊은 | 평온한 | 까다로운 | 감성적인 |

My Color

My Hobby

운동 　　　 공예 　　　 여행 　　　 미술

My Food

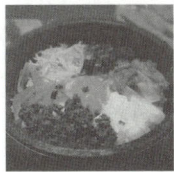  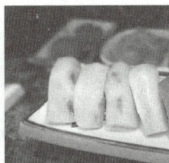 

비빔밥 　　　 스테이크 　　　 초밥 　　　 빵

Contact
000-0000-0000　　a00@000.com

index.html

```
...
.like-list img {
    width:100%;
    margin-bottom:20px;
}
/* 7. Contact 구역의 스타일 */
footer {
    background:black;
    padding-top:50px;
    padding-bottom:50px;
}
.contact-list {
    display:inline-block;
    margin-right:20px;
}
</style>
...
<ul>
    <li class="contact-list">OOO-OOOO-OOOO</li>
    <li class="contact-list">aOO@OOO.com</li>
...
```

13 **index.html** 파일로 돌아와서 위 코드를 추가합니다.

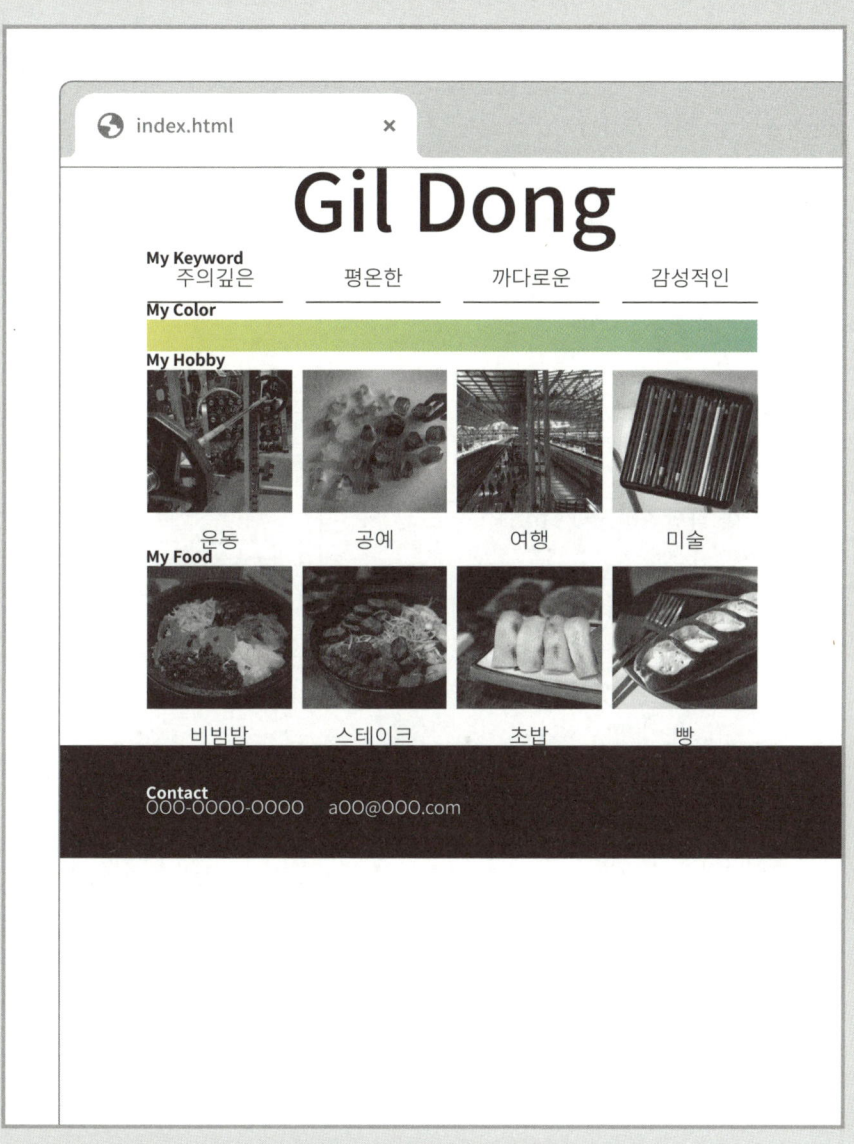

14 파일 저장 후 [크롬]에서 확인하면 'Contact 구역'의 스타일이 바뀌었습니다.

Step 8. 여백 스타일 지정하기

01 **header** 태그에는
'바깥쪽 상단 여백과 하단 여백을 70px'로 적용합니다.
margin 속성을 사용합니다.

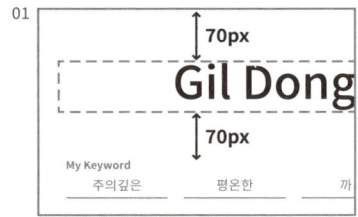

02 **section** 태그에는
'바깥쪽 하단 여백을 70px'로 적용합니다.
margin 속성을 사용합니다.

03 **h2** 태그에는
'바깥쪽 하단 여백을 20px'로 적용합니다.
margin 속성을 사용합니다.

Gil Dong

My Keyword

| 주의깊은 | 평온한 | 까다로운 | 감성적인 |

My Color

My Hobby

운동   공예   여행   미술

My Food

비빔밥   스테이크   초밥   빵

Contact
000-0000-0000   a00@000.com

index.html

```
    ...
    .contact-list {
        display:inline-block;
        margin-right:20px;
    }
    /* 8. 여백 스타일 지정하기 */
    header {
        margin-top:70px;
        margin-bottom:70px;
    }
    section {
        margin-bottom:70px;
    }
    h2 {
        margin-bottom:20px;
    }
</style>
    ...
```

15 **index.html** 파일로 돌아와서 위 코드를 추가합니다.

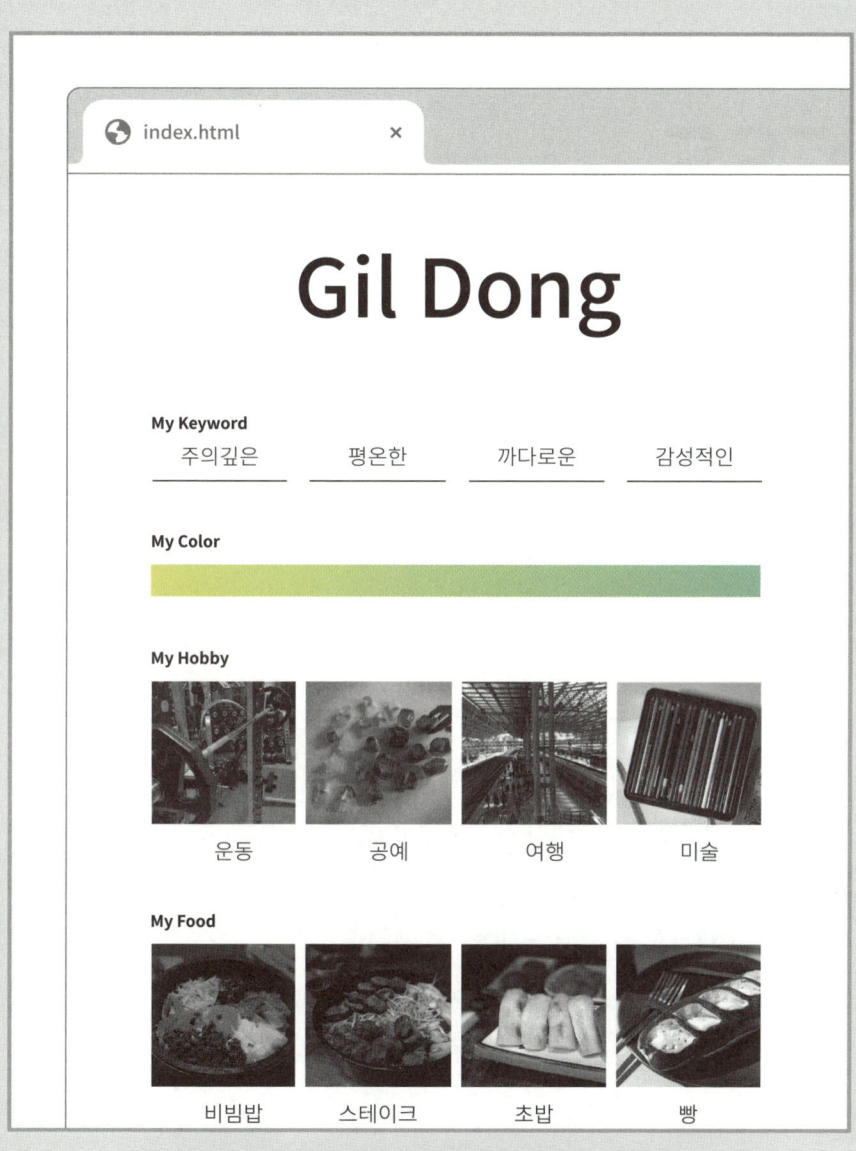

16 파일 저장 후 [크롬]에서 확인합니다. 여백이 생겼습니다.

한 줄 요약

CSS

구성 요소의 스타일(크기, 배치, 여백 등)을 변경한다.

```
01   Living Room { width:420px; }
02   TV { margin-right:auto; margin-left:auto; }
03   Sofa { width:300px; height:50px; }
04   Bedroom { display:inline-block; width:250px; }
05   Bed { width:220px; height:120px; margin-bottom:10px; }
06   Desk { width:220px; height:52px; }
07   Kitchen { display:inline-block; width:170px; }
08   Sink { width:100px; height:52px; margin-bottom:10px; }
09   Table { width:100px; height:130px; }
10   Washroom { width:420px; }
11   Wash Stand { width:320px; height:70px; }
```

위 코드는 실제로 존재하는 태그는 아닙니다.

Living Room 01
- TV 02
- Sofa 03

Bedroom 04
- Bed 05
- Desk 06

Kitchen 07
- Sink 08
- Table 09

Washroom 10
- Wash Stand 11

29
반응형 웹 만들기(4)
- 미디어 쿼리 -

`목차 28`에서 만든 웹 사이트는 PC 화면을 기준으로 만든 것이어서
웹 브라우저의 창을 Mobile 화면 크기로 줄였을 때
전체 컨텐츠를 한눈에 보기가 어렵습니다. 01

01
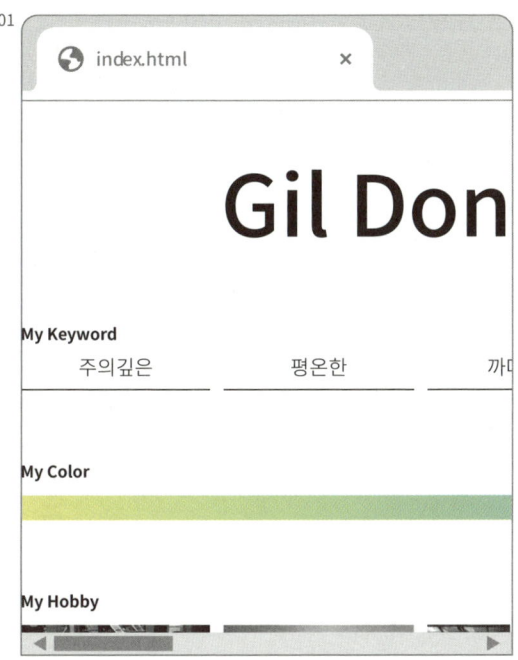

지금부터는
화면의 크기에 반응하여 컨텐츠의 디자인과 배치를 다르게 보여주는
'미디어 쿼리(Media Query)'를 통해 반응형 웹 사이트를 완성해 보겠습니다.
실전에 들어가기 전에
간단한 예제를 통해, 미디어 쿼리의 개념을 알아보도록 하겠습니다.

[예제 29] 미디어 쿼리 사용하기

```
29_media-query.html

<!doctype html>
<html>
    <head>
        <meta charset="utf-8">
        <title>29_media-query</title>
    </head>
    <body>
    </body>
</html>
```

1 [에디터]를 새로 열어 파일명을 **29_media-query.html**로 저장 후 'HTML 문서의 기본 형식'을 입력합니다.

29_media-query.html

```
...
① <head>
      <meta charset="utf-8">
   ②  <meta name="viewport"
       content="width=device-width, initial-scale=1.0">
      <title>29_media-query</title>
   ③  <style>
         h1 { font-size:20px; }
         @media(max-width:750px) {
            h1 { font-size:80px; }
         }
      </style>
   </head>
④ <body>
   ⑤  <h1>미디어 쿼리 사용방법</h1>
   </body>
</html>
```

2 'head 태그(①)' 안에 '(②,③)' 코드를 추가하고
   'body 태그(④)' 안에 '(⑤)' 코드를 추가합니다.

'<meta name···1.0">(②)' 코드는 반응형 웹 사이트를 만들 때 반드시 입력해야 합니다.

29. 반응형 웹 만들기(4)_미디어 쿼리 527

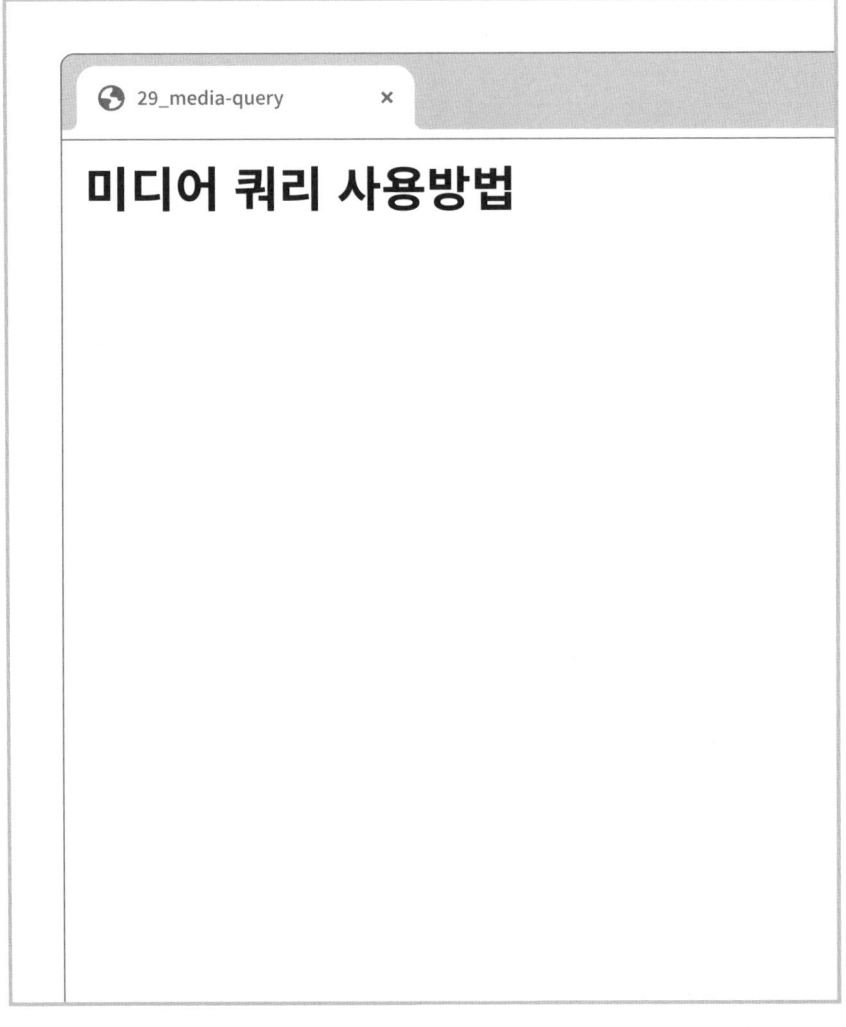

3 파일 저장 후 [크롬]에서 확인합니다.

미디어 쿼리
사용방법

❶ 450px × 694px

4 [**크롬**] 창의 크기를 줄이면 글자 크기가 바뀝니다.
 [F12]를 누르면 '**개발자 도구**'라는 창이 열립니다. 그 상태에서 [**크롬**] 창의 크기를 줄이면 [**크롬**]의 우측 상단에 '**화면 사이즈(❶)**'가 표시됩니다.

화면의 크기에 따라
CSS 코드를 다르게 적용하는 코드는 다음과 같습니다.

```
...
h1 { font-size:20px; }
@media(max-width:750px) {
    h1 { font-size:80px; }
}
...
```

'**최대 너비(max-width)가 750px인 미디어**'에서는
h1 태그의 글자 크기를
20px이 아닌 80px로 변경한다는 뜻입니다.

최대 너비가 750px인 미디어는
다르게 말하면 '**너비가 0~750px인 미디어**'와 [01]
그 의미가 같습니다.

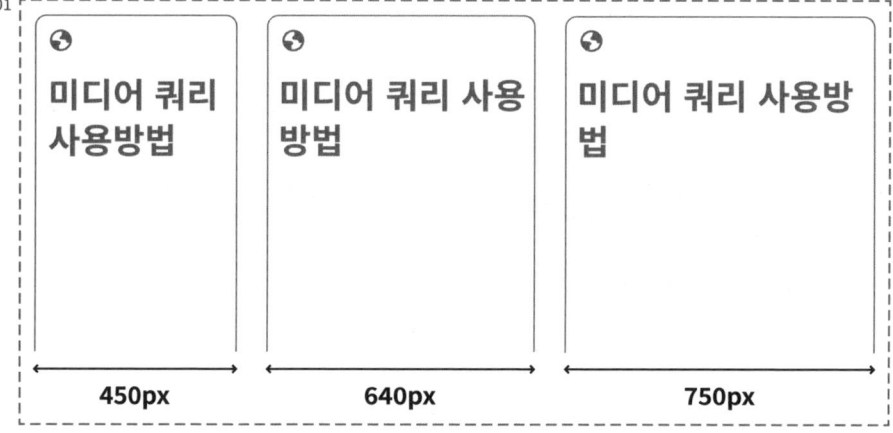

[01]

max-width 외에도 min-width를 입력할 수도 있습니다.

...
h1 { font-size:20px; }
@media (**min-width**:750px) {
   h1 { font-size:80px; }
}
...

'**최소 너비(min-width)가 750px인 미디어**'에서는
h1 태그의 글자 크기를
20px이 아닌 80px로 변경한다는 뜻입니다.

최소 너비가 750px인 미디어는
다르게 말하면 '**너비가 750px 이상인 미디어**'와 [01]
그 의미가 같습니다.

[01]
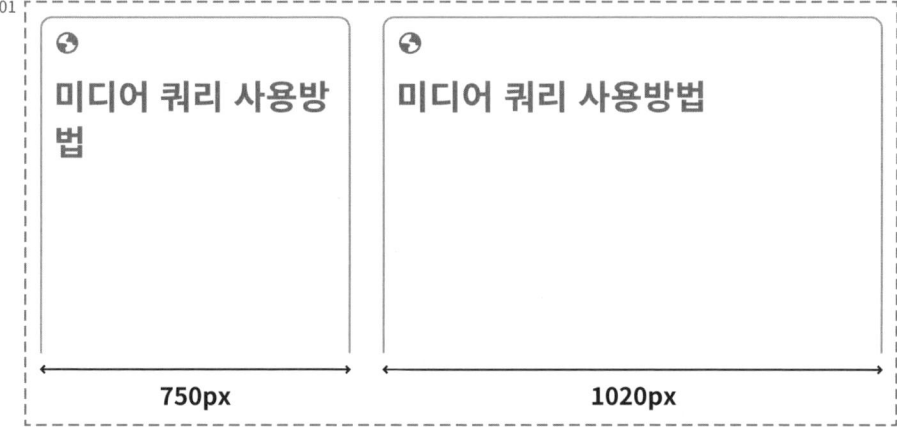

지금부터는 목차 28 에서 만들었던 웹 사이트를
화면의 크기가 750px 이하인 미디어에서는
다음의 모바일 디자인 시안과 같이 변경되어 보이도록
미디어 쿼리를 적용해 보겠습니다.

Gil Dong

My Keyword

주의깊은

평온한

까다로운

감성적인

My Color

My Hobby

운동

스테이크

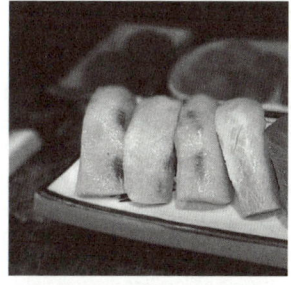

초밥

빵

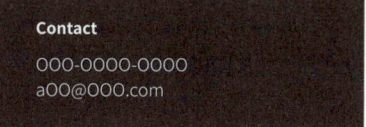

Contact

000-0000-0000
a00@000.com

Step 1. 구역 태그의 스타일 지정하기

01 **header 태그, section 태그, address 태그**에
   '가로 길이를 85%'로 하는 스타일을 적용합니다.
   width 속성을 사용합니다.

   너비값을 지정할 때 px 대신 % 단위를 사용하면
   header 태그, section 태그에는
   해당 태그들의 부모 요소인 body 태그의 가로 길이를 기준으로
   85%에 해당하는 값이 너비로 설정됩니다.
   body 태그의 기본 너비는 웹 브라우저 창의 너비와 동일합니다.

   마찬가지로 address 태그에는
   해당 태그의 부모 요소인 footer 태그의 가로 길이를 기준으로
   85%에 해당하는 값이 너비로 설정됩니다.

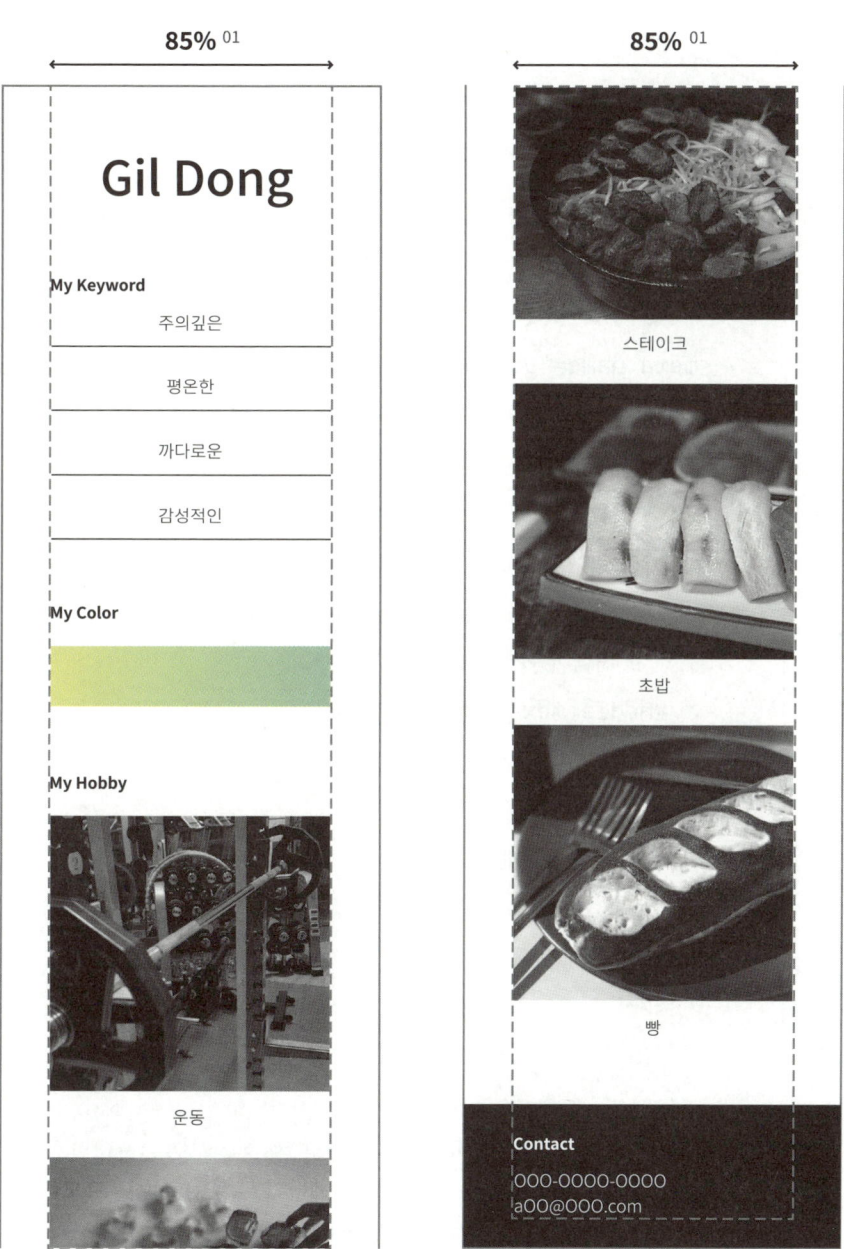

29. 반응형 웹 만들기(4)_미디어 쿼리

```
index.html
        ...
<head>
    <meta charset="utf-8">
    <meta name="viewport"
    content="width=device-width, initial-scale=1.0">
        ...
    <style>
        ...
        section { margin-bottom:70px; }
        h2 { margin-bottom:20px; }
        /* 9. 미디어 쿼리 적용하기 */
        @media(max-width:750px){
            header, section, address {
            width:85%;
         ❶ background:pink;
            }
        }
    </style>
</head>
        ...
```

1 목차 28 에서 만들어 둔 **index.html** 파일을 열어 위 코드를 추가합니다.
header 태그, section 태그, address 태그에 **width:85%;** 코드를 적용했을 때 가로 길이의 변화를 시각적으로 확인하기 위해 '해당 코드(❶)'를 임시로 입력합니다.

2 파일 저장 후 [크롬]에서 창의 크기를 750px 이하로 줄여서 확인합니다.
F12 를 눌러 '개발자 도구'를 연 후, 창의 크기를 줄이면 화면 사이즈를 확인할 수 있습니다.

Step 2. My Name, My Keyword 구역의 스타일 지정하기

01 My Name 구역에 있는 **h1 태그**에 **'글자 크기를 80px'**로 하는 스타일을 적용합니다.
font-size 속성을 사용합니다.

02 My Keyword 구역에 있는 **li 태그**에 **'가로 길이를 100%'**로 하는 스타일을 적용합니다.
width 속성을 사용합니다.

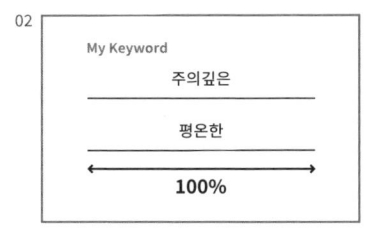

03 My Keyword 구역에 있는 1~3번째 li 태그에 **'바깥쪽 하단 여백을 40px'**로 하는 스타일을 적용합니다.
margin 속성을 사용합니다.

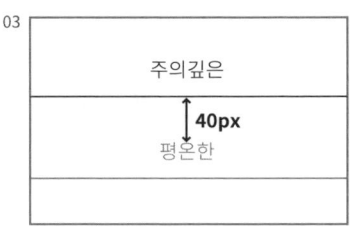

Gil Dong

My Keyword

주의깊은

평온한

까다로운

감성적인

My Color

My Hobby

운동

스테이크

초밥

빵

Contact

000-0000-0000
a00@000.com

index.html

```
...
/* 9.미디어 쿼리 적용하기 */
@media(max-width:750px){
    header, section, address {
        width:85%;
        background:pink;
    }
    h1 {
        font-size:80px;
    }
    .keyword-list {
        width:100%;
    }
    .keyword-list:nth-child(-n+3) {
        margin-bottom:40px;
    }
}
</style>
...
```

> **CSS 더 알아보기**
>
> 01 **.keyword-list:nth-child(-n+3)**에서 콜론(:)은 공란 없이 입력해야 합니다.

3 **index.html** 파일로 돌아와서 위 코드를 추가합니다.

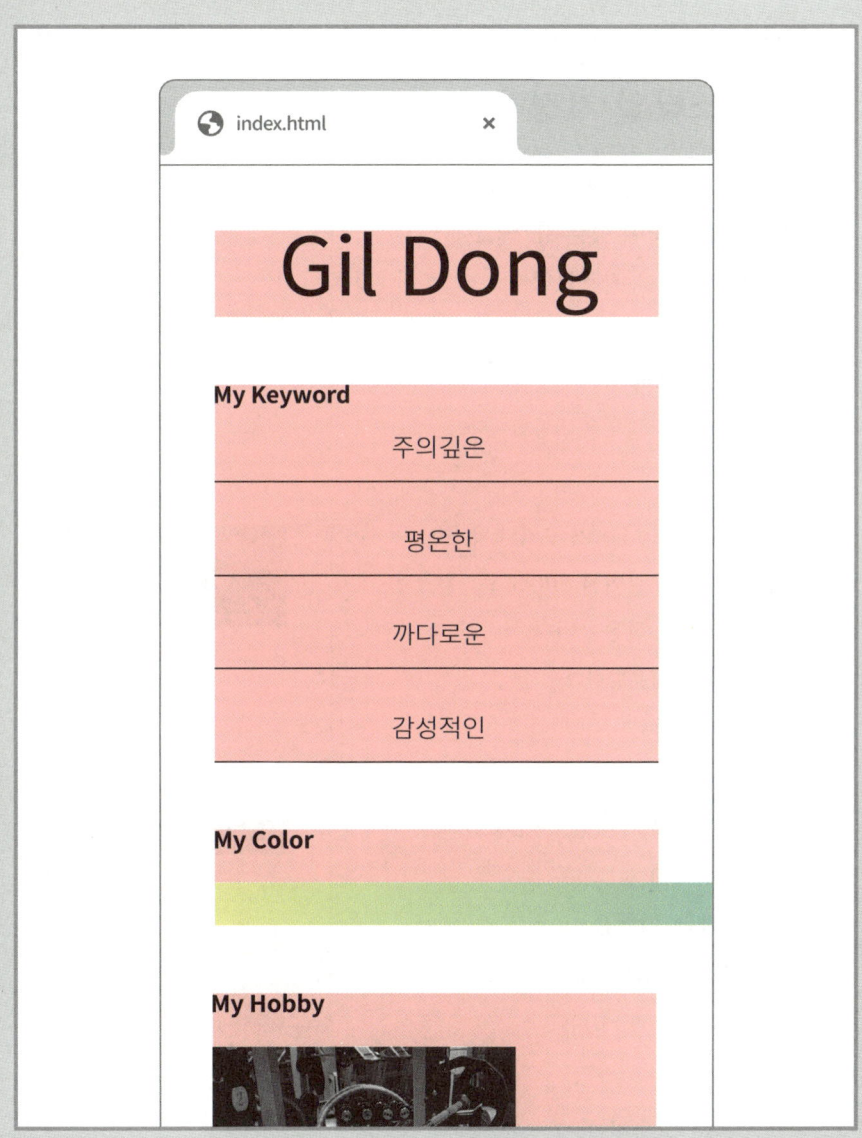

4 파일 저장 후 [크롬]에서 창의 크기를 750px 이하로 줄여서 확인합니다.

Step 3. My Color, My Hobby, My Food 구역의 스타일 지정하기

01 My Color 구역에 있는 **div 태그**에 다음의 스타일을 적용합니다.
  · 가로 길이 : 100%
  · 세로 길이 : 100px
  width, height 속성을 사용합니다.

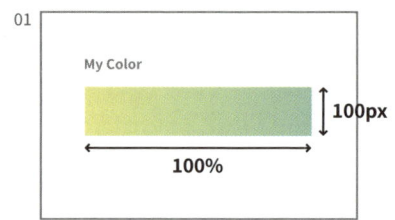

02 My Hobby, My Food 구역에 있는 **li 태그**에 '가로 길이를 100%'로 하는 스타일을 적용합니다.
width 속성을 사용합니다.

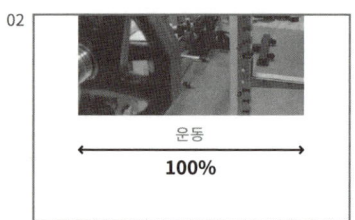

03 My Hobby, My Food 구역에 있는 1~3번째 **li 태그**에 '바깥쪽 하단 여백을 40px'로 하는 스타일을 적용합니다.
margin 속성을 사용합니다.

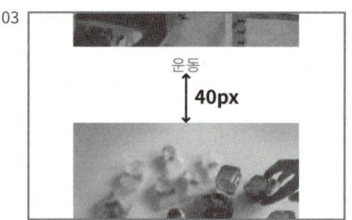

Gil Dong

My Keyword

주의깊은

평온한

까다로운

감성적인

My Color

My Hobby

운동

스테이크

초밥

빵

Contact

000-0000-0000
a00@000.com

```
index.html

        ...
        header, section, address {
            width:85%;
        ❶ /*background:pink;*/
        }
        ...
        .keyword-list:nth-child(-n+3){
            margin-bottom:40px;
        }
        .gradient-bar {
            width:100%;
            height:100px;
        }
        .like-list {
            width:100%;
        }
    01  .like-list:nth-child(-n+3) {
            margin-bottom:40px;
        }
    }
</style>
        ...
```

> **CSS 더 알아보기**
>
> 01 **.like-list:nth-child(-n+3)**에서 콜론(:)은 공란 없이 입력해야 합니다.

5 index.html 파일로 돌아와서 위 코드를 추가합니다.
이와 함께 ❶ 에서 임시로 입력한 '**background:pink;**(❶)' 코드는 주석 처리합니다.

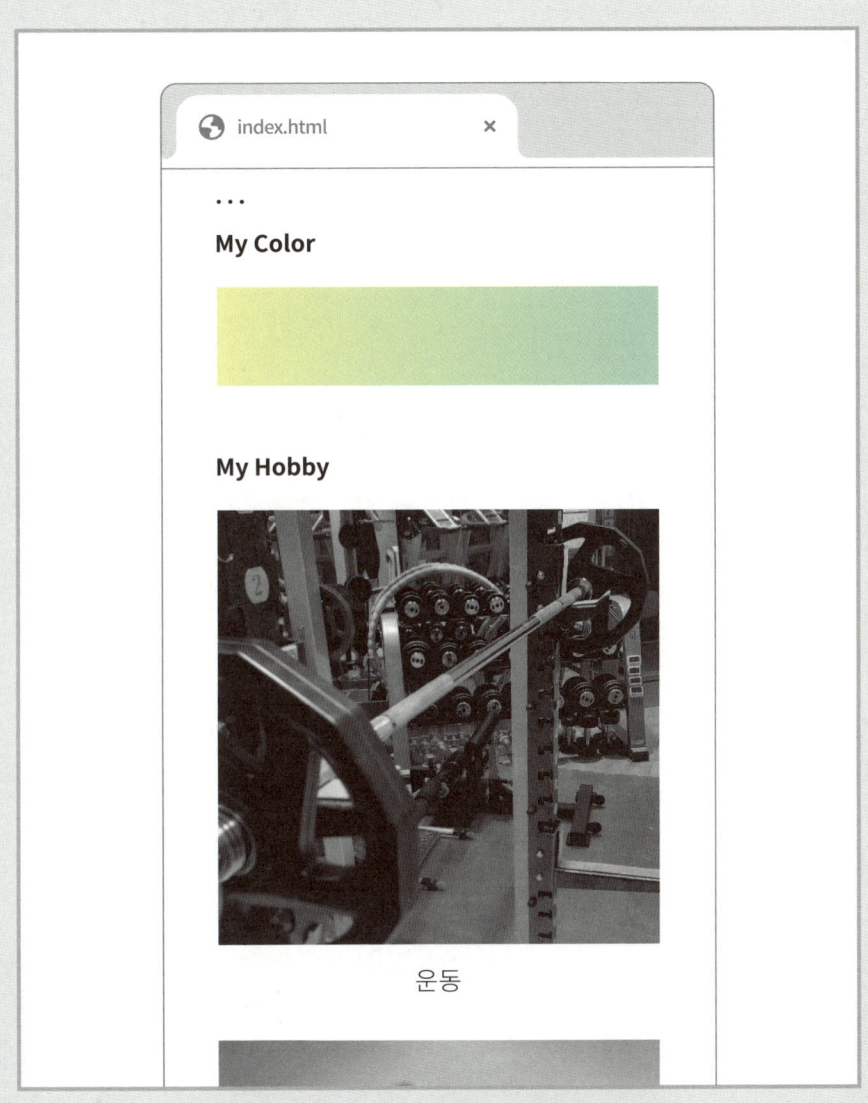

6 파일 저장 후 [크롬]에서 창의 크기를 750px 이하로 줄여서 확인합니다.

Step 4. Contact 구역의 스타일 지정하기

01 Contact 구역에 있는 **li 태그**의 내용물을 **'세로 방향으로 배치'**합니다.
   display 속성을 사용합니다.

Gil Dong

My Keyword

주의깊은

평온한

까다로운

감성적인

My Color

My Hobby

운동

스테이크

초밥

빵

Contact
01 000-0000-0000
    a00@000.com

```
index.html
    ...
        .gradient-bar {
            width:100%;
            height:100px;
        }
        .like-list {
            width:100%;
        }
        .like-list:nth-child(-n+3) {
            margin-bottom:40px;
        }
        .contact-list {
            display:block;
        }
    }
</style>
    ...
```

7 **index.html** 파일로 돌아와서 위 코드를 추가합니다.

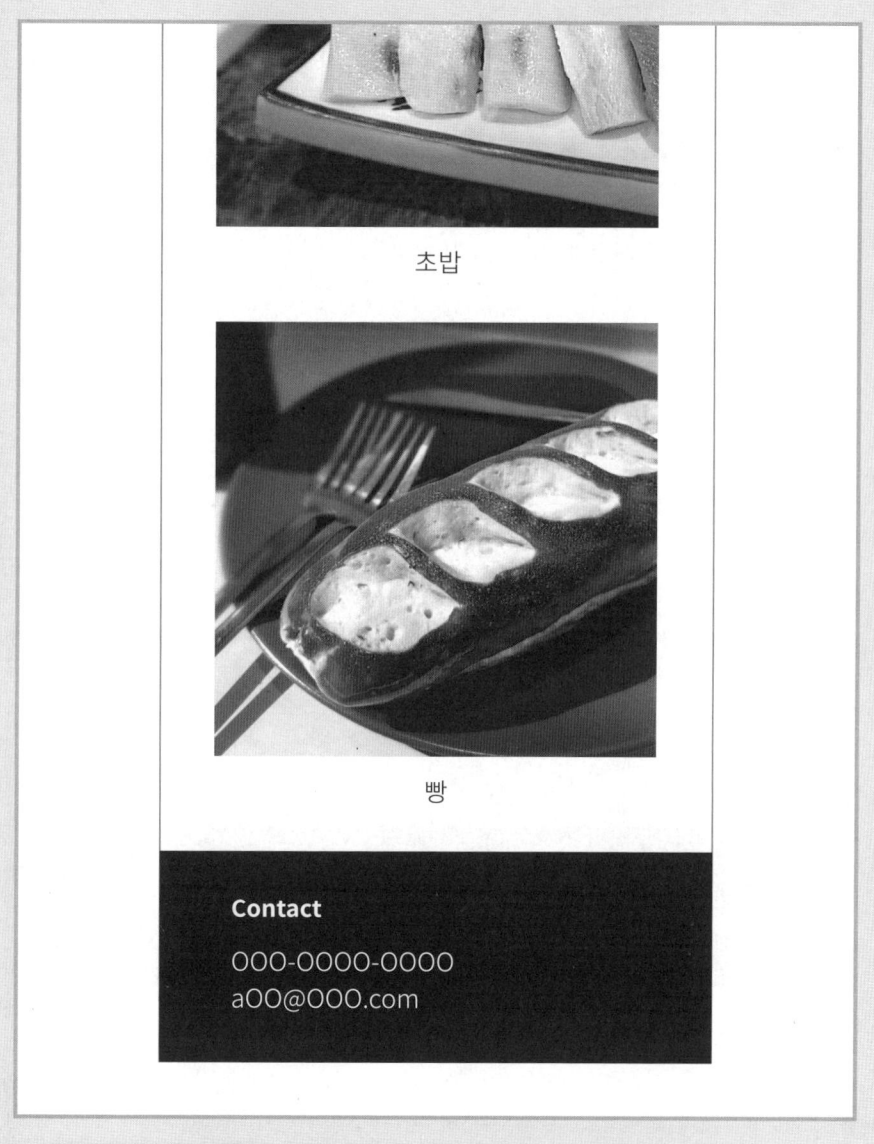

8 파일 저장 후 [**크롬**]에서 창의 크기를 750px 이하로 줄여서 확인합니다.

한 줄 요약

Media Query

웹 사이트의 디자인을 화면의 크기에 맞춰 변경한다.

PC

Mobile

30
반응형 웹 만들기(5)
- 외부공유 -

OOO.dothome.co.kr

http://OOO.dothome.co.kr

외부 컴퓨터에서도 'URL을 입력'하여 내가 만든 웹 사이트에 접속할 수 있다면 얼마나 좋을까요?

Gil Dong

평온한　　　까다로운　　　감성적인

My Color

My Hobby

이번 목차에서는
목차 29 에서 완성한 **'반응형 웹 사이트'** 를 본인 컴퓨터뿐 아니라
다른 사람들의 컴퓨터에서도 접속할 수 있는 방법을 알아보겠습니다.

우선 4가지 용어의 개념을 이해할 필요가 있습니다.

첫 번째.

도메인입니다.

특정 웹 사이트에 접속하려면

웹 브라우저의 주소창에 **'해당 웹 사이트의 주소(URL)'**를 입력해야 합니다.

이를 도메인이라고 합니다.

두 번째.
웹 클라이언트(Client)와 웹 서버(Server)입니다.

예를 들어보겠습니다.
친구의 컴퓨터를 **A**
목차 27 ~ **목차 29** 에서 만든 웹 사이트를 **B**
B의 웹 소스를 보관 중인 컴퓨터를 **C**라고 하겠습니다.
웹 소스는 HTML 파일, 이미지 파일 등과 같이 웹 사이트 제작 시 필요한 자료들을 의미합니다.

A의 웹 브라우저 주소창에 **B**의 도메인을 입력하면
A는 **C**에게 웹 소스를 '**요청**'하고 [01]
C는 **A**에게 웹 소스를 전달함으로써 '**응답**'합니다. [02]
그러면 **A**는 전달받은 웹 소스를
웹 사이트의 모습으로 변경하여 웹 브라우저에 보여줍니다. [03]

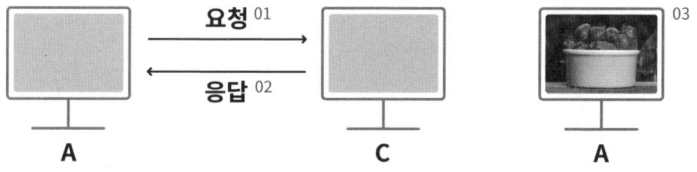

'**웹 클라이언트**'는 **A**와 같이 특정 서비스나 정보를 요청하는 컴퓨터이고
'**웹 서버**'는 **C**와 같이 웹 클라이언트의 요청에 응답하는 컴퓨터입니다.

세 번째.
웹 호스팅(Hosting)입니다.

웹 사이트는 365일 중단 없이 이용할 수 있어야 하고
여러 사람이 동시 접속하더라도 원활해야 합니다.
이 말은 다수의 웹 클라이언트가 웹 서버에게 수많은 요청을 하더라도
빠르게 응답해야 함을 의미합니다.
그러나 우리가 일반적으로 사용하는 컴퓨터는
쇼핑, 게임, TV 시청 등의 여러 목적을 수행하는 용도로 설계되었기 때문에
웹 서버용으로 적합하지 않습니다.
웹 서버는 24시간 내내 가동되어야 하므로 성능이 좋아야 하고
컴퓨터의 부품이 고장 나더라도 이를 대체할 수 있는 부품이 미리 준비되어 있는 등
서버의 역할을 무리 없이 수행할 수 있도록 설계되어야 합니다.

웹 서버는 개인이 보관하고 관리하기에는 다소 어려움이 있기 때문에
이를 대신해 주는 전문 업체를 통해 대여받는 것이 좋습니다.

웹 서버를 대여해 주는 업체를 **'호스팅 업체'**라고 하며
이들로부터 웹 서버를 빌리는 일을 **'웹 호스팅'**이라고 합니다.

네 번째.

FTP(File Transfer Protocol)입니다.

호스팅 업체를 통해 웹 서버를 대여받은 후에는
본인의 컴퓨터에 보관 중인 웹 소스를 웹 서버에 전송해야 합니다.
웹 소스를 웹 서버에 전송하는 것을 '**업로드**'라고 하고
웹 서버에 있는 웹 소스를 내 컴퓨터로 전송받는 것을 '**다운로드**'라고 합니다.
'**FTP**'는 파일 전송용 프로토콜을 의미하는 File Transfer Protocol의 줄임말로
웹 소스를 업로드, 다운로드할 때 사용하는 프로그램이라고 생각하면 됩니다.

책에서는

'**닷홈(Dothome)**'이라는 호스팅 업체를 통해 웹 서버를 무료로 대여받는 방법과
'**파일질라(FileZilla)**'라고 하는 FTP 프로그램을 통해
웹 소스를 업로드 및 다운로드하는 방법을 알아보도록 하겠습니다.

[예제 30-1] 닷홈에서 웹 서버 대여받기

1
'**닷홈 웹 사이트**'에 접속합니다.
(URL : https://www.dothome.co.kr)

2
웹 사이트의 상단 메뉴 중
[**회원가입**]을 클릭하여
회원가입을 진행합니다.

3
가입을 완료한 후
웹 사이트의 상단 메뉴 중
[**웹호스팅**]>[**무료 호스팅**] 메뉴를
클릭합니다.

4
해당 페이지에서
무료 호스팅 **[신청하기]** 버튼을
클릭합니다.

5
무료 호스팅 이용 안내글을
충분히 읽어본 후
[무료 호스팅 신청하기] 버튼을
클릭합니다.

디스크	200M
도메인 연결	1계정 / 최대 3개

❶ 담당자 정보

이름/기관	길동		
이메일	a○○	@ ○○○.com	직
전화번호	○○○ - ○○○○ - ○○○○		
휴대전화	○○○ - ○○○○ - ○○○○		

❷ 계약자 정보

회원 구분	⦿ 개인 ○ 기관
이름	길동 * 예) 홍길동
생년월일	1990 년 ○○ 월 ○○ 일
주소	대한민국 서울특별시 강남구

ⓘ 웹호스팅 설정 정보 입력

FTP 아이디		중복확인
FTP 비밀번호		
기본 제공 도메인	FTP 아이디.dothome.co.kr	

무료 호스팅은 닷홈에서 구매한 도메인만 연결할 수 있습니다.

6 '담당자 정보(❶)' 및 '계약자 정보(❷)'에 본인의 정보를 입력합니다.

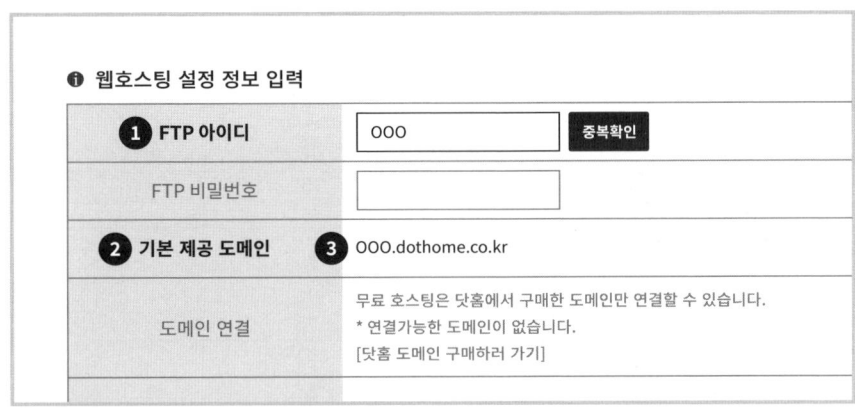

7 [웹호스팅 설정 정보 입력]의 'FTP 아이디(❶)' 항목에 아이디를 입력한 후 [중복확인] 버튼을 눌러 사용할 수 있는 아이디인지 확인합니다.
그러면 '기본 제공 도메인(❷)' 항목에 호스팅사에서 기본으로 제공하는 무료 도메인이 '**FTP 아이디명.dothome.co.kr**의 형식으로 자동 표시(❸)' 됩니다.
FTP 아이디와 도메인은 꼭 기억하기 바랍니다.

8 'FTP 비밀번호(❶)' 항목에는 원하는 비밀번호를 입력합니다.

도메인 연결	무료 호스팅은 닷홈에서 구매한 도메인만 연결할 수 있습니다. * 연결가능한 도메인이 없습니다. [닷홈 도메인 구매하러 가기]
❷ DB명	ooo
DB 아이디	ooo
DB 비밀번호	**********
❶ CMS 자동설치	설치 안함 ⌄

9 'CMS 자동 설치(❶)' 항목에서는 **설치 안함**을 선택합니다.

DB명, DB 아이디명은 FTP 아이디명과 동일하게
DB 비밀번호는 FTP 비밀번호와 동일하게 세팅됩니다. (❷)
DB에 대해서는 모르고 넘어가도 괜찮습니다.

☑ 무료계정 사용정책을 확인하였으며 이에 동의합니다.

신청하기

10 이메일 인증 및 이용약관 동의 후
 [신청하기] 버튼을 누르면 무료 웹 호스팅 신청이 완료됩니다.

11

호스팅 신청을 완료한 후
웹 사이트의 상단 메뉴 중
[마이닷홈]을 클릭합니다.

12

좌측 메뉴 중 **[마이닷홈]**>
[호스팅 관리]>**[웹호스팅 목록]**을
클릭합니다.

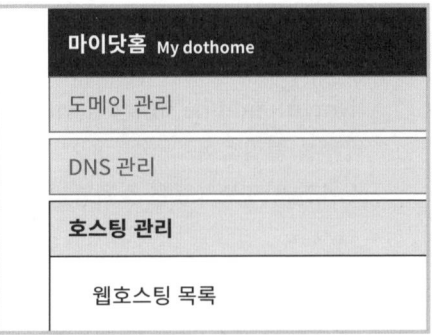

13

그러면 10 에서 신청한
웹 호스팅 내역을
확인할 수 있습니다.

[예제 30-2] 파일질라 다운로드 및 사용하기

1
'**파일질라 사이트**'에 접속합니다.
(URL : https://filezilla-project.org)

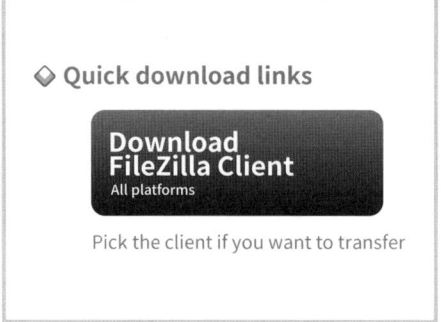

2
[Download FileZilla Client] 버튼을 클릭하여
파일질라 프로그램을 설치합니다.

3
설치 완료한 파일질라 프로그램을 클릭합니다.

```
FileZilla
파일(F)  편집(E)  보기(V)  전송(T)  서버(S)  북마크(B)  도움말(H)  새 버전이 있습니다!(N)
호스트(H): ❶ OOO.dothome.co.kr    사용자명(U): ❷ OOO    비밀번호(W): ❸ ●●●●
```

4 '**호스트(H)**(❶)'에는 웹 사이트의 도메인을, '**사용자명(U)**(❷)'에는 FTP 아이디를, '**비밀번호(W)**(❸)'에는 FTP 비밀번호를 입력합니다.

도메인, FTP 아이디, FTP 비밀번호는 **[예제 30-1]**의 ⑦ , ⑧ 에서 설정해 두었습니다.

5 '**포트(P)**(❶)'에 **21**을 입력한 후 '**빠른 연결(Q)**(❷)' 버튼을 클릭합니다.

데이터를 암호화하여 전송하려면 [**포트(P)**]에 **22**를 입력해야 합니다.
하지만 닷홈의 무료 호스팅을 이용하는 경우에는 SSH(보안 프로토콜) 접속을 허용하지 않기 때문에 **21**을 입력해야 연결이 가능합니다.
향후에 규모가 큰 웹 사이트를 제작할 땐 포트 번호를 **22**로 하길 권장합니다.

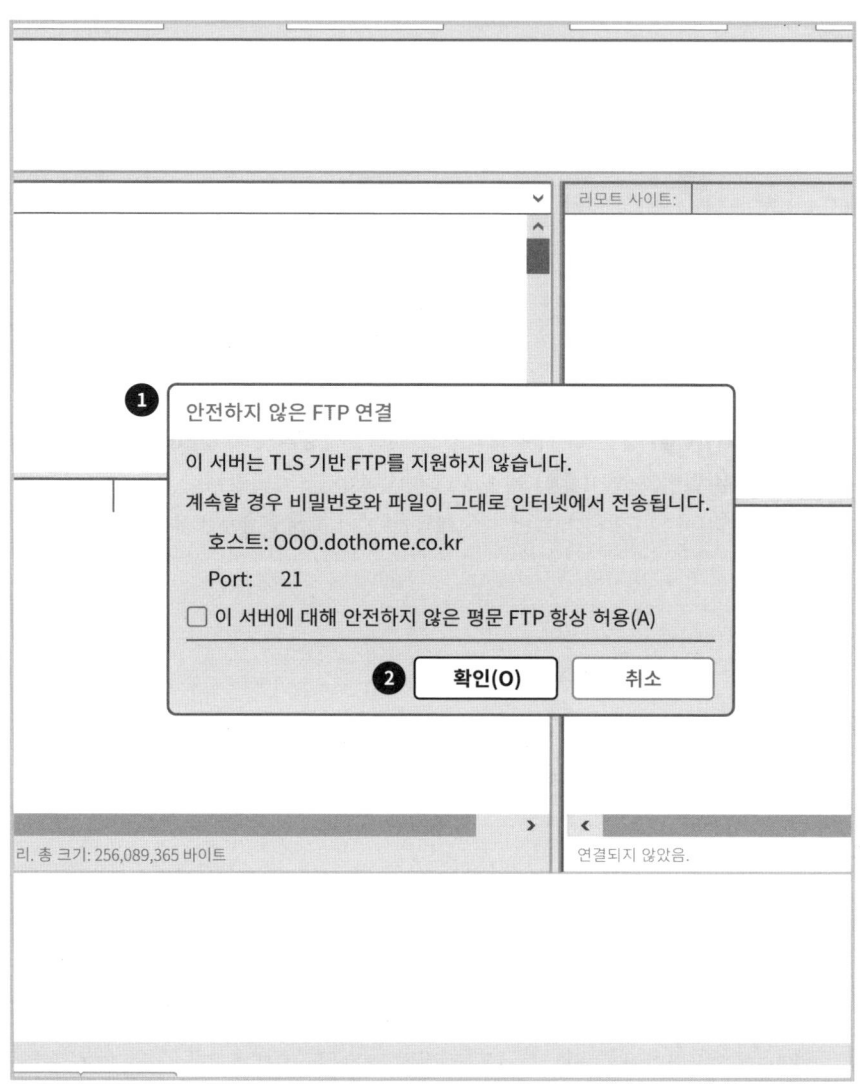

6 '안전하지 않은 FTP 연결(❶)' 팝업창이 뜨면 '확인(❷)' 버튼을 누릅니다.
그러면 호스팅한 웹 서버에 연결됩니다.

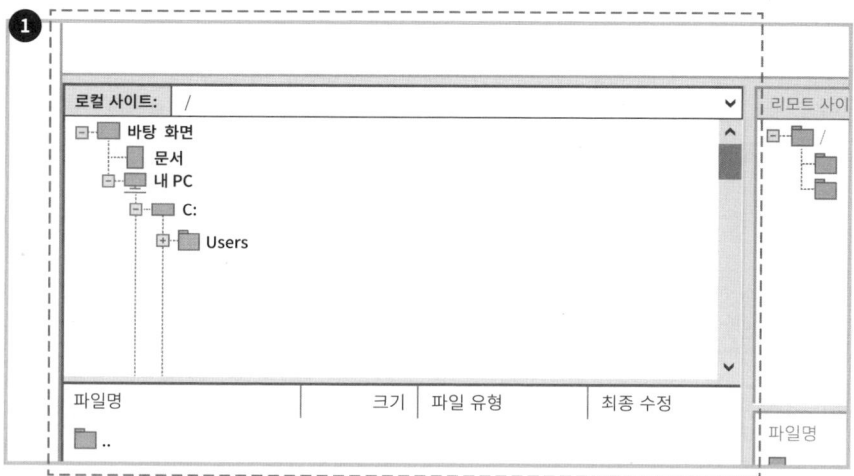

7 '로컬 사이트(❶)' 영역에는
본인의 컴퓨터에 저장된 파일들의 목록이 표시됩니다.

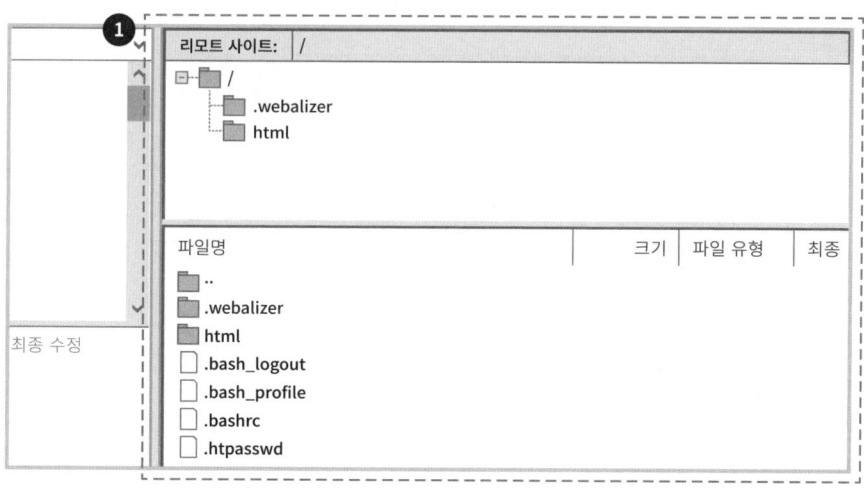

8 '리모트 사이트(❶)' 영역에는 웹 서버에 저장된 파일들의 목록이 표시됩니다.

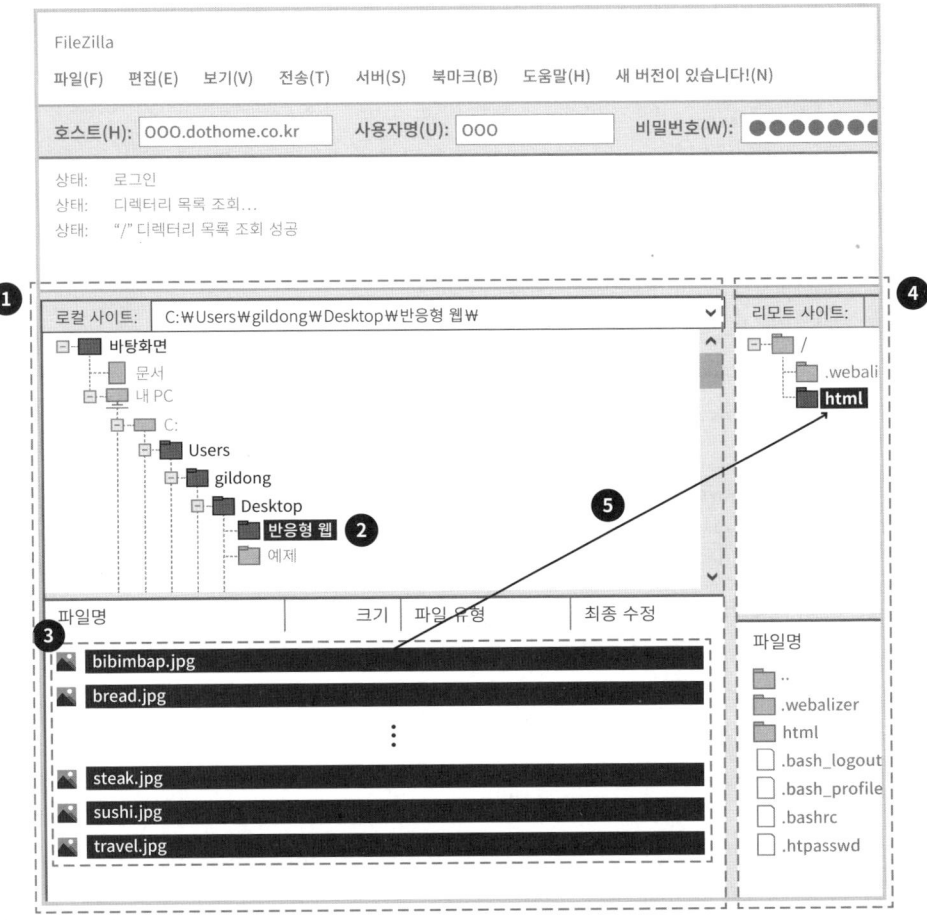

9 '**로컬 사이트(①)**' 영역에서 '**바탕화면에 있는 반응형 웹(②)**' 폴더를 클릭하면 '**해당 폴더 안에 있는 웹 소스(③)**'가 표시됩니다.
이들을 모두 선택한 후 '**리모트 사이트(④)**' 영역의 '**html 폴더로 드래그(⑤)**' 하면 내 컴퓨터에 있는 웹 소스가 웹 서버에 업로드됩니다.

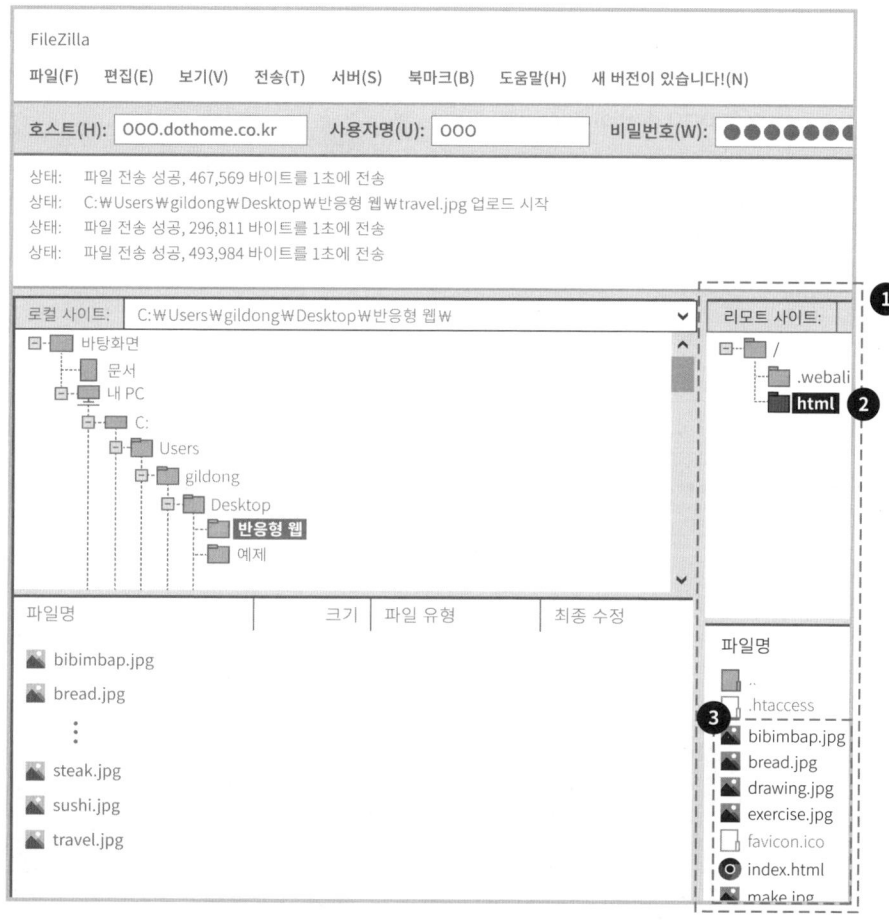

10 '리모트 사이트(❶)' 영역에 있는 'html(❷)' 폴더를 클릭하면
'❾에서 업로드한 파일들이 해당 폴더 안에 업로드(❸)'된 것을
확인할 수 있습니다.

웹 서버에 있는 웹 소스를 내 컴퓨터로 다운로드 하려면
[리모트 사이트] 영역에 있는 웹 소스를 [로컬 사이트] 영역으로 드래그하면 됩니다.

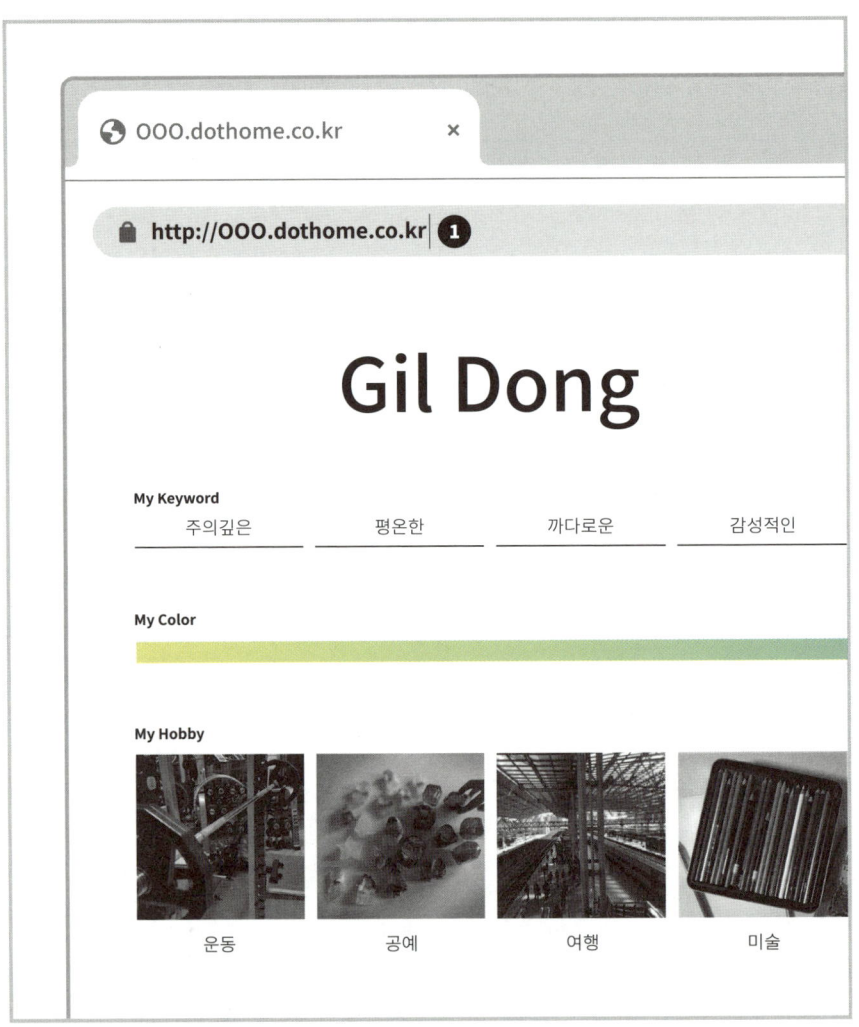

11 [크롬] 주소창에 [예제 30-1]의 7 에서 제공받은
'도메인(**FTP 아이디명**.dothome.co.kr)(①)'을 입력하면
해당 도메인의 웹 사이트로 접속할 수 있습니다.

웹 사이트에 접속했을 때 맨 처음 보여주는 메인 화면의 html 파일명은 반드시 **index.html**이어야 합니다.
만약 html 파일명을 **index.html**이 아닌 **gildong.html**로 했다면 주소창에 다음과 같이 URL을 입력해야 합니다.
FTP 아이디명.dothome.co.kr/gildong.html